KB274469

대통령으로 산다는 것

허원순 지음

변화와 고정관념, 실제와 편견 사이에서
청와대, 실제 모습은 어떤 것일까?

보통 사람들은 발길도 닿을 일 없는 구중심궐, 신비주의나 무한 권력의 상징쯤으로 청와대가 여겨지던 것은 오래지 않은 과거의 일이다. 그러나 부분적이지만 청와대가 개방됐고 대통령에 대한 이미지는 완전히 변했다. 권위라는 측면에서도 "아직 그런 게 남아 있나"라고 할 정도로 대통령에 대한 권위는 수직하강했다. 이처럼 시대가 변했고 실제 모습이 달라졌지만 다수의 의식 속에는 아직도 쉽게 변하지 않는 오해나 편견, 고정관념이 존재한다.

| 사례1 | 일반인들이 "그래요?"라면서 되묻는 경우

노무현 대통령이 해외순방 출장을 나가면 기자들도 동행한다. 취재기자, 카메라기자, 사진기자 등등 숫자가 적지 않다. 그런데 비행기 항공료, 호텔 숙박료는 모두 기자들 부담이다. 가는 곳마다 호텔을 빌려 프레스센터가 설치되는데 이곳에서 기사를 쓰고 각 신문사, 방송사와 연락하기 위해 가설된 전화 요금과 인터넷 사용료까지 정확히 계산해 기자들 각자가 부담한다. 물론 기자들이 속한 신문사와 방송사가 돈을 지

불한다. 호텔 객실에서 전화를 쓰거나 객실 내 냉장고에서 음료수를 꺼내 마실 때도 당연히 기자들 개인 부담이다.

이런 이야기를 하면 공무원들조차 "과연 그러냐?"고 놀란 표정을 짓는 경우가 많다. 많은 사람들은 전세 낸 대한항공이나 아시아나항공 특별기에 기자들이 대충 얹혀가는 것으로 생각하는 모양이다. 심지어 기자들이 회사 돈으로 필요 경비를 내고 뒷구멍으로 그런 돈을 개인적으로 되돌려받는 정도로 상상하는 사람들까지 있었던 듯하다.

| 사례2 | 대통령과의 은밀한 독대

대통령이 장관이나 청와대 수석, 보좌관 등의 참모들과 당연히 조용한 독대(獨對)를 해 은밀한 대화를 나눌 것이라고 생각하는 이들이 의외로 많다. 그러나 기자는 적어도 대통령이 일과시간 중에 청와대 본관 사무실에서 장관이나 차관 등 고위직 공무원들과 독대하지 않는 것으로 알고 있다. 이 정부는 출범하면서부터 그렇게 한다고 강조해 왔다. 집권 초기부터 여러 명의 참모들이 한결같이 말한 얘기이기도 하다. 간혹 당사자들이 독대라고 말하는 경우가 없지 않지만, 비서실의 측근 참모 한두 명은 꼭 배석시키는 것이 노대통령의 스타일이라고 참모들은 전한다. "독대를 하면 그 자체로 특정인에게 힘이 쏠릴 수 있고 대통령의 의지가 왜곡될 수도 있다"는 것이 독대 보고나 상의가 없는 이유라고 한다. "한두 사람의 중점적인 역할보다 시스템으로 운영하기 위해서"라는 설명도 종종 들었다.

대통령 사무실에 몰래 카메라를 둘 수도 없는 일이고, 말 그대로 독대했다는 측근을 본 적도 없어 그런가 보다 하고 여겨왔다. 대통령은 일과시간 후 관저 생활도 있으니 '독대가 완전히 없어졌다'거나 '남아 있다' 며 입씨름하기는 어려운 일이다.

다만 이런 상황을 이야기하면 상당수는, 특히 권력이니 정치니 행정이니 하는 부분을 좀 안다는 사람들 중에는 "대통령이 어떤 자리인데 독대를 하지 않는단 말인가"라며 아예 믿지 않는 경우가 적지 않다. 때로는 "당신이 잘못 알고 있는 것 아닌가?"라며 기자의 취재가 부족하다는 시선을 던지기도 한다. 어느 쪽이 실제인지 단언키 어렵지만 고정관념이 아직도 많이 남아 있는 것 같다.

| 사례3 | 시대가 변해도 쉽게 사라지지 않는 기획설 · 음모설 · 권력기관 배후 조종론

근래 청와대 일과 관련됐던 모 인사가 민간기업으로 전업을 했다. 업종을 바꿔 기업의 '기획 · 전략' 업무를 맡게 된 것이다. 조금 다른 각도에서 보면 정부나 정치권과 관련된 '정보' 업무를 다루는 것 같았다. 그는 최근 저명한 기업인의 구속에 대해 정리한 보고서를 회사에 냈다고 한다. 그런데 유명 기업인의 구속에 "청와대가 사전 기획했거나 지시, 조율한 일은 없는 것 같다"는 의견을 제시했다가 상부로부터 상당히 민망한 이야기를 듣게 됐다고 전해들었다. "당신이 잘 몰라서 그렇겠지. 어떻게 그런 일에 청와대가 개입하지 않을 수 있단 말인가?" 상부라는 쪽에서는 이렇게 생각했을지 모른다. 아마 그러했을 것이다. 기자도 유사한 경우에서 비슷한 상황에 처해질 때가 있었다.

기자가 보기에는 청와대의 권한(책임, 의무와는 전혀 별개다)은 별로 없는데 밖에서는 아직도 무소불위의 기관, 못하는 일이 없고 안 하는 일이 없는 것으로 보는 시선이 많다. 물론 법규에 따르는 '공식 권한'은 여전히 막강하고 모든 행정 권력의 정점에 있다.

3년 반째, 현장 기자로 청와대를 담당하면서 청와대 주변과 밖의 인식 차이를 보여줄 수 있는 몇 가지 간단한 사례를 들어봤다. 이런 괴리감은 크든 작든 기자에게는 스트레스로 이어진다. 그렇잖아도 청와대를 담당하는 동안은 긴장의 연속이기도 했다.

중간중간 작은 보람이랄까, 하는 것이 없진 않았지만 변화된 환경 속에서 어려움을 많이 느끼고 역량부족을 절감한 시간이 더 많았다. 또 다른 측면에서는 밖에서 볼 때 청와대 출입기자라니 뭔가 '은밀하고 잘 알려지지 않은' 그런 일들을 좀 알고 있을 거라고 생각하기 쉽지만, 현 정부에서는 청와대 담당이라 해서 특별한 정보를 더 가진 사람은 없는 것 같다. 다만 공개된 행사, 때로는 공개되지 않은 일정까지 가장 가까이서 보고, 참모진들과 만남을 통해 일련의 과정을 분석하고 유추하면서 전망, 평가하는 것이 기자의 일상사이다 보니 청와대와 정부 내에서 돌아가는 일을 모른다고 할 수는 없겠다.

그럼에도 불구하고 이전에 비해서 '참여정부'의 청와대 담당기자들은 직접 취재의 벽이 높아져 기사 쓰는 데 적잖은 어려움을 겪곤 한다. 예를 들어 일반인들은 청와대 비서실을 방문할 수 있어도 정작 청와대 출입기자는 들어갈 수 없는 완전 폐쇄형 시스템으로 바뀌어버렸다. "적어도 기자들과의 관계에서는 전혀 '참여' 정부가 아니다"는 말이 춘추관에서의 뒷말이었는데 괜히 나온 말이 아니다.

그런 와중에서도 청와대 안팎의 여러 행사와 대통령 일정을 직간접적으로 지켜보면서, 또한 해외순방길을 빠짐없이 동행하면서 이런저런 것들을 보았다. 기자가 미련해서 못 보았거나 모른 채 지난 것이 훨씬 많을지도 모르지만, 보고 느낀 것들을 그때그때 지면 사정이 되는 대로, 회사 편집 방향과 크게 어긋나지 않는 범위 내에서 대부분 〈한국경제신문〉에 기사로 소화해 왔다.

이런 기자의 일상에서 적어도 현 정부에서는 언론에 대한 '통제' 같은 것은 없었다고 말할 수 있다. 또 기자와 출입처인 청와대 당국자들 사이의 관계에서도 어떤 형태로든 '부채'가 없었다고 자부하는 터라 쓸 수 없었던 기사도 없지 않았나 싶다. 물론 기자와 취재원들이 만나고 접하는 곳이어서 '오프'와 '엠바고'가 없을 수 없고, 그래도 사람 사는 곳이라 "이 대목은 보도하지 말아 달라", "그 정도는 봐주라"는 부분도 없진 않았다. 그러나 이 역시 춘추관 기자들 전체에 당부하거나 협조를 구한 것이었지 기자 개인에게 부탁한 경우는 별로 생각나는 게 없다.

이런 것과 달리 청와대 출입기자로서 듣고 본 것, 그리고 취재한 내용 중에는 쓰지 않고 넘어간 것도 있다. 당국자의 '오프' 조건 때문이거나 부탁이 있어서가 아니었고, 또 누구와 상의해서 그런 것도 아니었다. 17년차 기자로서 그냥 그렇게 판단했기 때문이다. 쑥스럽지만 이유를 대라면 내가 사는 공동체 사회(국가)의 이익에 도움이 되지 않는다고 생각했기 때문에 그리 한 것 같다.

기자가 취재한 그런 사례 중 한 가지만 소개하고자 한다. 한 나라의 대표, 대통령이란 자리가 얼마나 막중한 자리인지, 또 그런 만큼 대통령 한 사람의 행동, 연설, 일정에 관계되는 참모들이 얼마나 치밀하게 준비하고 다듬는지를 알 수 있는 사례라고 생각해서다.

2004년 노무현 대통령이 이라크 주둔 자이툰 부대를 전격 방문했을 때의 일이다. 당시 기자는 아르빌의 자이툰 부대 주둔지까지 대통령을 따라가 전 과정을 지켜봤다. 대통령은 자이툰 부대에서 브리핑을 받고 아침 식사를 한 뒤 병사들의 막사까지 두루 둘러봤다. 이때 노대통령이

자이툰 부대 안에서 이동 중 해병대 소속의 한 병사가 "대통령님!" 하면
서 갑자기 뛰쳐나와 노대통령을 얼싸안고 번쩍 들어올린 장면이 있다.
병사의 포옹에 감동한 노대통령은 입을 크게 벌리고 웃느라 치료한 금
속어금니까지 보인 사진이 신문과 방송 화면으로 나가 국민 다수에게
익숙한 장면일 것이다. 이 감격적인 포옹이 끝난 뒤 노대통령은 자이툰
부대 내 설치된 병원 막사로 이동하면서 눈물을 훔친 모습까지 사진기
자들의 앵글에 잡혔고 이 사진 역시 보도됐다.

다소 뒤에 안 일이지만 바로 이 장면, 해병대 사병이 노대통령을 얼
싸안은 것이 기획 연출됐다는 것이었다. '대통령의 의전과 대외이미지
제고' 차원이었을 것이다. 복수의 관계자들에 따르면, 그냥 "대통령님"
이라고 외치고 인사하면서 껴안는 정도로만 준비됐는데, 감격한 병사
가 "한번 안아보고 싶었습니다"라며 번쩍 들어 안은 채 360도를 휙 돌
아 '오버'하는 바람에 참모들이 좀 놀랐다는 것이다. 그렇지 않아도 노
대통령은 수술받은 적 있는 허리를 조심해 쓰는 형편이라 관계자들이
긴장했다는 후문이다.

이런 것은 '이야기가 되는(기사 거리가 되는)' 것이라고 판단했다. 그렇
지 않아도 부시 미국 대통령이 2003년 11월 추수감사절 때 이라크 주둔
미군부대를 전격 방문해 병사들에게 칠면조 요리를 썰어주는 장면이
전세계로 보도됐는데, 이때 찍힌 사진의 칠면조가 황금색의 장식용이
었다는 사실이 뒤늦게 알려져 '해외 토픽'에 나고 미국 내 야당으로부
터 '정치적 쇼'라고 비판받는 등 구설수에 오른 적도 있던 터였다. 장식
용 칠면조를 들고 포즈를 취했다는 점에서 언론보도용이라는 해석을
가능케 한다. 한국이나 미국이나 대통령 행사란 게 그런 속성이 있는
것 같다.

그러나 기자는 이 내용을 굳이 쓰지 않았다. 대통령이나 비서실, 경

호실의 입장을 배려해서가 아니다. 검게 그을린 얼굴로 이국만리 먼 타국 땅에서 국위를 떨치는 자이툰 부대원들, 그날 막사 안에서 씩씩하게 밥 먹으며 용맹한 모습을 보여준 동생 같고 조카 같은 우리의 늠름한 장병들의 사기에 혹시라도 금이 갈까봐서였다. 그 먼 전장에서 생명을 담보로 국익을 위해 희생하는 청년들에게 위문품은 주지 못할망정 그 감격적인 사진을 재차 실으면서 "실은 이런 게 다 연출된 것이랍니다"라고 쓰고 싶지 않았던 것이다.

이제사 이런 이야기를 에피소드로 꺼내는 것은 시효(?)도 지났고 당시 그 부대원들도 거의 귀국했다고 보기 때문이다. 때마침 자이툰 부대의 철수 논의도 나오는 상황이다. 또 조건부로 듣고 쓰지 않은 내용도 아니었으니 기자 판단에 따라 하나의 후일담으로 전한다.

아무튼 대통령의 움직임과 대통령의 메시지라는 것은 이렇듯 철저히 준비되고 계산된 측면이 많다는 사례가 될 만한 일이다. 대통령 본인은 모르지만 참모들 중 상당수는 밥 먹고 이런 것만 연구한다고 볼 수 있다. 국가 원수, 대통령직이란 매우 중요하며 대통령의 말과 행동은 그만큼의 의미를 갖는다. 사회적 민주화 추구 및 권위주의 타파를 내세움으로써 적어도 그 점에서는 일정 부분의 성과를 인정받는 노대통령은 대통령직이란 자리가 갖는 중요성에 대해 얼마나 동의할까?

이 책에 실린 글은 〈한국경제신문〉의 자매지인 경제·경영전문 주간지 〈한경비즈니스〉에 2004년 8월 2일자부터 2006년 7월 3일자까지 기고한 것을 중심으로 엮었다. 내용은 대통령의 정책과 이념적·철학적 근거, 참모들의 성향과 스타일, 청와대에서 비롯된 주요 정책적 이슈와 사회적 관심사를 그때그때 쓴 것들이다. 처음 시작은 신문에 못다 쓴 뒷이야기, 신문에 나오지 않은 내용을 단발성 읽을거리로 소개한다는 취지로 시작했다. 그러나 쉽지 않은 일이었다. 아무래도 매일매일 기사를 쓰는 일간신문의 기자여서 본지에 심력을 기울일 수밖에 없었고 나머지 여력으로 매주 기고하다 보니 신문에서 쓴 이슈를 뒤따라가는 것도 많았다. 신문에 이슈화되기 전에 먼저 쓰느라 취재에 어려움을 겪은 아이템도 일부 있다.

기술적으로는 주간지의 원고마감이 전주 중반까지는 되어줘야 하는데다 ○월 ○일자라는 것이 그 다음 주 월요일 날짜를 당겨 붙인 것이란 점을 밝혀두고 싶다. 매편마다 몇 일자라고 메모를 달았는데, 글을 쓴 시점은 대개 그보다 적어도 열흘, 보통은 2주 전에 쓴 것이다. 종종 내용이 부실해 보이는 것이 나타난다면 취재 부족, 판단 부족 탓 외에 이러한 사전마감도 한 이유라는 점을 밝혀두고 싶다. 다시 읽어보면 일부 상황판단이 모호한 처지였거나 취재가 부실한 대목으로 지적받을 만한 부분도 없지 않으나 고쳐 쓰지 않은 채 그냥 내기로 했다. 당시 시점에서 기자가 아는 상황, 알 수 있는 내용이었기 때문이다.

한편으로는 경제 부처 등을 주로 출입, 담당하느라 정당과 국회를 한 번도 맡아본 적이 없는 기자 개인의 편중된 경험 탓에, 특히 정치적 행태에 대해서는 제대로 쓴 것이었는가 하는 조심스러움과 두려움도 앞선다.

부족한 내용으로 참여정부를 전체적으로 평가했다거나 진단했다는 말은 언감생심 할 수도 없다. 실제로 그런 목적을 염두에 두고서 입체적으로, 체계적으로 쓴 글도 아니다.

앞서 밝힌 대로 1주일에 한 번씩 잡지에 읽을거리, 생각해 볼거리로 쓴 글들이다. 주제도 당시의 최고 핫이슈가 아닌 것들이 많다. 그런 글들은 일부 추려냈다. 뜨거운 현안들은 신문 지면과 방송에서 나름대로 다뤄졌을 것이다.

그저 기자가 걷고 있는 언론계의 자그마한 길, 그 길의 한 귀퉁이에서 과외로 한 송이씩 따 모은 꽃들이 있었고 시간이 지나면서 말려진 것이 작은 바구니에 찼다 싶어 손질 안 된 마른 꽃들을 담아보는 기분이다. 앞으로 있을 참여정부에 대한 본격적인 평가 작업에, 또 대통령의 리더십에 대한 연구와 탐사를 할 이들에게 작은 참고라도 됐으면 좋겠다.

2006년 7월 초

춘추관에서 **허 원 순**

저자의 말 | 변화와 고정관념, 실제와 편견 사이에서 003

CHAPTER 1 정책과 정치

CHAPTER 2　참모진 관리와 인사

<table>
<tr><td colspan="2">CHAPTER 4   참모들의 개성</td></tr>
</table>

CHAPTER 5   해외에서의 경험, 나가면 엔돌핀

CHAPTER 6   대통령이란 자리

CHAPTER

1

정책과 정치

2005년 2월 25일 노무현 대통령은 국회에서 가진 취임 2주년 연설에서 '선진 한국'을 역설했다. '경제 살리기'라는 당면 목표 외에 최대 과제로 '선진 한국'을 꼽은 것이다. 이에 따라 청와대를 비롯한 정부 업무의 중점은 줄기차게 '혁신'을 추구해 왔다. 기술 혁신, 시스템 혁신, 문화 혁신 등을 주창하며 참여 정부는 줄곧 혁신적 성장전략이라는 정책기조를 유지한 것이다. 선진 한국 도약을 위한 조건이 혁신이라면 지금까지 그것을 실천해 온 2006년 참여정부의 혁신 성적표는 몇 점일까?

재벌총수 독대 꺼리는 이유

지난 10월 4일 오후, 아시아유럽정상회의(ASEM) 참석에 앞서 인도를 국빈방문한 노무현 대통령은 뉴델리 공항의 환영행사가 끝나자마자 곧바로 LG전자 인도 현지공장부터 찾았다. 1997년 설립된 LG전자 노이다 공장은 컬러TV 부문 인도 시장점유율 1위로 인도에서는 꽤 명성을 확보한 기업이었다.

노대통령은 덕담과 격려의 말을 아끼지 않았고, 경제협력사절단으로 함께 인도를 방문한 구본무 LG회장의 표정도 비교적 환했다. 이에 앞서 노대통령은 중국 방문 때 베이징 인근에 자리한 현대자동차 현지공장을 방문한 적 있다. 당시에는 정몽구 현대·기아자동차 회장이 노대통령을 안내했다. 노대통령은 베이징 생산라인에서 제작 중인 자동차에 올라 핸들도 잡아보고 뭉클한 심정을 감추지 않은 채 대통령이 된 뒤 변한 기업관·자본관(觀)을 피력했다.

노대통령은 취임 후 여러 차례 재벌총수들과 만났다. 그러나 개별적 접촉은 이처럼 제한적, 간접적으로만 이뤄졌고 '독대'는 아예 없었다.

노대통령이 경제단체장과 주요 대기업 그룹의 총수를 좋아하지 않는 것인가. 또는 항간의 일부 지적처럼 좌파 성향의 정책을 펴기 때문에 재계 지도부와의 독대나 소그룹별 회동을 기피하는 것인가. 그렇지는 않은 것 같다. 실제로 노대통령은 재벌총수들과 여러 차례 회동했다. 그러나 대부분이 단체 만남이거나 이런저런 공식 자리였다.

노대통령은 지난해 5월 첫 해외순방인 미국 방문 때 국내 굴지의 대기업총수·경제단체장들과 함께 동행했다. 일본·중국 방문, 10월 방콕의 아시아태평양경제협력체(APEC) 참석 때도 일부 경제인들과 동행하거나 현지에서 만났다. 미국 방문 때는 기업의 도움에 감사한다며 귀국 후 청와대 인근의 삼계탕집으로 이건희 삼성, 정몽구 현대기아, 구본무 LG회장 등을 초빙해 오찬을 나누기도 했다. 올해 러시아 방문 때도 재계인사 50여 명이 함께 동행했고 역시 간담회를 가졌다. 국내에서도 일자리 창출이나 정부 혁신과 규제 혁파 관련 각종 회의를 주재하거나 전경련 주최 행사에 참석하는 등 다양한 형식으로 재계총수들과 만나 회의를 열고 대화를 나누었다.

그렇지만 재벌총수들과 독대만은 주변의 간헐적인 권고에도 불구하고 미루고 있다. 청와대 내부에서도 장기침체 기미를 보이는 경기를 활성화하고 취업난을 덜기 위해서는 기업의 적극적인 투자가 가장 시급하다는 분석과 함께 재계 회장들과의 독대나 소그룹 만남을 진언했으나 아직까지 이에 대해서는 부정적인 편이다.

청와대의 한 핵심 참모는 "주로 정책실의 경제 부처 출신 수석비서관들이 지난해부터 몇 차례 긍정적인 면과 필요성을 설명하면서 비공식 개별 회동을 건의한 것으로 알고 있다. 그러나 노대통령은 '투자여건이 마련되고 사업성이 있으면 말려도 투자하는 것이 기업이지, 돈 되지 않는다고 판단하는데, (대통령이) 재촉한다고 투자를 하겠느냐'는 생각이 강한 것 같다"고 설명했다.

러시아 방문 때도 노대통령은 당초 푸틴 대통령과 나란히 지켜보는 가운데, 같은 테이블에서 에너지 관련 국내기업이 러시아측과 계약체

결을 하는 방식에 대해 의아하게 받아들였다고 한다. 출국 준비 당시 노대통령은 참모들의 보고에 "꼭 (정상회담에 맞춰 대통령을 세워놓고 계약서를 쓰는 식으로) 그렇게 할 필요가 있나"라는 반응을 보였으나 "민간기업이 일을 끝까지 성사시키는 데 오히려 큰 도움이 되고, 러시아측도 원한다"는 설명에 바로 수용한 것으로 전해졌다.

재벌총수나 기업인과의 만남이 과거와 같은 '어두운 정경유착'의 이미지를 형성한다는 측면도 고려한 듯하다. 노대통령 스스로도 종종 강조했듯이 그는 '선거로 선출된 대중 정치인'이고, 지지기반도 의식하지 않을 수 없는 형편이다. "경제에 악영향을 미친다"는 강한 반발에도 불구하고 지난해 대선자금수사를 강력히 재촉, 어렵사리 정경유착의 고리를 끊어가는 판에 또 다른 시비거리는 아예 만들지 않고 오해의 소지도 없애겠다는 자세다.

지난해 노대통령은 고용창출보고회의 등 경제 살리기의 일환으로 손길승 당시 전경련회장과 1주일에 세 차례씩 함께 회의장에 자리잡은 적도 있었다. 물론 단독 만남은 아니었고 전경련회장 직책으로서 회의에 당연직이었다. 그러나 손 전 회장은 결국 사법처리됐다. 이처럼 대통령이라 해서 '봐줄 수도' 없는 여건이 노대통령을 재계총수들과의 만남에 소극적으로 만들었는지 모른다. 그러나 러시아 방문 이후 조심스럽게 변화를 점치는 시각도 있다. 모스크바 도심 한가운데 잇달아 자리잡은 한국기업의 광고판을 본 뒤 "우리의 얼굴이다 싶어 한없이 흐뭇하다"고 말했고, "외국에 나와보니 '기업이 바로 나라'라는 생각이 든다"고도 했다. 여러 건 성사된 기업 간 계약이 노대통령의 정상회담 성과를 높이고 언론보도까지 돋보이게 했다. 2004. 10. 18

묘안 없는 '부동산과 전쟁'

노무현 대통령이 듣기 싫어하는 뉴스, 보고 싶어하지 않는 기사 중 하나가 부동산 관련 내용이다. 특히 강남의 집값이 얼마 오르고 서울과 수도권 부동산 값이 어떻게 뛰고 하는 유의 보도는 영 못마땅해한다는 것이 참모들의 전언이다.

야당의 비판은 그렇다치더라도 "현 정부 들어 땅값, 집값이 집중적으로 올랐다"는 언론보도에 민감한 반응까지 보인다. 더구나 이런 분석이나 자료가 정서적으로 가깝다고 여기는 일부 시민단체에서 나올 때는 이를 부정하는 논리를 대고 반박했다. 참모들과 담당 공무원들에게도 "실상이 뭐냐. 제대로 홍보하라"고 야단친다.

'부동산과의 전쟁'은 노대통령이 가장 강하게, 그러면서도 가장 버겁게, 그러나 일관되게 벌여온 싸움이다. 노대통령 스스로가 부동산 관련 통계를 거의 매일 본다고 말한 적도 있다.

취임 초부터 "집값만은 안정시키겠다" "다시는 부동산 불패, 강남 불패라는 말이 나오지 않게 하겠다" "서민들이 주거 문제로 고통받지 않도록 하겠다"고 기회 있을 때마다 선포해 왔다. 이 문제를 위해 해당 공무원들과 비서실 참모들을 총동원했다. 그러나 결과는 만족할 만한 수준이 아니다.

부동산 문제에 대한 노대통령의 집념은 대단했고 연구도 적지 않았다. 또한 의미 있는 언급과 논리도 많았다. "부동산 (소유)격차는 양극화의 심각한 원인이기도 하고 양극화의 핵심적 결과이며, 자산 양극화의 핵심이자 원인이다"(2006년 3월 23일 국민과의 인터넷 대화) "부동산 거품이 빠질 때 경제 위기를 맞게 되고 그 경우 그 부담을 힘없는 사람이 다 진다. 부동산은 만병의 근원이다"(같은 행사) 이 같은 언급은 땅부자가 경제적 강자이고 부동산으로 부를 축적했느냐 여부가 양극화의 최대 원인이라는 진단이다. 부동산 거품을 전체 경제 문제와 결부시킨 대목은 부동산 문제에 대해 극단적 진단을 내린 발언이다.

"정책은 어떤 면에서 게임이다. 부동산정책을 무력화하기 위한 여러 집단의 집요한 노력들이 사회에서 진행되고 있다. (중략) 좋은 정책도 국민이 안 믿으면 상당 기간 효과가 나타나지 않는다. 부동산도 시장에서 움직이는 것이다. 어떤 경우에도 부동산 투기이익이 발생하지 않도록 하고, 투기하는 사람은 반드시 손해보도록 제도화해 놓겠다"(2006년 1월 25일 신년 기자회견)

평소 지론이 이런 만큼 대책도 많았다. 재건축 아파트 등에 대한 '소규모 정책' 외에 큼직큼직한 것만 보자. 이정우 전 정책기획위원장 등이 많이 관여한 것으로 알려진 2003년 10·29 대책, 사전에 김병준 정책실장이 "헌법보다 더 고치기 힘든 법안을 만들겠다"고 해 화제를 모았던 2005년 8·31 대책, 그리고 2006년 3·30 보완대책에 이르기까지 다양하다. 대책은 건설교통부와 재정경제부가 주관이고 국세청, 금감위(금감원)까지 주택정책 부처와 세금, 금융 관련 부처까지 망라됐다. 청와대에선 정문수 경제보좌관이 상시적으로 챙기고 김병준 실장이 지휘하는 정책실 라인도 여기에 사실상 전력투구했다.

부동산 문제에 대한 노대통령의 인식과 의지가 다시 한번 잘 드러난 행사는 4월 25일 수원의 국민임대주택 홍보관에서 열린 '주거복지정책 토론회'다. 한덕수 경제부총리, 추병직 건교장관, 유시민 복지장관, 김병준 정책실장, 권오규 경제정책수석, 정문수 경제보좌관 등 부동산정책의 주요 결정자, 주공의 사장과 직원, 국책연구원장과 건교부 공무원까지 참석한 가운데서 노대통령은 "참여정부 들어 땅값이 급상승했다"는 비판에 대해 조목조목 따지며 불편한 심기를 감추지 않았다.

예컨대 '2003년 1월부터 2년간 전국 부동산값이 1,153조 원이 올라 그 이전보다 28.5% 상승했다'는 경실련의 주장이 맞느냐고 한참 동안 따졌고, "(이 수치가 맞다면) 참여정부는 국민들에게 파산선고를 받아야 할 정부가 아니냐"고 이의도 제기했다. 건교부장관의 해명을 들은 뒤에는 "아무도 보고를 안해 유감스럽다"고도 말했다. 시민단체 대표로 참석한 박종렬 주거복지연대 대표와 땅값상승 논쟁도 벌였다.

이 자리에서도 언론보도에 대한 불만이 또 나왔다. "일부 지역의 부동산 투기 현상이 우리 뉴스를 전부 독점하고 있다. 국민의 1%보다 훨씬 적은 숫자의 사람들 얘기가 전국민의 주택 문제보다 더 중요한 문제냐. 25%의 최저 수준 미달 주택, 113만 단칸방 가구가 존재하는데, 이 문제는 (보도에) 없고 몇몇 사람의 투기가 저녁마다 (뉴스로) 장식한다"고 말했다. 그러면서 이렇게 된 원인이 "부동산 투기세력과 내집을 마련하려는 소박한 서민세력 사이의 힘의 불균형이 여론의 마당에서 뉴스의 비중으로 나타난다"고 분석한 후 "이 점에 대해 국민에게 죄송스럽다"며 사과도 했다. 주공에 대해서는 "뒷감당을 해줄 테니 외부자금을 끌어들여 임대주택 건설에 좀더 적극 나서라"는 주문도 했다.

이런 인식에서 노대통령은 남은 임기를 의식하며, 첫째 서민주거용 재원(예산) 확보에 주력하고, 둘째로 주택청 신설이나 건교부내 주거복지본부 확대로 관련 공무원도 늘릴 것으로 예상된다. **2006. 5. 8**

부동산 거품론과 거품론에 바람넣기

근래 청와대발 '정책 뉴스'에 정작 경제정책수석이나 사회정책수석 등 정책에 직접 관련된 참모들은 뒤로 빠지는 양상이다. 대신 이 자리를 이백만 홍보수석이 자리잡아가고 있다.

대표적인 것이 부동산 관련 정책이다. 특히 이수석은 권오규 경제정책수석과 같은 정책 라인의 경제관료들을 제치고 '대(對) 시장 선전전'을 총괄 지휘해 주목을 받는다. 5월 후반 들어 청와대 홈페이지에 대문짝만하게 오른 시리즈물 '특별기획 부동산 이제 생각을 바꿉시다!' 가 바로 이수석 주도 하의 기획물이다.

연초 청와대는 양극화 관련 대형 시리즈물을 내 대립각이 단단히 선 논쟁을 유발한 적이 있는데, 이제 이 부동산 시리즈가 그 자리를 확실하게 대신하고 있다. 양극화의 원인이자 결과가 바로 부동산, 특히 집값의 양극화라는 것이 노무현 대통령의 진단이다. 청와대 참모들도 이 명제에 동의하면서 정책의 방향을 다듬고 있다.

이수석은 청와대 내 비공식 태스크포스인 '부동산 특별기획팀장'을 맡고 있다. 외부적으로 알려지진 않았으나 이 시리즈의 첫째, 둘째 글을 이수석이 지휘하는 홍보수석실 팀이 썼다. 기자 출신으로 전직 대변인을 지낸 김종민 국정홍보비서관을 비롯해 일부 행정관들이 필자로 참여하고 있다. 적잖은 자료가 인용된 이 글들은 상당히 긴 편이다. 세 번째 글은 주택도시연구원의 지규현 박사가 강남 등 많이 오른 지역이 거품인 이유를 쓴 것이고, 네번째로 김병준 정책실장의 글도 나왔다. 이들 글도 이수석 팀이 기획한 것이다. 모두 열 개 정도의 시리즈 글을 낼 계획이라는 담당자들의 설명이다.

이 기획 시리즈는 논란을 불러일으킬 만한 내용을 많이 담았는데, 시점과 방식에 이르기까지 전략적으로 단단히 준비한 흔적이 엿보였다. 사회적 충격파를 강하게 던져 거품론을 본격 제기해 하향 안정화를 유도하겠다는 것이었다.

그 중 하나가 '버블 세븐'이라는 말을 새롭게 만들어낸 것이다. 언론의 속성을 파악한 개념이다. 5월 15일에 나온 1탄의 글은 이 용어 하나로 기자의 시선을 사로잡았고, 바로 다음날부터 '버블 세븐'이란 말이 시중의 화제가 됐다. 즉각 반론이 쏟아지고 "정부가 자산 붕괴론을 앞서 자극한다"는 역풍이 거셌지만 확실히 시장의 주목만큼은 끈 것이다. 다만 1탄이 너무 강했던 탓인지 '부동산 시장 전망 - 계속 오르기는 어렵다'는 2탄의 글에서는 상당히 순화된 논조가 드러났다. 이 같은 강온 전략에 대해 재경부 출신의 노대래 비서관은 "시리즈 첫째 글을 위해 부동산 시장 관련 모든 자료를 찾고 정리해 홍보수석실로 넘겨줬다"며 "두번째 글은 공개 전에 미리 원고를 받아 많은 부분을 다듬었다"고 말했다. 때마침 쏟아져 들어온 '전세계적인 자산 버블 붕괴 우려'라는 외신과 맞물리면서 파장이 커지자 경제관료들이 나서 표현을 상당히 완화시킨 것이었다.

그럴 만도 한 것이 5월 4일 환율 문제 등에 대한 노대통령 주재의 청와대 국민경제자문회의 후 정문수 경제보좌관이 기자 브리핑에서 부동산 거품론을 공식 제기한 이래, 관료들은 기회를 만들어가면서 거품론을 잇달아 제기했다. 5월 노대통령의 몽골, 아제르바이잔, 아랍에미리트 순방을 수행한 추병직 건교부장관이 5월 15일 귀국 당일 건교부 담당 기자들과 만나 거품경고를 과도하게 제기했으며 재경부도 이때부터 한덕수 경제부총리를 비롯해 국장급 이상까지 라디오방송 곳곳에 출연해 비슷한 이야기를 했다. 이런 상황에서 청와대의 시리즈 글로 인해 부동산 시장이 경착륙할 것이라는 우려가 일자 비서실 내 경제관료들이 일시적으로 나선 것이었다.

그럼에도 불구하고 바로 뒤이어 김병준 정책실장이 '회군은 없다'(시리즈 세번째 글)며 강경한 목소리를 냈고 런던에 출장 간 정문수 경제보좌관까지 비슷한 입장을 나타내며 버블 논쟁에 불을 지폈다.

이수석은 버블 세븐이라는 말이 나오게 된 배경에 대해 "(앞서) 대통령이 부동산 가격이 많이 오른 지역들을 알아보라고 말씀한 적이 있다. 그래서 조사해 보니 서울 강남 등 7개 지역의 부동산 가격이 가장 많이 오른 것으로 나타났고, 이들 지역에 대해 버블 세븐이라는 말이 붙여졌다"고 말했다. 부동산정책(각종 대책)에 관한 한 노대통령은 일찍부터 일선 부처의 과장 수준으로 각론까지 하나하나 챙겨온 것으로 알려졌다.

버블 세븐이 화제가 된 뒤 신문지면을 도배하다시피한 이 버블 논쟁을 보는 청와대의 입장이 어떤지 정태호 대변인에게 물어봤다. 정대변인은 "(거품론에 대해) 공감대가 형성된 것 아니냐"고 조심스럽게 답변하면서 "여러 내용을 수렴해 글로 계속 나올 것"이라고 말했다. 특별팀을 구성하고 제대로 작심한 상황이었다.

이 홍보수석은 앞서 국정홍보처 차장 때 정부 입장을 논리적으로 잘 쓴 글로 노대통령의 주목을 끌었고 결국 홍보수석에 기용됐다. 2006. 6. 5

'레임덕' 일찍 오나

노무현 대통령은 이전의 대통령들보다 '레임덕(임기 말 권력누수)' 현상을 일찍 맛볼지도 모른다. 다만 조짐과 현상은 지난 대통령들과 많이 달라 보인다. 직전에 김영삼, 김대중 전 대통령은 모두 아들 문제로 대통령으로서의 권위를 크게 훼손하고 법적 임기 중 권한을 제대로 행사하지 못했다. 장성한 대통령의 아들들이 정책과 정치, 국정 곳곳에 관여한 것으로 드러나면서 청와대는 여론의 질타를 받았고 결국 아들들이 사법처리되는 상황까지 빚어졌다.

다행히(?) 노대통령 집권 중에는 이런 가능성이 낮아보인다. 물론 아직 임기가 많이 남았으니 예단할 수는 없지만 외동 아들 건호씨가 정치권 또는 청와대와 관련된 일에 연루됐다거나 별난 행동이나 말로 언론에 오르내린 일은 아직 없다. 이 점에 관한 한 민정수석실에서도 대개 장담을 해왔다. "친인척 관리는 특별하게 한다"는 것이다. 과거 선례도 있고 해서 민정수석실에 해당 팀이 대통령의 아들과 딸, 사위 등에 대한 밀착감시를 각별하게 한다는 자랑이다.

초반기 이따금씩 노대통령의 형 건평씨가 언론에 오르내린 적이 있지만 가십 수준이다. 청와대 관계자는 "대통령 취임 전반기에 건평씨에 대한 이야기가 더러 나오고 지방의 일부 인사들이 접촉을 시도해 사정당국 직원을 경남 진영으로 자주 보냈다. 심지어 건평씨가 가는 낚시터의 뒷산에 '잠복근무' 하고 있다가 어떤 사람들이 찾아오는지 하나하나 점검하기도 했다"고 사례를 전했다. 그러나 노대통령 사돈의 음주운전 여부가 뒤늦게 시빗거리가 됐고 청와대직원 사칭 사기극도 발생한 걸 보면 친인척에 관한 문제는 청와대에서 나오는 그날까지 아무도 장담하기 어렵다.

대통령의 아들 문제에 대해 다른 청와대 관계자는 "YS나 DJ는 힘든 야당 생활과 민주화 투쟁 과정에서 아들이야말로 가장 허물없이 상의할 수 있는 정치적 동지이자 사심없는 조력자였으나 노대통령의 아들딸은 정치와 아예 담을 쌓고 자기 전문영역을 가꾸도록 가정교육을 받아와 상황이 다르다"고 말하기도 했다. 노대통령은 한 공개 자리에서 "대학생쯤이나 돼서 민주화와 같은 사회적 문제를 외면한 채 내 이익만 좇는 그런 아들을 키워서 뭐하겠느냐"고 말한 적 있다. "인권변호사의 길을 택한 이유는 자녀들이 시위-처벌의 시대적 험로를 가지 않도록 하고 싶었기 때문이다"며 한 말이었다. 그런 만큼 정치라는 험한 길에 아들딸이 발을 들이는 것을 일찌감치 원천적으로 가로막은 셈이다.

그럼에도 불구하고 아들에 대한 애정은 대단하다. 노대통령은 지난 4월 27일 파주 LG필립스LCD 공장 준공식에 참석해 "개인적 인연도 있어서 (왔다)"라고 가볍게 언급한 적이 있다. 현직 대통령이 민간기업의 공장 준공식에 참석한 것 자체가 이례적인 일인데, 그 이유로 슬쩍 거론한 개인적 인연이란 게 바로 아들 건호씨가 LG전자에 근무하는 것을 두고 한 말이 아니냐는 해석이 뒤따랐다.

어쨌거나 임기를 22개월이나 남겨둔 시점에서 레임덕 분석이 나온 것은 아들 문제보다 노대통령 스스로의 스타일 때문으로 보인다.

특히 사학법 문제를 놓고 열린우리당과 한나라당의 원내대표를 청와대로 초청, 조찬회동을 하고 진지하게 여당에 대승적 차원의 양보를 당부했으나 바로 다음날 여당이 '불가'라는 답변을 내면서 상당수 언론은 레임덕 문제와 이 일을 결부시켰다. 여당의 반기는 청와대에 충격을 주었다.

물론 당정 분리, 당권 불개입을 내건 노대통령이고 보면 여당이 대통령 말을 듣지 않는 상황은 충분히 예견했을 것이다. 여당이 정치적 판단과 여당의 입장을 고려한 선택을 했을 때 이제부터는 '해야 할 일'과 '할 수 있는 일'을 하나하나 계산하고 있는 것으로 볼 수 있다. 실제로 한명숙 총리를 임명할 때 노대통령은 끝까지 김병준 청와대 정책실장이 적임자라고 보면서도 한총리로 낙점할 수밖에 없게 된 정치적 상황을 보면서 여당의 반기쯤은 충분히 감내하겠다는 결심을 했을 수 있다. 다만 "이제 남은 일은 역사에서의 평가, 큰 틀에서 해야 할 일과 로드맵 챙기기뿐"이라고 마음을 다지면서….

노대통령이 스스로 힘을 뺀 또 한 가지 일은 지난 5월 3일 수석급에 대한 대규모 인사와 비서관 인사가 꼽힐 만하다. 이공계 교수들이 차지해 온 '특수보직'인 과기보좌관을 제외하고 전해철 민정, 박남춘 인사, 이정호 시민사회 수석 등 신임 40대 수석들은 한결같이 내부의 비서관에서 승진기용된 케이스다. 노대통령의 고등학교 동기동창인 차의환 혁신관리수석도 내부 승진자다. 단순히 내부 승진자라는 것이 문제가 아니라, 모두 자신과 직접 일해 본 인연이 있는 참모들이었다는 점이 언론의 주목을 받았다. 새 인물을 찾기보다 주변의 인사를 기용하면서 '얼굴을 많이 가리는' 것도 노대통령 인사의 한 특징이다.

이 같은 폐쇄형 인사는 자칫 대통령의 권위를 떨어뜨릴 여지가 크다. 외부로 향한 소통의 통로가 더욱 좁아질 수 있으며 소수의 견해, 늘 눈에 익은 자료만 받아보기 쉬워질 수도 있다. 2006. 5. 15

양극화 문제와 비서실의 무리한 논리 전개

청와대 사람들이 특히 듣기 거북해하는 몇 가지가 있다. '아마추어 정권' '위원회 정부' '파퓰리즘(대중인기영합주의) 정책' '좌파 정책' 등의 비난들은 초기부터 나온 단골 비판 메뉴였다. 청와대 참모들은 이런 유의 맞기에 많이 익숙해진 것 같다. 처음엔 민감한 반응을 보이기도 했으나 시간이 흐르면서 야권이나 보수 그룹에서 으레 내놓는 험구쯤으로 여기는 분위기가 있었다.

그러나 집권 후반기 들어 특히 민감하게 반응하는 대목이 한 가지 더 부각됐다. "참여정부 들어 양극화가 심화됐다"는 비판이다. 경제적 상하위 계층의 소득과 자산 양극화, 교육과 취업에서 쏠림 현상 등이 양극화 현상을 역비판하는 구체적인 각론으로 인용되곤 했다.

기득권층 및 주류계층과 대립각을 세우면서 소외계층과 상대적 약자들의 지지로 정권을 잡았다고 자타가 인정하는데, 양극화가 해소되기는커녕 심화됐다니 청와대로서는 난감해할 만하다. 각종 자료와 이론에 대해 참모들은 해명도 하고 부정도 했다. 때로는 "세계화, 개방화 추세에서는 불가피한 면도 있다"고 변명하면서 이해도 구하지만 싸늘한 반응이 많은 편이다. 낮은 지지율이 이를 반증한다.

2006년, 양극화 문제를 노무현 대통령이 작심하고서 들고 나온 배경이기도 하다. 해소 방법과 재원마련 등을 놓고 양극화 문제는 어느덧 논란 속에 우리 사회의 초대형 아젠다(의제)로 자리잡아가고 있다. 특별한 상황이 없다면 이 문제는 앞으로도 한국 사회의 최대 숙제가 될 것으로 보인다.

청와대 참모들도 양극화 해소에 역량을 집중하는 분위기다. 대통령이 남은 임기 중 국정 최대의 과대라며 이 문제를 언급한 이후 비서실은 나름대로 노력을 기울인다. 〈청와대브리핑〉이라는 문패를 새로 내건 청와대 홈페이지 첫 화면에도 '비정한 사회, 따뜻한 사회- 양극화 시한폭탄, 이대로 둘 것인가'라는 간판을 크게 내걸었다. 여기에 '기적과 절망, 두 개의 대한민국'이란 장문의 글이 1편으로 올라간 이래 양극화 현상을 분야별로 짚고 나름대로 대안을 모색하는 글들이 속속 올라왔다. 압축성장, 그 신화는 끝났다-압축성장과 양극화는 불균형 성장이 낳은 이란성 쌍둥이(2편) 더불어 사는 따뜻한 사회로 가는 길(3편) 복지예산, 미래를 위한 투자입니다(상하/4, 5편) 교육 양극화, 그리고 게임의 법칙(6편) 부동산, 양극화의 최대 분수령(7편), 성장을 통한 고용, 고용을 통한 성장(8편) 등 장문의 글들이 이어지고 있다.

청와대는 이 기획을 위해 비서실 내 전문가들을 차출한 태스크포스까지 구성했다. 이 시리즈는 당분간 더 이어질 전망이다.

처음에는 적잖은 반향과 논란을 불러일으켰지만 청와대 홈페이지의 이 코너에 올라가는 글이 많아질수록 관심도가 상당히 떨어져가는 분위기다. 주제 자체가 새로울 게 없는데다 일부 무리한 논리와 통계 때문인 것으로 보인다.

경제발전의 혜택을 고루 누리도록 하고 교육과 주거, 의료와 보건에서 그늘지고 소외된 곳을 없애나가자는 호소에 누군들 반대할 것이며, 외면할까. 그래서 이 문제를 놓고 초기 단계에서 빚어진 몇몇 대형 논란도 대부분 양극화 현상 자체를 백안시하자거나 여기에만 집중하자는 것이 아니었다. 다만 방법론에서의 논란이 있었다. 지속 성장을 통한 고용확대냐 직접적인 복지 관련 예산증액이냐, 재원조달에서 정부지출 감축이 먼저인가 세입확대부터 해야 하는가, 나아가 감세냐 증세냐 등등의 논쟁이 그러했다. 이런 논란은 또 다른 뉴스에 밀려 곧바로 잦아진 측면이 있지만 이런 논쟁이 활기차게 벌어졌던 점을 돌아보면 양극화에 대한 청와대의 일차 의지는 관철된 셈이다. 더 이상 양극화 방치는 안 된다는 인식이 널리 퍼진 점에서 특히 그렇다.

그런데 시리즈 글 중에서 최소한 '교육 양극화' 관련 문건은 상당히 의외였다. 이 글은 대학입시에서 지역별 편중 현상을 파고 들어간 것으로, 서울대 신입생의 출신 지역 등을 분석한 교육 양극화 내용이다. 서울 안에서도 강남구가 마포구에 비해 서울대 진학률이 9.1배 높다는 식의 접근이었다.

서울대 진학률을 놓고 교육 양극화를 단정하는 것도 유치하지만, 그래서 어쩌자는 것인지 보기 딱하다. 교육환경이 열악한 지역에 더 많은 지원하는 것이 더욱 현실적일 것이다. 서울대 입학이 그렇게 중시될 만한 교육성과의 지표라면 '범 강북'에 자립형 사립고를 과감히 허용하거나 자립형 공립학교를 강북이나 지방에 집중 설립, 예산을 집중 투자하는 식의 대안을 내고 추진해야 한다. 교육제도와 도시발전정책을 묶어 놓은 채 특정 결과만 갖고서 엉뚱한 시비를 하는 것 같아 오히려 양극화를 부채질하는 듯한 글이었다. 2006. 4. 3

집권 후반의 다섯 가지 고민

노무현 대통령이 청와대 생활 3년을 넘어섰다. 스스로 5년 임기가 길게 느껴진다고도 말했지만 이제부터는 그렇게 생각할 여유가 없을 것 같다. 정점을 지나 내려가는 2년은 더 빠를 것이다. 벌여놓은 여러 가지 일을 점검하면서 마무리할 만한 것만 추려 정리하는 작업도 만만치 않을 것이다. 상황은 다급한데 예기치 못한 악재가 더 나올 가능성도 있다. 갈수록 우군은 줄고 비판의 목소리는 더욱 커지기 쉬운 상황도 벌어질 수 있다.

이런 와중에 이해찬 총리의 3·1절 골프 파문이 불거졌다. 국정운영의 기본 시스템이 흔들릴 수 있는 사안이었다. 한국 대통령으로서는 24년 만에 방문하는 아프리카 3개 국에서도 노대통령은 시종일관 이총리 문제로 크게 고민했다고 측근들이 전했다.

이총리 문제는 노대통령의 심경을 크게 압박했다. 이 일이 아니더라도 임기 내리막길에 들어서면서 노대통령에게는 크게 다섯 가지 고민이 있다. 퇴임 후에 평가될 참여정부의 성과와도 관계되는 사안들이다. 그러면서 하나같이 해법이 쉽지 않은 난제들이다.

노대통령이 안고 있는 가장 큰 고민은 양극화 해소 문제다. 따라서 신년연설 및 연두회견을 통해 이 문제를 국가적 아젠다로 던진 것이다.

또 앞으로 남은 2년간 주력할 최대 과제라고 천명한 문제이기도 하다.

　사회적 아젠다로 굳히기까지 문제제기는 잘 했지만 탈출구는 쉽지 않아 보인다. 무엇보다 노대통령은 "양극화 문제를 이대로 방치하면 한국의 미래 성장이 어려워지니 본격적으로 논의해 보자"는 생각이지만 여론과 언론은 적어도 이보다 몇 발 더 앞서 있다. "손쉽게 세금부터 확대하려는 것인가, 또는 서민·중산층의 세금감면 혜택을 줄이겠다는 것이냐"는 방법론이 더 큰 뉴스가 되는 게 현실이다. 청와대는 홈페이지를 통해 양극화 문제를 기획성 특집으로 내거는 등 이 문제가 피할 수 없는 과제라며 다양하게 문제를 제기하고 있지만, 오히려 이런 방법론에서부터 발목이 잡히는 상황이다. 이런 상황이 계속되면 양극화 해소를 위한 구체적 방법, 특히 재원 마련은 본격적인 논의도 못한 채 시간만 흘러갈 수 있다. 노대통령으로서는 초조한 대목이다. 다만 양극화 문제에 대해 2월 26일 대국민 서신을 발표하고 3월 23일 인터넷의 주요한 포털 사이트에서 1시간가량 누리꾼들과 실시간 대화를 갖기로 돼 있어, 이때에 조금 진전된 정부의 복안을 제시하고 이를 바탕으로 건설적으로 각론에 들어갈 수 있을지가 주목된다.

　두번째 과제는 부동산정책이다. 부동산 문제 역시 양극화 문제의 한 현상으로 볼 수 있으나, 전국민의 관심사로 키워놓은 가운데 정부의 각종 입법안이 기대치만큼 제대로 작동하지 않는다는 점이 문제다. 노대통령은 취임 초기부터 "부동산 가격 급등만은 꼭 잡겠다"고 장담해 왔으나, 서울 강남 일원의 집값과 수도권과 신행정수도 예정지 주변 충청권 등지의 땅값은 정부정책을 깔보듯 치솟았다. 사실상 마지막 카드로 던진 8·31 부동산대책마저 작동하지 않는다면 앞으로 여권의 입지는 크게 줄어들 것이다.

　지방선거는 세번째쯤 고민이 된다. 취임 3주년 기자간담회 때 노대통령은 각종 선거가 자신에 대한 중간평가로 정리되는 것에 대해 상당한 불만을 드러낸 적이 있다. 그럼에도 불구하고 5·31 지방선거는 다시 현 정부에 대한 중간평가로 분류될 가능성이 크다. 이는 오랜 관행이고 현실이다. 현실적으로 지방선거는 레임덕을 앞당길 수도 있다. 물론 선거 결과가 좋으면 지지율을 다시 끌어올리고 각종 정책에서 탄력을 가질 수 있어 기사회생하겠지만 전반적인 여건은 노대통령에게 버겁다.

넷째 과제는 북핵이다. 북핵 문제는 2005년 베이징 6자회담에서 일정 정도 성과가 났으나 근래 북한의 미국 달러 위조지폐 제조 의혹으로 공전해 왔다. 청와대 고위 관계자는 3월 말에는 다시 회담 일정이 가닥 잡힐 것이라고 전망했지만 장담할 수 없다. 더구나 근래 이 문제가 북·미, 북·중 간 쟁점으로 굳어지면서 한국이 과연 주도적인 역할을 하고 있는지에 대한 의구심도 적잖이 일고 있다.

중장기 국정운영의 기본 방향을 제시하겠다고 한 점도 노대통령에겐 고민거리다. 이미 지난해 하반기부터 국가운영의 장기비전을 정리해 제시하겠다고 밝혀왔고, 최측근 참모들도 책자로 내겠다며 고심해 왔다. 그러나 당초 약속한 2월 25일 취임 3주년 이전이라는 시한은 이미 지났다. 또 현안이 잇달아 불거지고 있는 상황에서 장기비전은 자칫 '한가한 담론'으로 비쳐질 수 있다는 게 청와대의 고민이다.

노대통령에게 지금 필요한 것은 좀더 명확하게 선택하고 집중하는 일인지도 모른다. 꼭 정리하고 반드시 중간 매듭이라도 지워야 할 일을 정리해 여기에 몰두하는 것이 필요할 듯하다. 2006. 3. 20

신년 회견과 '우는 소리'

'유시민 장관 만들기'로 2006년 벽두 한바탕 홍역을 치른 청와대가 매년 초 하는 신년 기자회견 일정을 놓고 잠시 구설에 올랐다. 전례가 없던 '대통령 연설 따로, 기자들 질의·응답 따로'의 새 방식을 도입하면서 일정을 놓고 다소 우왕좌왕하는 모습을 보인 것이다.

청와대가 대통령 신년 기자회견을 2단계로 나눈 것 자체가 이색적이다. 통상 신년 기자회견은 대통령이 모두발언으로 한해의 국정운영 방향과 주요 정책, 우선 과제를 충분히 설명한 뒤 기자들의 질의를 받는 식으로 진행돼 왔다. 대통령이 낭독하는 식의 모두연설을 위해 청와대의 모든 참모가 자기 분야 정책의 우선순위를 정리하고 표현을 가다듬으면서 방향을 잡는다. 연설문 관련 고위급 참모들이 이에 가감첨삭하면서 문안은 마무리된다. 연말부터 시작되는 이 작업에 보통 한 달 이상의 노력이 들어간다.

그러나 언론의 관심사는 정제된 대통령의 연설문에 제한되지 않는다. 다수 언론의 관심사는 현안이다. 대통령의 구상과 정책 의지도 좋지만 당장의 현안에 대한 해법이 궁금한 것은 당연지사다. "유시민 의원은 왜 기용했는가" "황우석 박사 줄기세포 파동의 실상은 언제 알았고, 어떤 식으로 책임 문제를 따질 것인가" "이종석 통일부장관 내정자는 남북관계 발전에 적임자인가” “사학법 파동과 사학감사는 어떤 관계를 가지는가” “양극화 해소, 의지는 좋은데 당장 올해 어떤 정책을 시행하나” 등 언론의 관심사는 충분히 예견된다.

청와대 핵심 관계자는 “참모들이 연말부터 준비해 온 연설문안을 놓고 대통령까지 수차례 독회를 거쳐 완성된 신년 연설이 ‘유시민, 황우석, 이종석’ 등등의 신문 제목에 가려 흔적도 남지 않을 수도 있지 않느냐”는 말로 TV로 연설 따로, 기자 질의 따로의 ‘묘안’을 짜낸 배경을 설명했다. 쏟아지는 질문은 피하기 어렵다 해도 전하고 싶은 메시지만은 그대로 국민들에게 직접 전해보겠다는 의도다. 다른 참모는 “2005년 신년 회견이 1시간 20분가량 진행되면서 대통령께서 상당히 힘들어했다”며 배경을 전했다.

지난 8일 홍보수석실에서는 비공식적으로 ‘17일 특별연설, 20일 기자회견’이라고 밝혔으나 바로 다음날 ‘18일밤 TV 신년 특별연설, 24일 오전 별도 기자회견’이라고 발표했다가, 9일 오후에는 다시 24일 회견을 25일로 하루 늦춘다고 청와대 담당 기자들의 휴대전화에 문자메시지로 통보했었다. 이렇게 오락가락하는 데도 홍보수석실의 일부 핵심 참모들은 진행 상황이 어떻게 바뀌는지 모르고 있었던 점이 주목된다. 특히 8일 처음 일정을 안내해 줄 때도 다른 쪽에서는 “그런 일정으로 되지 않을 것”이라는 말이 들렸다. 청와대 업무와 일정, 정보에서 참모들 간 소통에 문제가 있거나 또 다른 형태의 주도권 잡기, 업무적 배제 · 긴장 관계가 있는 것처럼 보였다. 좀더 자세히 보면 TV중계가 될 연설 내용에 대해서도 당초 “장기 국정과제가 언급될 것”이라던 것에서 “장기 과제는 취임 3주년 즈음으로 미뤄지고 2006년 한햇동안의 과제와 관심사에 초점이 맞춰질 것”이라고 하루 만에 바꿔 설명하는 등 어수선한 모습을 보였다.

노대통령의 올해 메시지는 미리 대강 윤곽이 나타났다. 2005년 10월 말 기자들과 청와대 뒷산을 함께 오르며 '미래 국정 구상'을 밝히겠다고 해 언론의 주목을 끌어왔다. 그러나 "새로운 내용이나 깜짝 놀랄 뉴스, 중대 제안은 없을 것"이라는 게 청와대측의 사전 설명이었다.

여러 안건 중 경제적 격차로 상징되는 양극화 해소 노력에 노대통령의 관심이 집중될 것으로 보인다. 그러지 않아도 노대통령은 2006년 들어 두번째 외부 행사인 경제계 인사 신년 인사회에서 "올해는 우는 소리도 좀 하겠고, 다니면서 도와달라고 간곡히 부탁드리는 일이 더 많아질지 모르겠다"고 말해 주목을 끌었다.

굵직굵직한 경제계 인사들이 모두 모인 이 자리에서 노대통령은 대기업·수출기업과 중소기업·내수기업의 격차, 이로 인한 소비시장 위축, 한덕부 부총리 등 경제팀의 한계 등에 대해 두루 언급했다. 적어도 수치로 나타나는 경제 성적표와는 달리 경제에 문제가 있다는 인식을 보여준 자리였다.

현실적으로 대기업과 경제적 상류층의 적극적인 동참이 없다면 다양한 경제 현안은 풀리기 어렵다. 비정규직 문제와 청년실업난, 영세자영업자 및 신용불량자 대책, 노사관계 선진화 방안, 고령화시대 조기퇴직자 문제, 소비시장 활성화 정책의 어려움과 내수확대책의 한계 등등 산적한 현안을 놓고 정부가 대기업에 '양보와 지원'을 끌어내고 동참을 촉구할 사안은 한두 가지가 아니다. 그런 차원에서 '우는 소리'를 좀 하겠다는 것인데, 유시민 복지부장관 인사에서 마이웨이를 선언한 터라 대통령의 아쉬운 소리에 재계가 얼마나 호응할지 관심사다.　　2006. 1. 23

유럽식 모델에 쏟는 관심

집권 후반기에 접어들면서 유럽식(독일·프랑스·영국 등) 발전 모델에 대한 노무현 대통령의 관심이 구체화돼 간다. 단순히 경제성장과 사회통합 같은 발전 모델만이 아니다. 최근 독일의 사례처럼 국가·사회적 위기대응 방식에 대한 관심 역시 마찬가지다.

IMF 외환위기 이후 과도하게 강요된 미국식 경제질서, 과거 다수 민간기업들이 본받았던 일본식 경제 모델에 대한 진지한 반성일까. 또는 '성장보다 분배에 더 관심' 이라는 일각의 비판이 비난 이상의 정확한 상황 진단인가. 어쨌거나 노대통령은 사회주의적 전통이 강한 유럽식 경제·사회·정치 제도에 집중탐구하고 있다.

미국식 모델은 넓은 국토와 광대한 자원, 무한대의 경쟁, 그 대신 최소한의 의지가 있다면 약자들도 굶지 않는 사회로 볼 수 있다. 반면 과거 전통적인 일본식 모델은 비좁은 땅에 한정된 부존자원, 회사와 정부 등 조직이 빚을 내서라도 정년까지 보장하고 경쟁은 최소화하는 사회로 단순화할 수 있다. 광복 60년 동안 한국은 정부, 기업 할 것 없이, 그 뒤를 따라 개인들까지 이 둘을 모델로 삼아 쉼없이 달려왔다. 반면 유럽은 상대적으로 좁은 땅에서 수없는 전쟁과 분쟁을 거치며, 개인들끼리 어깨를 부딪히는 경쟁 속에서도 공존하는 지혜를 터득해 왔고, 자유

경쟁을 중시하는 이면에 뒤지는 개인(실업자 등 사회적 약자)에 대해 국가·사회가 최소한의 수준을 책임져 주는 전통을 갖고 있다. 북유럽 몇몇 나라처럼 담세율이나 정책별로 볼 때 사회주의를 내건 나라보다 사회주의적 전통이 더욱 강한 나라도 있다.

이런 모델 분석은 새삼스러운 일이 아니다. 그런데 노대통령은 이 시점에서 왜 유럽쪽으로 눈길을 돌릴까. 이와 관련해 노대통령은 지난 9월 말 청와대에서 동북아시대위원회가 준비한 국정과제회의 하나를 주재한 적이 있다. 행담도개발 의혹사건 이후 대연정 등 정치적 제안으로 동북아위뿐 아니라, 기타 국정과제 자체가 뉴스권에서 멀어졌고 실제 청와대의 공식행사로 국정과제회의가 열린 건 상당히 오랜만이었다. 이날 66번째 국정과제회의도 언론의 주목을 거의 받지 못하고 넘어갔다.

그러나 내용을 되돌아보면 노대통령의 관심사가 그대로 드러난 회의였다. '동북아공동체 형성에 주는 유럽통합 사례의 시사점'이라는 회의 제목처럼 유럽통합 과정이 의제였다. 정기국회가 본격화되면서 여야와 행정 각 부처가 뜨거운 이슈들을 놓고 치열한 줄다리기를 벌이고, '삼성 국정감사'란 말이 나올 정도로 삼성 관련 안건이 치열한 사회적 논쟁거리인 점을 감안하면 다소 한가한 주제라고 여겨질 수도 있는 사안이었다. 그럼에도 불구하고 청와대는 회의 뒤 30일자 온·오프라인의 〈청와대 브리핑〉을 통해 '유럽평화 염원이 EU 동력의 핵심'이라는 분석글에다 별도로 '동북아시대 구상은 우리의 생존전략—유럽통합 사례에서 무엇을 배울 것인가'라는 이정호 비서관의 글을 싣고 '동북아공동체 형성에 주는 유럽통합 사례의 시사점'이란 자료를 올리는 등 의제설정에 적극 나섰다.

바로 전날 중앙언론사 경제부장들과의 간담회에서도 독일 문제가 거론됐다. 청와대는 경제부장 간담회에 앞서 주독일 대사관에서 보고해 온 〈독일의 경제정책 변천과정〉이라는 100쪽짜리 자료를 참석자들에게 사전 배포하여 대화의 주제가 되도록 유도하기도 했다. 큰 반향은 없었지만 범사회적 아젠다가 되기를 바랐던 것이다.

분쟁국에서 절친한 이웃이 됐다가 몇 단계 과정을 거쳐 공동체가 된 독일·프랑스·영국의 통합과정에 한·중·일을 적용해 보려는 소망인가. 집권 초부터 내걸렸으나 오랫동안 수면 아래 묻혀 있던 동북아공동체론에 재차 불을 붙이려는 시도로 볼 수 있다.

유럽을 바라보되 유럽 각국에 대한 평가와 시각은 상당히 다른 점이 주목된다. "프랑스 정부는 대통령제인지, 내각제인지 모르겠는데" "영국처럼 한 번 밀어주면 화끈하게 몰아줘서 10년은 소신껏 밀 수 있도록 가는 나라가 있고" "일본과 독일의 정치구조가 어떤지 모르나 어쨌든 계속 정체했는데, 독일은 그런 부분에 대해 이번 총선에서 뭔가 방향이 나올 것 같다" "네덜란드, 아일랜드처럼 사회적으로 합의하는 나라가 있고" "민주주의 역량, 완성도 높은 미국에서의 대통령제…."

지난 9월 중미 방문과 UN총회 참관 후 귀국길 기내 간담회에서 노대통령이 언급한 부분이다. 각국 관련 내용의 극히 일부만 떼어낸 것이어서 노대통령의 인식을 깊이 있게 들여다보긴 어려울지라도 몇몇 관심 대상국에 대한 인식의 단면은 엿볼 수 있는 표현들이다. 당시 노대통령은 "(독일 등의 유럽식에서 배울 점이 많은지, 멕시코 등 곤경에 빠진 중남미 모델에 시사점이 많은지) 우리 한국은 앞으로 어디에 속할 것인가, 이것이 굉장히 고심된다. 돌아가면 독일, 영국, 프랑스 등의 정치 상황에 관한 모델들을 분석해 보겠다"며 의중을 밝혔다. **2005. 10. 17**

정치 방학과 경제민생 챙기기

"대연정과 선거구 개편 등 정치 문제는 당분간 미루고 정기국회 동안 정책협의에다 정부가 마련한 법률안 통과에 주력하겠다"는 공언 때문인가. 노무현 대통령의 9월 마지막 주(26~30일) 공식일정은 경제·민생·장기 정책과제에 좀더 치중됐다. 이 기간 중 월요일(26일)엔 열린우리당 재경위 소속 의원들과 만찬간담회를, 화요일(27일)엔 각 언론사 경제부장들과 오찬간담회를 가졌다. 수요일(28일)과 목요일(29일)에는 각각 국가에너지자문회의 주재와 전국기능경기대회 참관을 한 뒤 금요일(30일)에는 저출산고령사회위원들을 위촉했다. 11월 부산 APEC 준비 보고도 받은 것으로 전해졌다.

경제부장들과의 간담회는 "경제 살리기와 복지·민생, 장기 성장 잠재력 등과 같은 기본 과제에 늘 관심을 가지고 있다"는 메시지를 주려는 행사였다. 경제에 대한 진단과 전망에서 낙관적인 보도를 좀 해달라는 당부를 하려고 기획된 행사이기도 했다. 행사를 앞두고 〈독일의 경제정책 변천과정〉이라는 주독일 한국대사관의 대통령 보고자료를 경제부장들에게 미리 보내 토론의 방향을 유도하기도 했다. 사전 간담회 자료를 보낸 것은 다소 이례적인 일이다. "경제와 민생을 돌보지 않는다"는 비판에 청와대가 얼마나 민감하게 반응하는지 보여주는 한 예다.

최근 노대통령의 최대 관심사는 가을 정기국회에서 국회가 정부 입법안을 얼마나 챙겨줄 것인가에 있다. 8·31 부동산대책을 비롯, 몇몇 소비세율 조정과 국민연금 문제 등 정부가 추진 중인 개혁개편안이 모두 국회에 달려 있음을 누구보다 잘 안다. 앞서 2003년 10·29 부동산 대책을 내놓은 뒤 국회에서 정부안을 부드럽게 완화시켜 법제화한 뒤 노대통령은 "정부의 대책이 누더기가 돼버렸다"며 불만을 표시하곤 했다고 한다. 그래서 이번에는 아예 '정치 방학'을 선언하고 정책 챙기기와 대 국회 전력대응에 나선 것이다. 다만 경제과 정책에 주력한다는 와중에 삼성과 직결된 금융산업구조개선법(금산법) 파동이 불거지는 등 민감한 사안들이 계속 꼬리에 꼬리를 물고 있다.

외형적으로는 정치 방학으로 보이지만 노대통령의 마음속 깊은 곳에서는 꼭 그렇지만은 않은 것 같다. 가을 정기국회 회기가 집권 후반기의 향방을 좌우할 수 있는 매우 중요한 시점이기 때문이다. 노대통령은 이번 가을, 정치·사회적으로 매우 복잡한 복차방정식을 풀어야 한다.

최근 열린우리당의 중진급 인사들 입을 통해 조금씩 전해지는 대로라면 노대통령은 몇몇 사안에 대해서는 임기단축까지 걸고서라도 건곤일척의 한판 승부를 벌일 가능성이 있다. 그런 대모험은 어차피 내년까지만 효력이 가능한 수다. 2007년은 임기 마지막 해여서 무슨 수를 던지든 효과가 별로 없다는 게 중론이다. 즉 내년 후반기만 돼도 의미가 반감된다는 얘기다. 내년 5월의 지방선거는 종종 거론되는 레임덕의 실제화 여부가 판가름날 1차 분수령이다.

이런 정치 일정을 감안, 노대통령은 여권 내 인물을 최대한 운용해 열린우리당의 지방선거 전투 기틀을 마련할 것으로 예상된다. 이해찬 총리, 정동영 통일부장관, 김근태 복지부장관 등 내각 내 차기 후보 트리오는 이 구도에서 한 세트로 움직일 것 같다. 여권 내 차기 권력구도 문제여서 이들에게 기회를 고루 줄 수밖에 없는 처지다.

이들이 열린우리당으로 복귀하면 누구에게 총리를 맡길 것인가. 권한은 이총리만큼 줄 것인가. 열린우리당 주변에서는 백낙청 전 서울대 교수 등을 성급하게 하마평으로 내놓고 있는데, 결국 노대통령이 가닥을 잡아야 한다.

광역단체장 선거에선 일부 장관들의 징발도 예상된다. 2006년 지방선거가 예비고사라면 2007년 대선은 여야 모두에게 본고사다.

장관들의 정치판 내몰기에는 노대통령의 의중이 중요하며 이 결정에는 늘 골치아픈 업무가 뒤따른다. 다름 아닌 인사 문제다. 해임안 처리 직전까지 몰렸던 윤광웅 국방, 유엔사무총장 후보로 거론되는 반기문 외교까지 포함하면 참신하고 유능한 장관감으로 새로 찾아야 할 인사가 10여 명에 달할 수 있어 적잖은 부담이다.

물론 이때 당내 인사(의원) 기용으로 평당원인 노대통령은 열린우리당을 리더해 나갈 것이다. 당정 분리, 입법부와 행정부의 제자리 찾기를 주요 업적으로 내세워온 노대통령이 앞으로도 당이 홀로서도록 자율성장을 유도할지도 관심 포인트다. 당지도부, 건교위, 재경위 의원들과의 만찬간담회는 다른 상임위 소속 의원들과도 이어질 전망인데, 이런 과정이 결국 '정치'이고, 여기에 정교한 정치공학이 스며든다.

경제민생 주력 기저에는 선거 올인으로 바로 전환될 불씨가 비친다. 여권이 2007년 대선을 염두에 둔 포석을 벌인다면 노대통령의 머릿속도 복잡해질 것이다. 노대통령의 가을 숙고는 내년 1~2월 중에 가시화될 것 같다.

2005. 10. 10

아젠다 선점한 승부사 기질

연합정부(대연정) 제안에서부터 개헌 논의까지, 부동산대책과 아파트 원가공개 논의, '내각제 수준의 권력이양 용의'에서 전력공급이라는 대북 '중대 제안' 전격공개 등은 최근 노무현 대통령이 던진 큼직큼직한 사회적 아젠다들이다. 대개가 메가톤급 충격파를 가진 초대형 논의거리다. 정치권에 화두를 던지고, 경제계에 파장을 미치고, 남북·민족 문제에 영향을 미치는 사안들이다. 이런 아젠다 중 다수가 지지율 20% 수준으로까지 떨어진 악상황에서 나온 것이라는 점이 주목을 끈다. 노대통령 특유의 정면돌파 방식으로 볼 수 있다.

상당한 논란거리를 제공한 연정에 대한 사회적 이슈화만 놓고 보더라도 그 과정이 관심거리다. 노대통령이 이 문제를 꺼낸 것은 지난 6월 24일 밤, 당·정·청 등 여권 내부의 핵심 실세인사 11명이 청와대 인근 총리공관에서 가진 정례 비공식 모임자리에서다. 노대통령은 원래 이 모임에 참석하지 않지만, 이날 11인회 모임에 불쑥 모습을 드러냈다. 지난해 김우식 비서실장이 청와대 주변에 있는 공관에서 집들이로 여권 인사 몇 명을 초대한 자리를 예고없이 방문해 주변을 놀라게 했던 것과 비슷한 암행이었다.

이 모임이 있은 지 며칠 뒤, 일부 언론에 노대통령의 연정 언급이 보도됐다. 여권이 '흘린' 것인지, 실수로 한 말이 기자의 귀에 들어갔는지는 분명치 않다. 연정 언급 보도 직후 수석·보좌관 회의에서 노대통령이 설명하는 형식으로 '정책사안별 공조 수준으로 나아간다' 고 해명됐다. 그러나 이내 노대통령은 당원들과 국민들에게 보내는 편지를 통해 연정을 수면 위로 끌어올렸다. 일과성으로 그칠 사안일 수 있었으나 정치권에 본격적인 아젠다로 던진 것이다. 이후에도 언론사 편집·보도국장과 대화 등의 형식으로 사안을 더 크게 만들어나갔다. 아젠다 선점 역량을 발휘하며 위기를 돌파해 나가는 노대통령의 역량을 보여주는 사례다. 물론 그 이면에는 '꼼수정치', '하소연 정치' 라는 등의 비판이 뒤따랐다.

노대통령의 아젠다 선점 능력은 연초부터 나타났다. 경제 살리기 올인 방침 설정 후, 양극화 해소와 동반성장이 큼직큼직한 활자로 신문에 오르내린 것도 노대통령과 청와대가 전면에 나서면서부터였다. 경제부총리나 재정경제부에서 나서야 할 사안인데다 전면에 나설 경우 청와대의 부담이 줄 수도 있었지만 노대통령이 직접 이 아젠다의 전면에 나섰다.

일본의 독도 영유권 억지 주장이나 그와 맞물려 불거진 역사교과서 왜곡, 이로 비롯된 한·일 관계에서도 노대통령은 전면에 나섰다. 국민들에게 보내는 편지를 통해 강력한 표현을 쓰고 비서실에 역사 문제 관련 기획단을 설치하면서 주도권을 잡아나갔다. 이에 따라 외교부는 뒤로 밀렸지만, 다른 국정 현안에 대한 야당의 공세까지 함께 묻혀버렸다.

그러면서 결국 정치 분야까지 아젠다를 앞서 이끌고나갔다. 연정, 지역구도에 연계한 권력이양에 대한 언급이 나오자 여당 대표의 정치적 제안은 상대적으로 작은 기사가 될 수밖에 없었다. 여당 대표가 실무급으로 격이 떨어진 것도 어색하지만 애초부터 당정 분리, 정부(행정부)와 국회(입법부)의 제자리 찾기가 강조되던 터여서 이처럼 강력한 아젠다에 어리둥절한 이들이 적지 않다.

한나라당 등은 노대통령의 대형 발언에 대해 경제난과 유전 의혹, 행담도개발 의혹 등을 염두에 둔 국면전환용 발언이라고 규정, 냉담한 반응을 보이며 의미를 절하했다. 하지만 그들의 속은 편치 않다. 대통령 발언이 미치는 영향이 큰데다 파장이 장기화될 가능성 때문이다. 또 대통령이 정치권에까지 이슈를 선점하면서 경제난과 총기난사 사건 등 여권의 발목을 잡고 있던 문제에 대한 국민적 관심이 희석되고 그만큼 대정부, 대여권 공세도 힘을 잃기 때문이다.

이런 와중에 대 북한 중대 제안을 전격 공개했다. 한때 초기 국민투표를 통한 재신임제안처럼 신상 문제에 가까왔던 사안에서 남북 · 민족 문제, 국제적 이슈로 아젠다의 틀도 커져간다. 4월 재보궐선거 패배 이후 침체된 청와대와 여권 분위기와는 딴판이다.

그렇다면 국가 · 사회적으로 주요한 아젠다는 누가 선점하는 것이 옳을까. 주요 아젠다를 일일이 대통령이 던져야만 할까. 현대사회는 갈수록 복잡다단하고 민주화돼 간다. 사회 현상도 여러 요인이 얽힌 결과이고 전문가 집단은 계속 다원화된다. 그에 맞게 아젠다 설정은 사회의 여러 주체에서 나오는 것이 바람직해 보인다.

대통령이 국정 주요 현안에서 적극적으로 주도권을 행사하는 것과 아젠다 설정 과정에서 청와대를 제외한 사회 여러 부문에 기회를 너무 적게 주는 것은 동전의 양면처럼 함께 진행된다. 청와대가 경제계와 정치권 등 다른 부문에서 조금 뒤따라가는 식이나, 사후 논평을 내는 수준에서 벗어나 책임 있고 새로운 안을 제시해 나간다면 균형이 잡힐 것 같다.

2005. 7. 25

전선이 너무 넓다

입시 문제로 노무현 대통령과 정운찬 서울대 총장이 정면 대립하는 듯한 상황을 보는 세간의 시선이 곱지 못하다. 청와대 참모들도 '이게 아닌데' 하는 표정이다. 국립대학인 서울대 총장은 대학 내에서 선출과정을 거치지만 최종 임면권자는 대통령이다. 국립대 총장은 대통령이 임명장을 주고 교육부가 감독하는 기관이다. 물론 임명장을 준다고 해서 서울대 총장이 대통령 앞에서 굴신할 필요는 없고 그럴 이유도 없다. 대학총장은 사회의 대표적인 지성인으로, 특별한 하자가 없다면 존경받을 만한 대상이다. 그런데 대통령과 한국 최고의 대학총장이 정면 대립하는 양상이다. 노대통령 대신 김진표 교육부총리가 전면에 나서야 하고 그가 정총장과 맞붙었어야 한다는 지적이 이래서 나왔다. 이는 청와대 참모들의 속마음이기도 하다.

대학의 자율성을 내세우면서 '우수한 학생을 가려 뽑아 잘 가르쳐보겠다'는 서울대의 명분을 청와대가 제압하기란 쉽지 않다. 고교평준화를 비롯해 대학입시의 '3불 정책'을 지지하는 국민들이 숫적으로 많은 것으로 알려져 있지만 식자층과 여론주도층, 그리고 교육정책을 우려하는 계층을 중심으로 현재의 교육정책에 대한 비판과 불만은 갈수록 커져가고 있다. 이처럼 어려운 여건에서 노대통령이 또 하나의 전선,

'교육전쟁'의 전면에 섰다.

지난 7월 4일 월요일, 정례 수석·보좌관 회의에서 "한 주간 가장 나쁜 뉴스"라며 노대통령이 먼저 문제제기한 것이었다. 참모들은 나중에 "처음 시작은 가볍게 한 농담 성격"이라는 해명도 했다. 그러나 반응과 파장은 너무 컸다. 결국 철학과 관점차가 가시적으로 드러났기 때문이다.

문제는 교육부총리나 교육혁신위원회가 충분히 나설 수 있는 일을 대통령이 직접 끄집어낸 데에 있다. 그렇지 않아도 국내 공교육이 갈수록 수요자(국민)들의 요구에 뒤지고 있는 상황인데다 '교육혁신위원회는 도대체 뭐하는 데냐'는 비판이 일고 있건만, 위원회나 교육부는 이렇다 할 만한 결과를 보여준 게 없다.

다원화된 민주사회에서 대통령이든, 특정 부처든 정부 쪽과 민간의 전문 영역이 견해차 극복을 위한 토론 자체를 나쁘다고 보기는 어렵다. 관에서 일방적으로 힘으로 밀어붙이면 그건 과거 개발독재와 다를 바 없다. 그럼에도 불구하고 최근 청와대가 벌이고 있는 전선은 너무 넓고 갈등 과목도 과도하다는 지적이 나온다.

대연정 제기 이후 정치권과의 긴장 국면은 깊고, 경제계와는 부동산 관련 대책으로 보이지 않는 샅바싸움을 벌인다. 특히 8월 말쯤으로 단단히 예고해 놓은 부동산대책은 시민사회 전체와 힘겨루기를 해야 하는 힘든 과제다. 금융산업발전법개정안이나 금융계열사 보유지분 의결권 문제로 삼성과도 편치 않은 것처럼 비쳐지는 등 기업규제 논란이 재연될 조짐도 있다. 여기에 해묵은 수도권의 투자 규제 시비에도 청와대가 함께 연관돼 있다.

선택과 집중을 하지 않으면 노대통령은 일찍 국정운영의 추진력을 잃을 수도 있다. 이런 지적과 관련, 노대통령은 이미 부동산대책을 직접 진두지휘하면서 이 문제에 완전히 집중한다는 얘기도 들린다.

집권 반환점에 선 노대통령을 둘러싼 대외적 환경은 여전히 우호적인 형편이 못된다. 정부가 상당한 노력을 기울여 구축한 공직인사 파일을 민간기업이나 단체에 제공하려는 구상도 그런 예다. 민간이 원할 경우 제공할 수 있다며 실현 가능성에 대해 신중히 검토해 보라는 게 노대통령의 지시사항이었지만, 일부 언론은 예상되는 문제점과 부작용을 부각시켰다. 뒤이어 사설과 칼럼이 동원돼 '검토안'에 강력한 폭격을 가했다. 일부 참모는 "원 취지가 그게 아닌데"라며 속상해했지만, 외부 환경은 청와대가 원하는 대로 조성되지 않는다.

이런 결과에는 청와대 책임도 있다. 사회 각 부문의 주요 인사들이 거의 포함된 9만 명에 육박하는 인사 파일을 공개하는 문제가 거론됐으나, 청와대에서도 인사수석실은 상황을 잘 모르고 있었다. 주로 민정 쪽에서 흘러나온 이야기이기 때문이다. 이 문제와 관련한 노대통령의 첫 언급이 지난 7월 8일 반부패기관협의회 때 있었고 이 자리에 청와대와 정부 부처 등 사정당국의 실력자들이 모두 모였으나, 인사수석은 참석하지 않았다. 그런 상태에서 열흘쯤 후 뒤늦게 이 언급이 흘러나왔고 인사 쪽에서는 충분한 준비가 안됐다. 대통령의 메시지가 바깥으로 나오는 데 치밀한 준비와 종합적인 내부 검토가 없었다는 것으로 해석될 수 있다.

노대통령은 7월 셋째주 공식일정을 평소보다 크게 줄였다. 대외적, 공식적인 행사가 눈에 띄게 줄었다. 대신 내부 점검회의, 조정회의, 보고받기가 많았다. 7월 마지막 주에도 일정은 최소화됐다. 이어 8월 첫째 주는 하계휴가다. 공식일정을 축소하면서 전선을 줄이고 선택과 집중할 수 있을지, 민생과제에 몰두할지 주목된다. 2005. 8. 1

끊임없는 정책실의 변신

'참여정부' 출범 첫해인 2003년, 경제계에서 청와대 비서실의 직제, 특히 경제수석이 없어진 것에 적잖은 시비를 한 적 있다. "경제수석을 둬서 청와대가 각종 경제 현안에 대해 신속하고 책임 있게, 그리고 강력하게 일을 추진하라"는 요구가 적잖았다. '경제가 난맥'이라는 비판을 하면서 구실거리로 거론된 경제수석 부활 요구에는 일부 야당 중진들도 가세했다. 그러나 청와대는 정책실 조직을 개편하거나 기능을 재조정하는 것으로 여론수렴을 했다.

집권 2주년을 맞는 청와대의 고민거리 중 하나가 바로 정책실의 효율적인 운용, 기능의 극대화다. 노대통령은 당선자 시절부터 비서실 조직에 두 가지 의미를 부여하면서 미리 변화를 예고했다. 각 부문별 수석비서관을 없앤 것과 분야별 보좌관을 대거 도입키로 한 것이었다. 수석을 없앤 것은 정책을 담당하는 각 부처가 엄연히 있는데, 수석이 '위의 뜻'이라며 부처 업무에 온갖 간섭을 하고 호가호위하는 과거의 폐단을 없애겠다는 의지이자 일종의 개혁조치로 시도됐다. 동시에 인사, 국방, 외교, 과학기술, 경제, 국가안보 등 보좌관을 여럿 둬 대통령의 가정교사로 삼고 정책 조언자로 활용하기로 했었다.

당초 취지와 달리 두 가지 모두 시비를 받거나 논란거리가 됐다. 결국 보좌관제도는 인사보좌관을 인사수석으로 바꾸고, 외교보좌관과 국방보좌관을 한동안 공석으로 두는 등 소극적인 운용을 통해 논점에서 비켜갔다. 전·현직 보좌관들은 앞에 나서지 않은 채 '본분'을 잘 지켜 별다른 논란을 불러일으키지도 않았다.

그러나 정책실은 다소 달랐다. 노대통령 스스로도 운용에서 미흡한 점을 느껴 몇 차례 조직 바꿈을 했다. 당초 정책실은 실장―정책수석― 정책기획―정책상황―정책관리 비서관의 명령계통으로 운용됐다. "우리는 부처와 산하기관의 주요 업무는 팔로 업(진행상황 점검)하고 있지만 절대 개입 않는다. 부처에서 '어찌 하오리까' 라며 새로운 안을 들고왔길래 '참고는 하겠으니 (책임도 스스로 지고) 알아서 하시라'고 돌려보냈다" 출범 초기 한 실세 비서관이 이렇게 기자에게 자랑스레 한 말이 기억난다. 이 뒷면에서 일부 부처에서는 민감한 현안을 거론, "청와대에서 방향을 잡아주지 않아서…"라며 오랫동안 몸에 밴 '눈치 행정' 자세를 드러내기도 했다.

그리는 사이 정책실은 정책기획수석과 사회정책수석으로 나뉘어졌다. 이때 정책기획수석을 놓고 실질적으로 경제수석이 부활된 것 아니냐는 주목을 받은 적이 있다. 청와대의 교통정리가 부족하다는 정부 안팎의 비판도 있었고, 청와대 내부적으로도 업무 효율성을 높일 필요를 느꼈는지 2003년 말 정책실 개편 때는 세분류된 비서관이 대거 배치됐다. 금융·거시경제·예산 등 재정예산정책 부문의 정책기획, 산업 쪽을 총괄하는 산업정책, 농어촌 문제를 전담하는 비서관은 정책기획수석 아래에, 사회정책·교육문화·노동 비서관은 사회정책수석 아래 놓이게 되었다. 이 조직개편 당시 언론에서는 정책실에 소(小)수석제가 도입됐다고 평가했다.

소수석제로도 모자라 정책실의 기능은 2004년 들어 더욱 팽창했다.

김병준 정책실장이 기용되면서 6명의 소수석 외에 정책실장 직속으로 혁신관리·민원제안·제도개선 비서관이 추가됐다. 각종 접수민원을 관리하고 그와 관련된 제도를 개선하면서 부처 업무까지 혁신을 주도하겠다는 취지였다. 정책에 관한 한 독립된 비서설 구조를 갖춘 셈이기도 했다.

그런 비서실이 노대통령의 집권 2기 진입에 맞춰 다시 한번 내용 면에서 변신을 꾀했다. 이해찬 총리를 내세워 책임총리제로 가면서 "웬만한 국정 일상은 총리를 중심으로 해결, 추진하라"는 노대통령의 운용방식 때문이다. 말로만 그치지 않기 위해서는 총리에게 힘을 쥐야 하고 행정적 뒷받침을 해줘야 한다. 연말에 정책실 업무조정 얘기가 나온 이유가 여기에 있다.

정책실의 부처 업무와 관련된 정보와 판단기준, 분석기능이 총리실로 대거 넘겨져야 한다는 것에 청와대는 이의가 없다. 청와대 정책실은 대통령이 집중적으로 챙길 과제에 몰두하면서 대통령 직속 각종 자문위원회와 공조체제로 위원회의 장기 국정과제 업무를 나눠야 한다는 목소리가 일찍부터 나왔고 실제로 그렇게 개편됐다.

그러나 실무자들의 고민은 현실적이다. 한 관계자는 "국정 현안 점검 업무를 총리실로 넘긴다 해도 대통령을 보좌하는 청와대 업무의 특성상 부처 현안을 따라가지 않을 수 없는데, 매번 총리실로 진행상황과 자료, 정보를 일일이 넘겨받을 수 없어 업무이관 등 재정리에 어려움이 있다"고 말했다. 막말로 언제 시끌시끌한 현안이 불거질지 모르는데, 청와대 수석이란 자리에서, 또 비서관이란 자가 뭐가 뭔지도 모른 채 가만히 있을 수 있느냐는 얘기다.   2005. 1. 3

연정과 민생 사이에서

대연정 제안 이후 최소한 협상이라도 해보려는 노무현 대통령의 의지가 단호하다. 그러나 경제·북핵 등 주변 환경을 감안하면 발걸음이 무거울 수밖에 없다. 평소 노대통령이 즐겨 써온 호시우행(虎視牛行, 호랑이처럼 목표를 응시하되 소처럼 한길로 뚜벅뚜벅 나아간다는 의미)의 의지를 보이지만 때로는 음성이 높아지고 설명도 자꾸 길어진다.

지난 8월 24일 임기 절반의 반환점(8월 25일)을 맞아 청와대 출입기자들과 가진 청와대 영빈관에서의 오찬도 그런 예다. 12시에 맞춰 시작된 행사에서는 건배 제의와 기자실 쪽 2명의 인사말에 이어 노대통령의 모두 인사말이 있었다. 언론과 정부의 관계설정과 역할분담, 그리고 앞으로 희망스런 관계 등 2년 반을 정리하는 포괄적인 인사였는데, 뜯어보면 통상적·의례적인 인사말이 아니었다.

노대통령의 인사말이 끝난 것은 12시 30분이 훨씬 지난 시각이었고, 너댓 가지 코스요리가 준비된 중국식 첫 음식이 나온 것은 12시 40분이 지나서였다. 이처럼 달변가인 노대통령의 말이 길어진다는 것은 보여주고 싶은 심정, 전하고자 하는 메시지가 그만큼 많고 절실하다는 의미다.

바로 다음날 노대통령은 집권 절반을 넘긴 것에 맞춰 KBS의 특집 시사토론 프로그램에 출연했다. 패널 4명의 질문에 답하는 형식으로 경제 문제부터 시작해 사회, 북핵과 외교 안보, 정치 문제로 주제가 넘어가게 돼 있었다. 그런데 경제 분야에서만 1시간쯤 시간이 지나가버렸다. 노대통령의 설명과 대답이 길어지면서 준비된 시간의 절반이 지나갔다. 100분짜리 방송물인데 2시간이 지나도록 대연정이 포함된 정치 쪽으로는 넘어가지 못해 편집에 애를 먹었다는 후문이다. 그에 따라 청와대 출입기자들도 편집된 녹화물을 그만큼 늦게 받아 기사 작성에 어려움을 겪었다.

대연정 제안으로 여당 내부에서조차 찬반이 엇갈리면서 격론이 심화되자 노대통령은 열린우리당 소속 의원 전원을 청와대로 초청, 만찬간담회를 가졌다. 3시간을 넘긴 이 행사에서 대연정을 제안한 이유에 대해 특히 자세히 설명하면서 "정치인생을 마감하고 총정리하려는 노력"이라며 이전보다 더욱 수위가 높아진 발언을 했었다. 기자간담회든, 의원간담회든 이런 종류의 행사 때는 대개 모두발언과 마무리발언을 함께 하는데, 근래 발언 시간이 조금씩 늘어나 상당히 길어진 점이 주목된다. 대외적으로 공개되는 노대통령의 설명과 답변, 해명과 당부가 길어지는 일은 좋은 조짐이 아니다. "왜 나의 진정성을 몰라주는가. 사실은 이런데…"라는 생각이 깔려 있지만 상당수 언론이 오히려 이런 방식에 문제제기를 하고 일부는 매섭게 비판한다.

민심도 호의적이라고 보기 어렵다. 결국 핵심 참모들이 나서 이 같은 비판 기사에 해명하거나 부연설명할 수밖에 없는 상황이 빚어지고, 이때 다급한 심정에서 조금이라도 과한 표현이 나오면 그 부분에 포커스가 옮겨지면서 다시 책잡히는 악순환이 반복된다.

그렇다고 참모들 입장에서 가만히 있을 수만은 없다. 노대통령이 원하는 게 분명하기 때문이다. 노대통령은 최근 비공식적인 자리에서 모

신문이 보도한 '이원집정론 개헌' 관련 기사에 대해 "(사실과 너무 달라) 나는 기절하겠는데, 대부분 참모진은 흥분하지도 않고 자기 일로 생각하지 않는 것 같다"고 말했다고 한다. 청와대 비서실 진용은 업무 특성상 대통령과 열정을 함께 해야 하는데, 이게 부족해 아쉽다고 지적하다가 나온 이야기였다. 이런 과정에서 조기숙 홍보수석이 라디오 방송에 출연, 대통령의 의중을 설명하고 〈청와대브리핑〉을 통해 진정성을 자세히 풀어 썼지만 그 과정에서 작은 시빗거리가 또 파생됐다.

노대통령과 핵심 참모들은 야권이나 언론의 비판에 속상해하면서 "정치적 제안과 별도로 경제 민생을 꾸준히 챙기고 있으며 두 가지 일을 양립할 수 있다. 왜 민생 현안을 챙기지 않는다고 보느냐"고 항변한다. 바로 여기서 다수 민심과의 괴리가 드러난다. 경기침체가 장기화되면서 서민 소시민들은 버티는 데서 체력에 한계를 드러내고 있고 "당장 생활이 좀 나아질 방안을 모색하라"고 요구하는 목소리가 커져가지만 청와대는 자기식의 소걸음을 내딛는다.

청와대의 주장에도 일리는 있다. 최근에만 해도 열린우리당 부동산 대책기획단과 격려 만찬(8월 26일), 같은 당 국회교육위 의원들과 만찬 간담회(9월 1일) 등 정책 관련 회동이 있었고, 유사한 성격의 간담회를 9월 이후에도 계속한다는 방침이다. 일상적 국정은 모두 챙기는 편이다. '경제는 뒷전'이란 비판이 연속되자 김영주 경제정책수석은 대통령이 2005년에 주재한 경제 관련 회의를 통계로 만들어 기자실로 찾아와 설명할 정도였다. 그러나 야당의 반응은 싸늘하며 냉소적인 시각을 가진 국민이 많다. 가을이 익어갈수록 대연정과 민생에 대한 노대통령의 고민이 깊어만 간다.

2005. 9. 12

청와대 입장표명의 어려움

청와대는 국가적 관심사나 사회적 논란이 되는 사안에 대해 논평을 한다. 청와대 스스로 입장발표할 때도 있고 기자들이 "(특정 사안에 대한) 입장이 뭐냐"고 물어 대답하는 경우도 있다. 형식은 여러 가지가 있지만 청와대, 궁극적으로 대통령의 입장을 전하려는 것이다. 종합적인 대통령의 이미지와 메시지 관리 차원에서 진행된다.

가장 강한 수준은 대통령이 직접 나서는 경우다. 노무현 대통령은 2003년 취임 초반에 종종 춘추관 기자들 앞에 나타나 입장을 발표하고 때로는 해명을 했다. 취임 초 서동구씨를 KBS사장으로 내정했으나 뜻대로 되지 않자 국회연설을 마치고 승용차를 바로 춘추관 마당으로 향하도록 해 기자들에게 입장을 밝혔고, 종종 불거진 측근인사 비리 의혹 공방 때도 기자회견 등으로 직접 나선 것이 그런 사례다. 집권 중반 이후에는 이런 일이 흔치 않다. 통상 대변인이 나선다. 거의 연일 이어지다시피하는 각종 정치적 공방, 사건·사고, 일본 등 주변국과 갈등 사안 등에 대해 수시로 입장을 발표한다. 때로는 비서실장이 나서기도 한다. 최근 사례로는 강정구 교수 영장기각 때 이병완 비서실장이 나서 "완전히 사법적 절차에 관한 문제"라는 입장을 밝힌 바 있다. 사안별로 김병준 정책실장이나 다른 참모들이 나서기도 한다.

이런 형식과는 다른 입장 표명도 있다. "회의에서 이런이런 이야기가 오갔다"고 슬쩍 알려주는 형식이다. 가장 많은 회의는 비서실장 주재의 일일상황점검회의다. 때로는 정무관계회의에서 오간 말로, 때로는 노 대통령 주재의 수석·보좌관 회의에서 오간 말이라며 대변인이 전한다. 예외없이 누구의 말이라는 것은 뺀 채 "이런 내용이 오갔다"며 분위기를 전하는 형식이다. 이런 식의 내용을 전할 때 대변인은 마이크를 잡지 않고 기자들에게 가볍게 말한다. 형식적인 비중을 줄여보겠다는 의도다.

자연히 이 경우 "청와대의 공식 입장은 아니다"는 설명이 따라 붙곤 한다. 비공식적으로, 청와대 입장이라는 정치적 부담을 덜면서도 속마음을 드러내는 것이다. 이 내용을 듣고 기사가 다소 강하게 나가면 "언론이 오버했다. 무리한 해석이다"라고 언론을 탓하며 뒤로 빠진다. 그렇지 않으면 청와대의 입장인 것처럼 하고 넘어가자는 의도다.

불법도청 수사건과 관련해 임동원·신건씨 등 DJ 정부 시절의 국정원장 두 사람에 대해 구속영장이 발부되자 청와대는 이 방법을 썼다. 김만수 대변인이 나서 이병완 비서실장 주재로 열린 (11월 15일의) 일일상황점검회의 내용이라며 "구속영장 청구는 지나쳤다. 형평의 문제를 생각케 한다"는 의견이 개진됐다고 발표했다. 일일상황점검회의는 비서실장과 수석·보좌관들이 매일 아침 8시쯤 하는 회의인데, 평상시에는 회의 내용에 대한 설명이 물론 없다.

바로 전날인 11월 14일 노대통령은 정세균 대표 등 열린우리당의 임시지도부 14명과 청와대에서 만찬을 했다. 이때 밤늦게까지 남아 있던 기자들이 바로 이날 영장이 청구된 임동원·신건씨 건에 대해 "입장이 뭐냐"고 물었을 때만 해도 청와대는 아무런 의견도 내놓지 않았다. 그러나 두 사람의 구속으로 동교동측이 격한 감정으로 반발하는 모습을 보였고, 다음 수순으로 호남 민심이 또 어떻게 움직일지에도 신경이 쓰이자 회의에서 오간 발언을 전하는 형식을 통해 '낮은 수준'으로 입장을 밝힌 것이다.

청와대의 입장은 짐작이 된다. 검찰의 수사 진행이 썩 마음에 들지 않고 부담만 되는데, 그렇다고 직접 언급할 수도 없다. 현 정부는 검찰·경찰·국세청·국정원 등 4대 권력기관의 독립화를 국정운영의 목표로 내걸어왔고, 적어도 당정 분리 원칙과 더불어 이 원칙만은 상당한 지지를 받고 있는 성과물로 평가된다. 지지층은 물론 현 정부에 대립각을 세우며 비판의 날을 곤두세우는 쪽도 권력기관의 독립에 대해서만큼은 의미 있는 조치라고 한 수 접어주는 경우가 많다. 이런 상황에서 검찰에 대고 "이전에도 도청했을 텐데 두 사람만 구속하는가"라고 직접 언급할 수는 없다. 이는 검찰 수사에 개입하는 것으로 해석될 수밖에 없다. 그렇다고 가만히 있자니 DJ측과 호남 유권자들의 시각이 부담이다. 그래서 어정쩡한 형식으로 입장을 밝힌 것이다.

그러나 이에 대해서도 즉각 비판이 가해졌다. "검찰의 수사권을 독립한다더니 웬 간섭이냐"는 여론이 나오자 이날 오후 늦게 김만수 대변인은 "청와대측 입장은 없다"라며 결국 한 발 물러섰다.

참모들 중엔 속상해하고 안타까와하는 이들도 보인다. 그러나 청와대는 참아야 한다. 어슬프게 나섰다가는 권력기관의 홀로서기건, 검찰의 수사권 독립이건 참여정부의 지상목표 자체가 날라간다. 지지도가 최저 수준을 맴돌고, 하는 일마다 칭찬보다 비판을 많이 받는 상황에서 그나마 지지받고 의미 있는 일로 평가받는 것까지 스스로 훼손하는 결과를 초래할 수 있다. 이런 상황도 예견 못한 채 감찰독립이니 권력기관의 홀로서기를 내걸었다면 순진한 이상주의라는 평가를 면하기 어렵다.

2005. 11. 28

탈당은 언제 빼들 카드일까

탈당, 노무현 대통령이 열린우리당 당적을 버릴 것인지 여부가 신년 여권의 새 과제로 떠올랐다. 노대통령과 청와대에 뜨악한 눈길을 보내고 있는 여권 일각의 반노(反盧) 성향의 일각에서는 탈당을 기정사실화하고 다만 시기가 언제인지가 문제일 뿐이라는 시각을 가진 세력도 있다.

대통령 스스로의 집권당 포기, 즉 탈당은 그 자체로 '레임덕'과 직결되는 사안이다. 또 행정 각 부처와 열린우리당의 온갖 형태의 당정협의, 정책공조를 중단케 하고 국민들에게는 여당과 야당의 구별에 혼란을 일으킬 것이라는 점에서 파장이 큰 사안이다. 행정부는 각종 정책을 놓고 국회의 어느 쪽과 먼저 상의해야 하고, 어느 당과 협의해 입법화할지 혼선이 생길 것이다. 국정감사 등에서는 '여당 형님'의 지원이나 엄호사격도 기대할 수 없게 된다.

선거에는 더욱 큰 변수로 작용한다. 민주정치의 한 축인 책임정치가 사라져 유권자들은 어디가 여당이고 야당인지 모르는 혼란에 빠질 것이다. 노태우 정권 이후 대통령의 탈당은 늘 있어 왔지만 대부분 정권 말기여서 큰 문제가 되지는 못했다. 어차피 물러날 대통령이고, 새 정권이 나오게 돼 있는 시점에서 탈당이 이뤄졌기 때문이다.

그런데 이번에는 임기가 2년도 더 남은 대통령의 입에서 탈당이라는 말이 나왔다. 충격파가 엄청난 폭발물이다.

지난 1월 11일 열린우리당 지도부와 청와대 만찬회동 때였다. 노대통령은 이날 '탈당'이란 용어를 한 번도 쓰지 않으면서 상당히 진지하게 탈당 문제를 언급했다고 한다. 그러나 만찬간담회 후 회동결과 브리핑에서 김만수 청와대 대변인은 탈당 대목을 가리느라 아예 말조차 꺼내지 않았다. 이야기가 전해진 것은 회동결과를 기다리던 기자들이 열린우리당 참석자들을 취재하는 과정에서 나왔다. 적극적인 발설자는 열린우리당의 이부영 전 의장. 그러나 청와대측 김대변인은 확인을 요청하는 기자들에게 "대연정 제안 직후 당에 피해를 입히는 것 같아 당 지도부에 탈당 이야기를 꺼낸 적이 있으나 반대가 심해 그것으로 끝났다"며 해명에 급급했다. 며칠 간 이 말만 반복했다.

노대통령은 장관 한 사람(유시민 보건복지장관) 기용하는 데도 시비를 걸고, 새까만 후배격인 초선·재선 의원들이 집단으로 반발하면서 면담 요청까지 하는 것에 속으로 참기 어려웠을지 모른다. 그러지 않아도 집권 후반기, 마음이 급할 시점이 됐다. 참여정부라는 상표 아래 역사와 미래에서 의미를 가질 만한 야심작 하나를 '큰 틀'에서 모색하는 시점인데, 명색이 여당에서 '딴지' 거는 소리만 내니 뛰어나가 버리고 싶은 마음이 들 만도 할 것이다.

현실적으로 탈당하려면 5·31 지방선거 전에 해야 효과가 나을 것이라는 분석도 가능하다. 특히 지방선거에서 여당이 그간의 0패 행진에서 벗어나지 못하는 경우를 상정하면 그 이전의 탈당이 분명히 정치적으로는 효과적일 수 있다.

이날 청와대 만찬간담회에서 노대통령과 열린우리당 지도부는 당과 청와대, 행정부 간에 협력체계를 더욱 잘 갖추기 위해 태스크포스까지 구성하기로 의견을 모았고, 1주일 후 당 쪽에선 원혜영 정책위의장, 청와대에선 이병완 비서실장과 김병준 정책실장, 행정부에서는 조영택 총리실 국무조정실장이 참석한 태스크포스를 실제 가동시켰으니 탈당과는 분명히 반대 방향으로 가닥이 잡혔다. 그럼에도 불구하고 탈당 문제가 일단 가라앉았을 뿐 불씨가 완전히 꺼졌다고 보는 시각은 청와대 안에서조차 없다.

노대통령의 탈당이 멀지 않았다는 예측과 유추를 가능케 하는 데는 몇 가지 사전 징후가 있었다. 노대통령은 2005년 10월 30일 청와대 기자들과 등산하면서 이른바 미래구상이란 것을 2006년 초에 내놓겠다고 밝힌 바 있다. 그러면서 몇 가지 의미 있는 사례를 언급했는데, 그 중 하나가 멀루니가 이끌던 캐나다 보수당의 세제개혁 시도였다. "1989년경(1988년 11월) 캐나다에서는 보수당이 집권했다. 그 이전에 트뤼도 수상이 장기 집권하다가 그때 와서 보수당(진보보수당)이 집권한다. 그냥 집권이 아니라 169석이라는 압도적 승리였다. 멀루니 수상이 그 지지를 믿고 1991년 연방부가세 제도를 국회에서 통과시켰다. 그러고 나서 1993년 선거 결과 169석짜리 과반 정당이 2석만 남기고 전멸했다."(등산 후 효자동의 한 식당에서) 노대통령은 멀루니의 보수당 사례를 정치적 승패와 관계없이 매우 의미 있는 일로 규정했다. 그렇게 한번 해보고 싶다는 의지로 들렸다.

이후 청와대 기자들과의 2005년 송년만찬, 사회 각계와의 신년 인사회 등 최소한 3~4차례에 걸친 역사이야기도 그런 맥락이었다. 그때마다 세종과 정조의 개혁 평가와 실패 규정… 다만 정도전만 성공했다고 평가했다. 역사의 몇몇 고비를 되돌아보고 있는 것이었다. 조선조 역사에 대한 노대통령의 언급이 단기간에 자꾸 반복되자 기자들 사이에서 "백범기념관의 대국민 신년 연설도 정도전 기념관만 있었더라면 그런 데서 했을 것"이라는 우스갯소리가 나돌았다.

2006. 1. 30

황우석과 〈PD수첩〉 사이에서

MBC 〈PD수첩〉이 황우석 박사의 줄기세포 연구성과에 대해 제기한 진위 논쟁과 그로 인한 PD저널리즘 논란 과정에서 노무현 대통령은 두 차례 공식 입장을 밝혔다. 야당과 상당수 누리꾼들은 "대통령이 논란에 기름을 끼얹었다"며 비판했다. "논란의 핵심에 굳이 대통령 스스로가 직접 다가설 필요가 있나"라는 못마땅한 시선도 있었다.

　황박사의 연구에 대해 청와대는 이전부터 큰 관심을 보여왔다. 노대통령은 과학기술, 특히 차세대 한국경제의 성장동력이 될 생명공학(BT), 정보기술(IT), 나노기술(NT) 육성에 열정을 보냈고 핵심 참모들의 지원도 적지 않았다. 특히 순천대에서 생명과학을 강의했던 박기영 과학기술보좌관과 김병준 정책실장은 청와대 내에서도 손꼽히는 황교수 팬이었다. 박보좌관은 황교수의 논문에 '윤리 부문' 담당으로 공동 논문 작성자로 오르기도 했고, 정책 부문 최고위 참모인 김실장도 황교수의 열렬한 지지 참모였다.

　이들 두 참모는 청와대 입성 초기부터 황교수와 '황·금·박'이라며 정기적인 만남도 가져왔는데, 진대제 정보통신부장관도 한때 거의 매번 이 자리에 함께 했다고 전해진다. 노대통령은 박보좌관과 김실장을 통해 황교수의 연구성과를 초기 단계부터 보고받았다. 이들의 권유로 연구시설을 직접 둘러보고 업적에 대해 격려하면서 정부 차원의 지원을 강하게 약속하기도 했다.

그런 황교수 팀에 대해 〈PD수첩〉의 프로듀서들은 '검증'을 내세워 정면으로 문제제기를 했다. 파장은 핵폭탄으로 한국사회를 강타했고 MBC는 광고 중단이라는 역풍을 받았다.

노대통령은 11월 27일 청와대 소식지인 〈청와대브리핑〉에 글을 기고하는 형식으로 "MBC 〈PD수첩〉 내용이 짜증스럽지만 막상 MBC 보도가 뭇매 맞는 모습을 보니 가슴이 답답해진다. 비판을 용납하지 않는 획일주의는 심하다"는 취지의 입장을 밝혔다. 광고 중단에까지 다다른 사태를 걱정한 것이었다. 논란이 연일 비등하던 시점에서 휴일인 일요일에 입장을 발표한 것 자체가 이례적이었다.

노대통령의 글 자체는 내용이나 문맥에서 '문제점'이 없었고 볼 수 있다. 다만 논란이 치열하게 붙은 시점에서 나온 당시의 글이 "MBC를 옹호하려는 의도가 있었던 것 아니냐"는 반응을 보인 누리꾼들의 목소리에 있었다. 이어 1주일 후인 12월 5일 월요일 아침, 수석 · 보좌관 회의에서의 언급으로, 김만수 대변인이 발표한 것도 그런 해석을 가능케 한 내용이었다. "연구성과에 대한 검증 문제는 이 정도에서 정리하자. 황교수 팀의 줄기세포 연구에 차질이 없도록 정부는 계속 지원할 것이다. 황교수와 연구진의 고통에 위로를 전하며 하루빨리 황교수가 연구에 복귀하기를 바란다"는 입장 발표였다.

다만 이때도 황교수의 연구성과 자체에 대한 논란 못지않게 사회적으로 큰 파장을 불러일켰던 〈PD수첩〉 팀의 협박 및 함정취재 의혹에 대해서는 한마디도 언급하지 않은 점이 주목을 끌었다. 더구나 앞서 노대통령은 〈PD수첩〉 팀이 황교수 팀을 취재하면서 위압적이며 협박하는 경우까지 있다고 (박보좌관으로부터) 보고받아 알고 있었다고 가장 먼저 언급했던 터였다.

황교수 팀이 불필요한 시비를 받지 않고 연구에 전념하길 바라는 메시지를 던진 것 자체가 의미 있는 일이 될 수 있겠지만, 비난의 불길이 MBC로 몰린 시점에서 "검증 논쟁을 그만하자"고 제안함으로써 "민감한 현안을 놓고 MBC의 입장을 옹호하려 한다"는 비판까지 재차 불거진 것이다.

대체적으로 신문 쪽보다 방송에 청와대는 더 깊은 애정을 보내왔다. MBC와 관련된 노대통령의 과거 시각을 보여줄 수 있는 일화 하나를 소개한다. "노대통령은 1992년과 2000년 고향인 부산에서 총선출마를 했는데, 당선권에 드는 지지도에도 불구하고 지역정서, 지역주의의 벽을 넘지 못해 국회 진출이 좌절됐다. 특히 2000년에는 당선 안정권인 서울 종로를 버리고 부산을 선택했는데, 반(反)김대중 정서의 한나라당 바람에 밀려 패배했다. 이때 MBC의 〈2580〉 등 시사고발 프로그램에서 지역주의의 문제점을 심층적으로 지적했는데, 대표적인 사례로 지역감정을 직접 자극한 한나라당 후보의 유세에 꺽힌 노무현 후보 사례가 생생하게 보도됐다"(청와대 참모의 말) 또 다른 참모는 "이해성 초대 홍보수석(현 조폐공사 사장)이 발탁된 것도 시사프로그램의 제작 데스크인 그를 노대통령이 눈여겨봤고, 이기명 후원회장도 적극 추천했다"고 전했다.

노대통령이 황박사 · 〈PD수첩〉 논쟁에 대해 두번째 입장을 내놓던 날, 이병완 비서실장 주재 일일현안회의에서 이 문제가 심도 있게 논의됐다. 그리고 대통령의 입장이 나왔으나 "이쯤서 그만하자"는 제안은 큰 반향을 얻지 못했다. 참모들의 메시지 관리 역량 부족인지, 노대통령의 스타일 때문인지 분석해 볼 만하다. 2005. 12. 19

신년 기자회견 준비

통상 연말연초 청와대 업무 중 가장 비중이 큰 것이 신년 기자회견이다. 신년 회견은 국민을 상대로 대통령이 직접 한햇동안의 국정운영 전반을 밝히면서 중점 정책을 설명하는 행사다. 외신들도 참석, 북한 문제와 한국의 외교정책까지 질의하는 등 한해 업무의 청사진을 내놓는 자리이기도 하다. 청와대는 대통령의 모두연설에서 강조할 부분과 기자들의 질문에 답하는 방식으로 내놓을 정책 각론의 내용과 방향을 치밀하게 분류한다. 특히 기자들의 예상 질의도 자체적으로 뽑아보는 등 효과적인 내용 전달을 위해 노력한다. 따라서 신년 회견은 사실상 전년도 연말부터 장시간 준비된다. 청와대 관계자들에 따르면, 2005년 신년 기자회견 준비는 2004년 12월 20일부터 시작됐다. 노대통령은 새로 개관한 청와대 내 세번째 비서동인 여민1관에서 수석·보좌관 회의를 주재하며 신년 내외신 기자회견 준비를 지시했다. 청와대 관계자는 "기자회견의 모두연설에 담을 내용의 일부를 말하면서 이날 참모진에게 실무준비를 시켰다. 주문은 '경제 살리기'에 초점이 맞춰졌다"고 전했다.

비서실 내 정책실에 곧바로 태스크포스가 구성됐고 경제 관련 논의가 진행됐다. 논의 결과는 강원국 연설비서관에게 넘겨졌고, 강비서관은 노대통령에게 초벌 모두연설문을 제출했다. 이를 토대로 노대통령

를 수용해 대부분의 주요 언론매체가 참석한 가운데 회의를 가졌고 '질문사항'을 협의했다. 질문지는 경제를 비롯, 정치·외교·남북관계·인사파문·사회갈등 등 국정 전반에 걸쳐 간단히 정리됐다. 기자들 회의에서는 주요한 사항이 질문에 빠진 것은 없는지, 그리고 보충적으로 확인해야 할 사항 등도 점검됐다. 질문할 기자 선정은 영역별로 추천과 추첨이 병행됐다.

청와대측에 기자들의 질문을 모두 알려준 것은 아니고 대개 기본적인 것, 반드시 언급되어야 할 필수항목만 '요지'로 통보됐다. 따라서 사전에 알려주지 않고 회견장에서 즉석으로 행해진 질문도 있었다.

예상 질문을 미리 전하는 것이 과거 청와대 방식으로 돌아가는 것처럼 보일 수도 있다. 실제로 2003년 노대통령은 생중계되는 회견에서 질문사항을 미리 듣지 않은 것은 물론, 사전 질문자 조정도 하지 않은 채 손을 드는 기자들을 사회자인 홍보수석이 일방적으로 지목한 바 있다. 이때는 질문이 중복되거나 주요 사항이 빠지게 된다는 단점이 지적됐다. 청와대측도 국민에게 알리지 못해 아쉽게 느낀 대목이 있었다는 후문이고, 기자들도 좀더 따지면서 파고들 부분이 충분히 언급되지 못해 아쉬워한 경우가 있었다. 이런 과정을 거치면서 꼭 필요한 기본 질문은 사전 통보하되 다른 질문은 모두연설과 앞선 답변 등을 봐가면서 현장에서 자연스럽게 하게 된 것이다.

달변가인 노대통령 특유의 자신감이 반영된 듯, 청와대가 "그런 질의는 미리 좀 알려주지"라는 식의 요청은 없었던 것 같다. 1시간으로 예정된 회견은 78분 동안 진행됐다. 노대통령은 회견 뒤 기자들에게 "여러분도 힘들었겠지만, (나도) 많이 힘들었다"고 말했다.　　　　**2005. 1. 31**

김우중과 청와대의 침묵

김우중 전 대우그룹 회장이 5년 8개월간 해외유랑 끝에 귀국, 사법처리 수순에 들어갔으나 청와대는 말이 없다. 그의 귀국설이 처음 나왔을 때나 귀국에 임박, 몇몇 신문에서 하노이로 사전 취재를 보내 초대형 뉴스로 대문짝만하게 보도됐지만 청와대는 아무런 입장표명도 내지 않았다.

청와대의 입인 김만수 대변인도 언급 자체를 피했다. 특별한 경우가 아니면 매일 오후 2시에 진행되는 춘추관 기자간담회에서 기자의 논평 요청에도 "검찰과 사법부가 할 일"이라며 대응하지 않았다. 다른 핵심 관계자들도 "검찰의 수사나 지켜보자. 그렇잖아도 요즘 할 일이 너무 많다"는 반응이었다. 노무현 대통령의 언급도 일체 전해진 바 없다. 언론보도 중심으로, 정치 · 경제 · 사회 등 여러 분야의 핵심 뉴스나 관심사가 두루 망라되는 일반적인 '상황보고'를 받는 수준인 것으로 알려졌다.

청와대가 침묵하는 데는 간단하면서도 깊은 사연이 있다. 일각에서는 '모두 청와대를 비롯한 사정당국 간 사전 협의로 움직이는 것'이라는 시각도 있는 듯했지만 실제는 그렇지 않았을 것이다.

노대통령은 취임 이후 야당과 반대 세력으로부터 끊임없이 이런저런 비판과 공격을 받았다. 나름대로 잘 해보려고 한 일에 대해서도 시시비비가 적지 않았다. 그러면서도 노대통령과 참여정부의 핵심 인사들이 한 가지 늘 자신 있게 내세우는 것 중의 하나가 바로 '4대 권력기관(검찰, 경찰, 국세청, 국정원)의 독립, 자율성 부여와 대국민 서비스라는 본연의 기능으로 제자리 찾기'였다. 웬만한 비판세력들도 이점에 대한 의의와 공은 인정하는 경우가 많다.

검찰의 독립은 이 원칙에서 가장 상징성이 강한 부분이다. 예전처럼 민정수석, 사정수석(현재 사정비서관으로 격하됐지만)이 검찰을 불러 특정 사건의 수사를 지시하고, 수사의 중간 과정을 보고받으면서 청와대의 특정 의지를 반영하는 일은 적어도 현 정부에서는 생각하기 어렵게 되었다.

김우중 전 회장의 경우도 그렇다. 그가 한국경제에 끼친 공과의 평가는 뒤로 미루더라도 그는 공적자금이 수십조원 들어간 부실기업의 최고 경영자였고, 이미 그 수하들이 줄줄이 사법처리되었다. 당연히 검찰의 수사선상에 오래전부터 올라 있었으며 귀국길에 바로 검찰로 간 것이다. 그가 분식회계를 직접 지시했는지, 회사자금을 빼돌렸는지, 정·관계에 비정상적인 로비를 했는지, 지금도 빼낸 회사자금을 보유하고 있는지, 국민들 혈세(공적자금)가 투입되기까지 또 다른 위법, 탈법 행위가 있었는지 등에 대해 아직 명확히 규명된 게 없다. 물론 이들 부분은 검찰이 수사할 몫이다.

재판이 진행된다면 '세기의 재판'이 될지, 혹시라도 수사와 재판 과정에서 정치인이나 고위공직자 등에게 불법적인 자금을 제공한 사실이 나올지, 또 다른 정경유착이 드러날지 알 수 없는 일이다. 청와대는 자체적으로 '검찰 독립'이라는 거대 명제에 따라 조용히 지켜보기로 했지만 거대한 폭탄 같은 김 전 회장의 일에 개입하고 싶지 않은 것이다. 실제로 청와대 핵심 관계자는 "우리(노대통령과 주변의 집권 핵심부)는 그에게 '부채'가 없다"고 잘라 말했다.

검찰의 독립 문제와 관련, 청와대는 내부적으로 크게 언론보도에 데인 적이 있다. 2004년 4월 총선출마를 앞두고 사직한 박범계 전 법무비서관이 대검의 수뇌부에 인사를 간 일이 있는데, 이게 모 조간신문에 대문짝만하게 난 것이다. 인사차 방문했다고 항변했지만 별 수 없이 '수사개입 의혹'으로 언론에 한방 먹었다. 문재인 민정수석도 특정 사안에 대해 물어보는 기자에게 종종 "우리도 기자나 마찬가지다. 기자들이 취재하듯이 알아보는 데 잘 안될 때가 많다"고 했다. 신현수 사정비서관처럼 현직 검찰 출신이 있긴 하지만 검사직에서는 사표를 내고 옮긴 경우다. 다만 검찰 수사직원 중 비서실로 파견나온 실무자들도 있어 이들을 통해 일정 부분 정보교류가 이뤄질 것으로 보인다.

고위공직자 비리수사처 등 검찰의 수사권을 일부 나누는 문제로 검찰이 크게 반발했을 때, 노대통령이 국무회의에서 송광수 전 검찰총장을 작심하고 조목조목 비판한 것도 같은 맥락으로 보인다. 대통령이 공개적인 행사가 아닌 상황에서 검찰총장을 부를 수도 없고, 특히 특정 사안에 대해 대통령의 의중을 밝힐 수 없는 처지에서 청와대가 검찰에 행사할 수 있는 수단은 매우 제한적이다. 물론 참여정부가 스스로 권한을 내놓은 결과다. 검찰의 독립 부분에 대해서는 과도할 정도로 민감하게 대응하는 이유에는 이런 배경이 있다.

이 때문에 김 전 회장의 수사와 재판 과정에서 어떤 메가톤급 발언이 나온다 해도, 그 파장이 크다 해도 청와대는 그 폭풍을 미리 막거나 파장을 줄일 능력이 없다. 뒤늦게 검찰 독립에 따른 부담을 일부 느끼는 분위기다. 이처럼 검찰의 칼날이 어디로 향할지 모르는 상황에서 검찰에만 주어진 수사권을 고위공직자 비리수사처를 만들어 나눠주거나,

경찰에도 일부 수사권을 주려고 일을 추진해 왔지만 이 또한 여의치 않은 상황이다. 고영구 원장을 바꾸는 2기 국정원장 인사에서도 내정된 권진호 보좌관이 김승규 법무부장관으로 흔들리는 등 일부 곡절을 겪었다. 하지만 "국정원의 탈정치화라는 콘셉트 자체에는 변화가 없다"라고 줄기차게 강변하고 있다.   2005. 6. 27

탄핵복귀 1주년의 회상

2004년 5월 14일은 노무현 대통령과 청와대 참모들에게 특별한 날이다. 헌정 사상 초유의 사건인 대통령 탄핵에서 복귀한 날이기 때문이다. 두 달간 영어의 몸이었던 노대통령은 이때 손발을 되찾았다. 그보다 한 달 전 17대 총선에서 압승으로 과반수를 점해 어떻게 보면 화려한 부활, 강력한 복귀를 했다고 볼 수도 있다.

그리고 1년, 노대통령의 심정은 다소 착잡한 듯하다. 노대통령 스스로가 탄핵복귀와 관련된 언급을 공개적·공식적인 자리에서 꺼낸 적이 없다. 비공식적인 자리에서도 언급하지 않은 것으로 알려졌다. 참모들도 탄핵복귀 1년이라는 말을 가급적 꺼내려 하지 않았다. 기자들이 이와 관련된 입장이나 상황, 심경을 물어도 슬며시 피해가는 분위기였다.

탄핵복귀 1년, 노대통령의 가슴과 어깨를 억누르는 악재는 적지 않다. 가장 큰 것은 무엇보다 답보 상태인 북핵 문제다. 지난해 하반기이후 노대통령이 역점을 둔 것은 북핵 문제였다. 그러나 최근 북측의 핵실험설과 폐연료봉 인출 소식이 들렸다. 미국의 보수강경파 목소리는 계속 크게 들려왔다. 다행이 남북한 차관급회담이 지난 16~17일 개성에서 열렸고 6월 중 고위급회담도 예상돼 최악의 상황은 면하게 될 전기가 마련됐다. 또 6월 중으로 예상되는 조지 부시 미국 대통령과 고이즈미 준이치로 일본 총리와의 회담을 전환점으로 만들겠다는 의지가 엿보인다.

경제 문제도 여전하다. 1/4분기 성장률은 2%대에 머물렀고, 정부의 강력한 의지에도 불구하고 구조적 문제인 양극화 현상도 쉽게 개선될 조짐이 없다. 근 1년 만에 4대그룹 총수 등 대기업 대표들과 중소기업 대표들을 청와대로 초청, 상생협력대회를 주재하면서 '중소기업 살리기에 모두 나서자'는 분위기 조성에 앞장서고 있지만 이 문제 또한 조기에 가시적인 성과를 내기가 쉽지 않다. 부동산대책도 꽤 공들여 만든 것인데, 여당에서부터 유권자의 표를 의식, 양도세 경감론을 들고 나오는 형편이다.

노대통령의 마음을 억누르는 것은 오히려 연일 언론에 오르내리는 측근 관련 기사일지도 모른다. 검찰의 손으로 넘어간 러시아 유전개발 의혹건에서 이광재 의원을 넘어 이기명 전 후원회장까지 들먹이는 보도가 나왔다. 이 대목에서 청와대는 입이 있어도 말하기 어려운 상황이다. 검찰의 수사에 진상규명을 맡기겠다는 입장이어서 속수무책으로 결과가 나올때까지 기다려야 하는 처지다.

앞서 재보궐 선거에서 여당이 참패한 것에 대해서도 청와대 관계자들은 "그간 대통령이 거둔 성과(인기)를 당이 까먹는 것 같다"고 말하고 싶어하는 눈치지만 속앓이만 해야 했다. 4월 중순 48%대에 달하던 노대통령의 지지도가 5월 초 39%를 겨우 웃도는 처지에서 자칫 '적전분열'로 비쳐질 수도 있기 때문이라고 판단한 듯하다.

이런 상황에서 탄핵복귀 1년째인 지난 14일, 노대통령은 청와대 직원가족 초청 행사를 가졌다. 비서실 직원들의 직계 부모들을 모신 자리였다. 노대통령은 이 행사에 초청된 가족들과 기념사진을 찍으며 "오늘 찍는 이 사진이 10년, 20년이 지나도 두고두고 기념이 되고, 뿌듯한 느낌을 가질 수 있도록 성공한 대통령이 되겠다"고 말했다. 사면이 어려운 사정이지만 궤도수정없이 그 동안 걸어온 방향대로 가겠다는 의지를 스스로 다진 말이라는 게 한 핵심 참모의 해석이다. 이날 노대통령은 "직원들이 어느 청와대 시절보다도 열심히 일을 해 '혹시 고되지 않을까' 걱정하는 부모님들도 있는 줄 알지만 대한민국의 발전과 국민 행복을 위해 어느 누구보다 열심히 일하는 자랑스러운 아들, 딸을 둔 것에 자부심을 갖는 것으로 위안받았으면 좋겠다"고 위로하며 "훌륭한 분들과 함께 일하는 대통령으로서 더욱 국정에 전념하여 긍정적 평가를 받도록 노력하겠다"고 다짐했다고 한다.

노대통령은 오후의 이 행사 외에 아무런 일정도 잡지 않은 채 탄핵 1년이 되던 날 하루를 조용히 보냈다. 이보다 하루 앞서 지난 13일에는 비서실 내 수석·보좌관급 이상 직원 전원을 점심 때 불렀다. 일부 선약이 있던 참모들은 급히 약속을 미루고 모였다. 그러나 이때도 탄핵복귀와 관련된 언급은 없었다. 한 참모는 "러시아와 우즈베키스탄을 순방하고 느낀 점을 가볍게 이야기하고 며칠 빈 사이 수고했다며 격려하는 자리였다"고 전했다.

노대통령은 북핵 문제 해법에 몰두하면서 대기업과 중소기업 상생협력 회의를 주재한 데 이어, 전국 중소기업인대회에 참석하는 등 경제살리기에 대한 의지도 보였다. 또 서울 디지털포럼 2005 행사에 참석하거나 정부 내 행사인 인적자원개발회의, 특별회계기금정비방안 보고회의 등 일상적인 국정행사를 돌봤다. 물론 5·18 기념식을 위해 광주를 방문하는 등 정치적 색채가 강한 행사에도 직접 참석했다. **2005. 5. 30**

취임 2주년 키워드된 '선진 한국'

국회연설로는 네번째인 노무현 대통령의 2월 25일 취임 2주년 연설의 키워드는 '선진 한국'이었다. '경제 살리기'라는 당면 목표 외에 노대통령이 2005년 들어 몰두하는 최대 과제가 바로 선진 한국이다. 이에 따라 청와대를 비롯한 정부 업무의 중점은 선진 한국을 위한 '혁신'에 놓여 있다.

선진 한국이 공식화된 것은 새해벽두였다. 노대통령은 1월 3일 열린 새해 첫 수석·보좌관 회의에서 "국정운영의 각론뿐 아니라 총론이 필요하며, 선진 한국으로 가는 종합적·체계적인 전략지도를 만들자. 이 전략지도를 토대로 개별 과제를 비중에 따라 정리하자"고 말했다. 이어 "정리 과정에서 정부가 생각하는 중요도와 국민이 생각하는 중요도를 함께 고려하고 임기 중 완성할 것과 시동만 걸어놓는 정도로 정리하자"고 참모진에 지시했다. 2년간 250여 개의 각종 '로드맵'을 만들어놓았는데, 갑자기 '선진 한국 지도'를 꺼낸 것이다. 대신 국정운영은 총리 중심으로 간다는 방침을 재강조했다.

바로 다음날인 4일, 새해 첫 국무회의에서도 선진 한국이 나왔다. '선진 한국'을 목표로 언급하면서 "기업과 정부와 국민이 우리 경제, 시스템, 국민의식을 선진화하기 위한 계획을 구체적으로 세워 박차를 가

하자"고 장관들에게 당부했다. 또 "선진국을 멀리 있는 목표로 생각했지만 지난 2년간 국정과 국제사회의 한국 평가 등을 종합한 결과 목전에 다다랐고, 문턱에 와 있다는 생각이 든다"고도 말했다. 이어 "선진국하면 먼저 국내총생산(GDP)나 국민소득을 떠올리는데, 선진국이 되자면 경제, 전반적인 분야의 시스템, 국민의식이 함께 가야 한다. 정부 출범 3년차를 출발하는 시점에서 선진 한국의 청사진을 국민 앞에 제시할 수 있도록 각 부처에서 계획을 잡아달라"고 말했다.

이어 신년 기자회견을 거쳐 취임 2주년 연설의 주제어가 될 정도로 선진 한국을 계속 외치고 있다. 선진 한국을 주창하고 나선 데는 2004년 하반기 14개 국 해외순방이 큰 영향을 미친 것으로 보인다. 이병완 전 홍보수석은 "특별히 선진 한국을 말한 것은 한국이 경제 규모 세계 11위, 반도체·조선·자동차·정보기술 등 산업 분야에서 선두 또는 5위, 10위권에 있어 이를 종합하면 중진국이나 개도국에서 벗어난 것 아니냐는 의미"라고 해석했다. 경제적으로 어느 정도 '잘 나가니' 경제 외적인 요소도 선진국으로 만들자는 얘기다. 이 같은 청와대의 인식에는 세계적인 평가기관 '프리덤 하우스'의 평가대로 정치적 자유도 최상급, 대학 진학률 최상위급, 언론 부분의 자유도와 정치의 탈부패화 등에서 자신감을 가지게 되었기 때문인 것으로 보인다.

정치적 구호를 강력하게 내거는 것이 초기 노대통령의 스타일은 아니었다. 2003년에만 해도 노대통령은 국민소득 2만 달러라는 구호조차 쑥스러워했다. 2003년 중반 무렵 기업 금융계 CEO, 경영학전공 교수 등 일부 경제인초청 청와대 오찬에서 노대통령은 "나도 정치인이어서 (어쩔 수 없이) 2만 달러 구호를 말하긴 하지만 (장기 목표로 훗날의 비전만 주는 듯해서) 좀 쑥스럽다"는 취지로 말하더라고 한 참석인사가 기자에게 전한 바 있다. 실용주의와 현실 정치인 사이에서의 고심을 엿볼 수 있는 대목이다.

　그러던 것에서 이제는 확신을 가지고 집권 2기의 새로운 구호로 선진 한국을 내건 것이다. 선진국 진입 가능성에 대해서도 "참여정부 시대에 2만 달러를 달성해 (다음 정부에) 넘겨주든지, 아니면 적어도 (다음 정부) 초년도에 2만 달러 시대를 맞이해 출발하게 될 것이다"(1월 4일 차관급이상 청와대 신년회) "다음 정권을 운영하는 사람은 선진국 도로에서 운행할 수 있도록 중진국과 선진국 톨게이트에서 한국호 자동차 키를 넘겨주겠다"(1월 5일 경제계 인사 신년회) 등의 말로 점차 구체화돼 갔다.

　노대통령은 2005년 들어 컴퓨터 앞에서 보내는 시간이 부쩍 많아졌다고 한다. 청와대의 한 핵심 참모는 "모든 문서는 전자화돼 가고 시스템 연구를 많이 하는 것 같다"며 이같이 전했다. 이 연장에서 김우식 비서실장이 팀장인 비서실의 혁신추진팀이 가동돼 2월 17일 1차회의를 가졌다. 김병준 정책실장 등도 팀원인 이 팀은 2주에 한 번씩 비서실 내 부서별 혁신 실적을 챙겨 노대통령에게 보고할 예정이다. 강태영 업무혁신비서관이 엄연히 있지만 총제적으로 나선 것이다. 비서실을 다시 개편해 혁신관리수석(가칭)을 신설하는 방안도 연초부터 모색 중이다.

　김비서실장이 취임 1주년(2월 14일)을 맞아 2월 18일 기자들과 오찬을 나누며 한 인사말도 "혁신, 혁신, 혁신"이었다. 그는 "금년에도 청와대에는 많은 변화가 있을 것이다. 대통령이 혁신을 말하는데, 우선 청와대를 혁신해야 한다고 생각해 준비하고 있다. 조그마한 것부터, 할 수 있는 것부터 변화시키는 게 금년 청와대의 방향"이라고 역설했다.

　윤성식 정부혁신지방분권위원장은 "선진 한국 도약을 위한 조건이 혁신"이라며 올해 중 부처별로 혁신 성적표까지 매기겠다는 생각을 내비쳤다.

2005. 3. 7

해외순방에서 얻은 학습효과

2004년 가을, 노무현 대통령은 국내에 체류하는 시간보다 해외로 순방 나간 날짜가 더 많을 정도로 각국으로의 방문이 계속되었다. 9월 러시아와 카자흐스탄 방문에 5일, 10월 인도와 베트남 방문에 9일, 11월 초반 남미로 12일, 11월 말부터 12월 초에 걸쳐 라오스와 유럽에서 11일, 12월 중순으로 잡힌 일본 실무방문 이틀까지 넉 달 동안 총 39일이나 해외순방을 했다. 남미 방문에 바로 뒤이어진 유럽 방문 때는 국내에서 나흘 머무른 뒤 대륙 간 이동을 했다. 방문 국가도 각 대륙에 걸쳐 13개국이나 된다.

이 일정에서 노대통령은 ASEM, APEC, 아세안국가연합＋한·중·일 회의(ASEAN+3) 등 한국이 관련된 주요 국제회의에 모두 참석했다. 국제회의를 전후해 재선에 성공한 조지 부시 미국 대통령, 후진타오 중국 국가주석, 원자바오 중국 총리, 고이즈미 준이치로 일본 총리 등과 각각 회담을 가졌다. 이 밖에도 다른 국가 정상들과 여러 차례 만났다.

노대통령으로서는 국제회의나 정상회담 가운데 중요하지 않은 게 없을 테고, 긴장이 되는 자리도 많았을 것이다. 그러나 개인적으로 상당히 흐뭇해하면서 나름대로 대통령된 보람을 찾고 의미를 둔 것은 대한민국 대통령으로 첫 '국빈방문'한 런던행이었다고 측근 참모들이 전했다. 영국의 국빈초청은 매년 상·하반기 한 차례씩 정도만 시행되는 것으로, 엘리자베스 2세 영국 여왕이 초청한다. 의전과 예의에 관한 한 전통 있는 영국이 갖가지 화려한 행사를 베풀어 노대통령으로서는 모처럼 국내 사정과 약간 거리를 둔 채 '융숭한 대접'을 받았다.

공식수행원들까지 여왕이 사는 버킹엄궁 안에 머무르면서 고색찬연한 가구와 100년이 예사로 넘는 식기로 대접을 받았다. 게다가 손님 떠받드는 자세가 몸에 배어 있는 왕실의 '하인' 들이 내의 다림질과 양말 챙기기까지 해주는 특급 대접을 받았으니 감동이 남달랐을 것이다. 대영제국의 한복판에서 백마 6마리가 끄는 황금마차도 탔고, 여왕의 대리자 격인 런던시장(Lord Mayor)이 주최한 만찬행사에도 참석했다.

노대통령은 당초 영국 방문을 앞두고 사전준비 중 반기문 외교통상부장관의 보고를 받고 "격식과 절차가 까다롭고 골치아픈데 (국빈방문은) 왜 하자고 하나"라며 불편해했다고 한다. 그러나 "김대중 전 대통령이 그렇게 희망해 애를 써 맞춰놓은 것인데, 김 전 대통령 임기 중엔 기회를 못 얻고 이번에 기회를 만들어 대통령 개인뿐 아니라 국가의 위신과 위치를 확인하는 의미가 있는 자리인데, 안 간다니 말이 됩니까"라는 반장관의 설명을 듣고서야 그대로 따랐다고 한다. 막상 국빈방문이 시작되자 내심으로뿐 아니라 실제로 의미 있는 대접이었다고 자랑하며 상당한 긍지도 드러냈다.

노사모와 노랑 돼지저금통, 서민들과 젊은층이 주 기반이었던 정치적 기반이나 취임 초기 경호실 구내식당에서 일반 직원들과 함께 줄을 서 배식받으며 콩나물 몇 조각을 손가락으로 집어 입으로 넣었던 모습 등과 비교하면 2년이 채 안 되는 기간 동안 노대통령도 적잖게 변했다는 평가를 들을 만하다. 어느덧 국가원수의 의전과 격식에 적응하면서 이를 자연스럽게 받아들이고 있는 것이다.

그런 변화의 조짐은 다른 자리에서, 또 다른 형태로도 보였다. 영국 방문에 뒤이어진 폴란드 방문에서 알렉산드르 크바시니예프스키 대통령의 이름을 정확히 말하지 못해 "1년째 외웠으나 못 외웠다"는 농담으로 모호한 순간을 여유 있게 넘기기도 했고, 바르샤바 동포간담회에서는 한·폴란드 정상회담에 대해 설명하며 "중요한 얘기 많이 했지만 어떤 의미에선 뻔한 얘기했다"며 쉽게 넘어가려 하기도 했다. 듣기에 따라서는 "미국도 아니고, 영국도 아닌데 폴란드 정도쯤이야…." 하는 식의 가벼운 심경에서 나온 말로 해석되는 언급이었다.

폴란드는 거주 교민이라고 해봐야 500명 남짓한데다 인적 교류도 폴란드 방문 한국인 2만 명, 한국 방문 폴란드인 3,000명(2003년 외교부 통계) 수준이니 수십만 명의 교민이 몰려 살며 나름대로 여론을 형성하는 곳도 아닌 나라는 좀 쉽게 넘어가자는 생각도 들만 해보였다. 그러나 폴란드만 해도 수출 3억 8,000만 달러에 수입 7,000만 달러(2003년) 수준으로 남는 장사를 하는 상대이고, 중·동부 유럽국가 중 성장 잠재력이 매우 큰 국가라는 점을 노대통령은 염두에 둘 필요가 있을 것 같다.

앞서 방문한 라오스도 그런 사례로 볼 수 있다. 지금은 교민 250명뿐인 오지의 빈국이지만 경우에 따라 폴란드보다 더 큰 벤처국가가 될 수 있다는 점을 노대통령과 참모들은 정확하게 인식해야 할 것이다.

2004. 12. 20

고위직 운명 가르는 인사추천회의

청와대 비서실에서는 목요일마다 '인사추천회의'라는 비공개 내부회의가 열린다. 대통령 명의로 임명장이 나가는 고위공무원들과 정부 산하 기관장 등 온갖 자리에 대한 인사자료를 점검하고 후보자를 가리는 회의다. 김우식 비서실장이 주재하고 김병준 정책실장, 정찬용 인사수석, 박정규 민정수석, 이병완 홍보수석 등이 예외없이 참석한다. 이들 외에 수석이나 보좌관 등 청와대의 고위직 참모들은 자기 업무와 관련된 인사가 있으면 그때그때 참석한다. 예컨대 10월에 신설된 과학기술혁신본부장(차관급) 인사를 앞둔 회의에는 박기영 정보과학기술보좌관이, 주공 등 공기업 사장이라든가 금통위원 신규 임명에 대한 회의라면 김영주 정책기획수석이 꼭 참석한다.

인사추천회의에서는 주재자인 김우식 비서실장을 제외하면 정인사수석, 박민정 수석에 힘이 쏠린다. 특별한 경우가 아닌 한, 인사 대상 자리를 놓고 이 회의에서 후보가 3배수로 압축되는데, 정수석이 기초자료를 올리고 박수석은 공직임명에 과연 하자가 없는지 정밀 검증을 담당하기 때문이다.

정수석은 평소에도 "장관 한 자리당 평균 30명씩, 모두 600명이 넘는 후보자를 확보해 놓고 추가로 새로운 (후보)인물을 발굴하려 애쓰고 있다"고 말해 왔다. 따라서 30명의 후보에서 3배수로 압축한다면 이 과정에서 정수석이 지휘하는 인사수석실의 역할이 클 수밖에 없다. 정수석의 사무실 한쪽 벽 커다란 '인사캘린더'에는 대통령이 임명하는 자리에 대한 기본 정보가 메모돼 있다. '조○○ 대법관 임기만료' '□□공사 사장, △△위원 교체' 등과 같은 인사업무 일정이 해당 날짜에 적혀 있다.

박수석은 인사추천 과정에서 후보자 검증을 하면서 '발언권'이 강해진다. 민정수석실에서 인사 요인이 생길 때마다 후보감으로 부각되는 인물의 행적을 사전에 스크린하는데, 이런 검증은 쉽지 않은 작업이다. 인사 시점까지 잇달아 10년간 또는 20~30년씩 공직 등에 계속 몸담아 온 경우에는 상대적으로 덜 하지만 새로운 인물이 주요 공직에 후보로 부각될 경우, 과거 활동에 대한 정밀한 검증과 분석이 요구된다. 민정수석실 공직기강비서관의 주 업무가 바로 이것이다.

청와대 관계자는 "공직에 기용하려는 후보는 음주운전이나 교통신호 위반에 따른 벌금과 같은 '경미한' 것에서부터 부동산 투기활동 여부, 이전 직장 등에서 스캔들 등 다양한 요인을 살펴보고 있다. 예를 들어 음주운전으로 인한 징계만 해도 일반인들이 생각하는 것보다 훨씬 치명적인 결격사유가 된다"고 귀띔했다.

3배수로 후보를 압축해 노무현 대통령의 책상 위로 올리기 전까지 인사추천회의가 한 번에 끝나지 않고 몇 차례 반복될 수도 있다. 적임자로 꼽은 후보에게서 감춰진 결격사유가 뒤늦게 나올 수도 있고 탐낼 만한 인물인데도 본인이 고사할 수도 있기 때문이다.

인사추천회의는 갖가지 업무 평가를 기초로 후보자를 압축하는 과정에서 능력과 하자 여부 외에 출생지와 출신학교도 많이 본다. 기존의 관료들과 지역·학교에서 외형적 균형을 맞추기 위한 노력인 것이다. 그러면서도 정작 인사발표 때면 인사수석실은 장·차관 등 최종 낙점자의 출생지는 항상 빼고 발표한다. 다른 경력을 자세히 소개해 주는 것과는 대조적이다. "우리는 지역을 고려하지 않고 능력 위주로 뽑는다"고 내세우는 셈이지만 인사 과정에서는 전체 구도에서 보는 지역 안배가 무엇보다 중요한 고려 요인이다.

이처럼 '정치적 요소'까지 점검한 뒤 추천자를 3배수가량 최종 압축해 노무현 대통령에게 보고한다. 3배수 후보는 대개 자연스럽게 1, 2, 3순위로 올라가지만 간혹 순서없이 올라가기도 한다. 이때 장관이나 차관 등 대상자가 공무원이면 노대통령은 출입기자들의 평이나 선·후배 후보자가 공무원들 사이의 평판이 어떤가를 자주 물어본다고 한다. 또 쓴 책이 있으면 이를 거론하면서 여론의 평가와 실제 역량을 꼼꼼하게 물어보면서 점검하는 스타일로 전해진다.

한편 청와대의 인사 시스템이 지난해 약속과 달리 최근 들어 변했다는 비판이 적지 않다. 지난해 대통령직인수위원회 당시와 정부 출범 초반기 추천-평가-검증에서 임명에 이르기까지 5단계 인사발굴체계로, 시스템에 의한 인사방식이 새 정부의 역점사항으로 발표됐었다.

그러나 최근 일련의 인사를 관심 있게 지켜보는 이들 가운데는 이에 의문표를 붙이는 사람이 많다.

노대통령의 부산상고 동문인 한행수 주공사장의 기용, 대선자금 10억 원 수수로 처벌받은 이재정 전 의원의 민주평통 수석부의장 임명, 탄핵 때 기각을 이끌어낸 이용훈 변호사의 정부공직자윤리위원장 임명 등을 놓고 '코드 인사' '정실 인사'가 나오는 것 아니냐는 비판과 함께 인사절차도 제대로 지켜지지 않는다는 비판이 제기됐다. 청와대가 인사정책에서 초심을 유지할지 주목된다.　　　　　　　　2004. 11. 22

CHAPTER

2

참모진 관리와 인사

❖ ❖ ❖

노대통령은 국정운영을 해가면서 한 가지 흥미로운 특징을 보여준다. 자신이 관심을 갖는 분야에서 책을 쓴 사람들에 관심을 보이고 중용한다는 점이다. 《변화를 두려워하면 1등은 없다》의 저자 오영교 KOTRA 사장이 정부혁신특별보좌관에 기용된 것이나, 《드골의 리더십과 지도자론》 저자 이주흠씨와 《정책평가의 이론과 실제》 저자 차의환씨가 청와대 비서관에 발탁된 것도 같은 맥락이다.

학력 콤플렉스와 전문가 인사

올 가을 노무현 대통령의 학력이 달라졌다. '박사 학위자'가 된 것이다. 박사도 그만그만한 국내 대학의 박사가 아니라 세계적으로 저명한 러시아의 모스크바 대학 박사다. 학위는 명예정치학이다.

학력 문제에 관한 한 그 동안 줄기차게 '상고 출신'을 고집(?)해 온 노대통령이 명예박사 학위를 받은 것은 다소 이례적인 일이라는 게 청와대 참모들의 해석이다. 판사와 국회의원, 그리고 장관을 지냈고 대통령 후보에 나서면서도 노대통령은 명예박사나 흔한 최고경영자 과정 한번 이수하지 않았기 때문이다.

그렇다고 노대통령이 학력 콤플렉스가 없는 것도 아니다. 오히려 노대통령의 학력 콤플렉스는 비슷한 처지의 대중정치인과 비교할 때 오히려 더 많은 편이라는 평가를 받아왔다. 다만 이를 극복하기 위해 혼자서 많은 공부를 했다는 게 참모들의 설명이다. 학력 콤플렉스를 굳이 감추지 않으면서도 사회인을 위한 대학의 재교육이나 전문교육 과정을 밟아 보완하지 않는 것도 노대통령 특유의 고집이다. 요컨대 '내용도 별로 없이 겉만 번드르하면 뭐하냐. 실질이 중요하지' 라는 태도다.

대통령이 된 뒤에도 학력 콤플렉스 흔적은 청와대의 높은 담을 타고 조금씩 흘러나오기도 했다. 2003년 취임 초반 참모들과 내부 회의에서 노대통령은 과거 명문학교를 나온 참모들과 논쟁 중 상황 인식차를 질타하면서 "당신들은 경기(고)에 서울대 나와 그렇지 않은 사람들 제대로 알기나 하나"라며 크게 역정을 냈다는 후문이 들린 적 있다. 더구나 그 말은 정치적으로 같은 길을 걸어와 신뢰가 형성된 모 수석을 향한 것으로, 다른 참모들이 있는 가운데 쏘아붙인 것이라는 말도 들렸다.

모스크바 대학에서 명예박사를 받고 수락연설을 했지만 여기서도 노대통령은 고유의 컬러를 버리지 않았다. 이 대학에서 김영삼·김대중 전 대통령이 명예박사 학위를 받았는데, 이들이 치렁치렁한 검은 가운과 사각모를 쓰고 '박사처럼' 제대로 학위를 받은 데 반해, 노대통령은 일상 양복차림으로 학위를 받은 점이다. 학위를 받은 뒤 노대통령은 모스크바 대학 학생들을 상대로 연설도 했다. 노대통령은 지난해 7월 첫 중국 방문 때 바쁜 일정을 쪼개 베이징에 있는 명문 칭화대에서도 대학생들에게 특강을 한 적 있는데, 당시에는 명예학위를 받지 않았다.

학력 콤플렉스 부분과 관련, 노대통령은 국정운영을 해가면서 한 가지 흥미로운 특징을 보여준다. 자신이 관심을 갖는 분야에서 책을 쓴 사람들에 관심을 보이고 중용한다는 점이다.

지난 9월 4일의 사례. 토요일인 이날 노대통령은 각 부처의 차관급을 모두 불러모은 뒤 혁신사례학습토론회를 열었다. 이 자리에서 노대통령은 정부혁신과 관련된 책 4권을 소개했다. "한 번 읽어보고 각자 기관으로 돌아가 혁신에 매진하라"는 취지였다. 이 중 노대통령이 좀더 비중을 두는 뉘앙스로 소개한 것이 《변화를 두려워면 1등은 없다》는 책이었다. 산업자원부의 오랜 관료로 차관까지 지낸 오영교 KOTRA 사장이 쓴 공기업 개혁 서적이었다.

그로부터 12일 뒤, 16일 노대통령은 오사장을 정부혁신특별보좌관에 겸임 임명했다. 노대통령은 혁신토론회에서 "오사장은 앞으로 할 일이 더 많을 것"이라는 취지의 발언을 해 그에 대한 기대를 표시했다.

이보다 두 달 전, 지난 7월 3일 노대통령은 과천 중앙공무원교육원에서 장·차관과 연찬회를 가졌다. 이 자리에는 특히 참여정부 들어 신설된 각 부처의 혁신담당관도 자리했는데, 기획예산처가 편집한 《변화를 선택한 리더들》이라는 공기업개혁 실무경험서가 교재로 배포됐다. 김병일 기획예산처장관이 이 책을 앞서 청와대에 보냈는데, 눈여겨봐 둔 노대통령이 '괜찮은 책'이라는 평가와 함께 장·차관 및 혁신담당관 토론회에서 일독을 권한 것이다.

책을 쓴 사람을 중용하는 또 다른 사례는 청와대 비서실의 이주흠 리더십비서관과 차의환 혁신관리비서관의 기용이다. 외교관 출신인 이비서관은 《드골의 리더십과 지도자론》이라는 500권짜리 한정판의 저자로, 총리실 심사평가2심의관을 지낸 차비서관은 《정책평가의 이론과 실제》라는 책으로 비서관에 발탁된 케이스다. 본인 관심사의 특정 연구서를 탐독한 뒤 저자를 기용하거나 공개적으로 칭찬하는 특유의 스타일이 반영된 인사였다.

참모들 중에서는 윤성식 정부혁신지방분권위원장이 대표적인 사례다. 노대통령은 당선자 시절 정부의 모습을 기획하면서 윤위원장이 쓴 《정부개혁의 비전과 전략》을 의미 있게 읽고 취임 직후 장관 워크숍에서 "정말 잘 쓴 책"이라고 칭찬, 이 분야의 교과서로 삼은 바 있다.

외형적 학력에는 태연했지만 한 분야에 책을 쓴 사람을 중용해 학력 콤플렉스에서 실질적으로 탈피하려는 노대통령의 또 다른 인사 형태를 엿볼 수 있다. 2004. 11. 1

대통령의 신세 갚기

'보은'(報恩) 또는 '신세 갚기'. 동서고금을 망라해 인간사회에서 살아가는 데 꼭 필요한 주요 덕목이다. 우리나라에서도 예외가 아니다. '배은망덕하다'는 평을 듣게 되면 사회생활이 어려워진다. 경제적 거래에서 신용, 정치적 관계에서 신의 등이 이런 것과 관련 있다.

대통령의 보은, 대통령의 신세 갚기는 어떤 모습일까. 일반인과의 차이점은 무엇이며, 공사 구별은 어떻게 되어야 하나. 임기 반환점에 선 노무현 대통령의 인사정책과 관련, 일반이 갖는 관심의 한 축은 이런 요소다. 은혜를 갚아가는 순서와 보상의 크기는 신세진 정도에 비례할까.

청와대에 입성하기까지 단순 공헌도만 보면 '좌광재, 우희정'으로 상징됐던 일부 386참모들의 기여가 컸다. 집권하기까지 이광재 · 안희정 씨에 대한 노대통령의 애정은 그만큼 각별했다. 그러나 두 사람의 길은 많이 달랐다. 이씨가 대통령직 인수위 기획팀장을 거쳐 청와대 핵심 요직의 비서관을 택해 최측근으로 남았다가 국회로 진출한 것과 달리, 안씨는 아직도 외곽을 돌고 있다. 특히 이씨는 국정상황실이라는, 참여정부 청와대에서 비서관급으로는 가장 규모가 크고 일도 많은 조직을 맡아 집권 초반에 노대통령의 지근거리에 머무를 수 있었다.

반면 인수위 정무팀장을 거친 안씨는 2002년 대선 과정에서 정치자금을 만진 탓에 사법처리까지 됐다. 두 사람은 양대 참모였지만 선거자금에 깊이 관여한 안씨에게 현실적으로 비중이 더 쏠렸다는 게 당시 주변인사들의 평가다. 그런 그가 대선승리 후 공개적으로 일하기 어려운 지경이 됐으니 노대통령의 마음이 편할 리 없었다.

그래서 노대통령은 전국에 생방송되는 〈국민과의 대화〉 TV토론 프로그램에서 안씨를 염두에 두고 "나의 동업자"라고 표현했다. 과거 관습의 강을 건너오다가 불기피하게 대통령인 나 대신 벌을 받는 동업자라는 얘기였다. 한 참모는 "대통령이 TV연설을 통해 동지, 동업자라 밝힌 것만으로도 신세를 갚은 것 아니겠느냐"고 해석했다.

후원회장을 지낸 이기명씨도 안씨와 비슷한 케이스로 분류될 수 있다. 이씨도 노대통령 취임 이후 강금원 창신섬유 회장과 더불어 몇몇 경제적 거래에 대한 구설에 오르면서 난관에 처한 적이 있다. 노대통령은 그에게 '선생님'이라며 시종일관 깎듯한 표현으로 e메일 편지를 썼고 이를 모든 국민이 볼 수 있도록 공개했다. 자신을 거들다 일부 언론의 포화를 받고 곤경에 처한 전 후원회장에게 보낸 위로와 진사의 서신은 구애편지 수준만큼이나 정중하다는 평가를 받았고, 일각에서는 "다소 심한 표현 아니냐"는 지적도 없지 않았다. 그러나 이런 형식을 거쳐 대통령이 되기까지의 신세를 나름대로 갚은 것으로 해석된다.

안씨는 대선자금 문제로 사법처리를 받아 중용이 쉽지 않고, 이 전 후원회장도 연령 등으로 특정한 자리를 맡기기가 어려웠을 것이다. 따라서 천금과도 같은 대통령의 말과 대통령의 인사로 보은한 셈이다. 다만 강회장은 대그룹 CEO들이 대거 포함된 2005년 석탄일기념 경제인 특별사면에 포함됐다. 그의 사면에 노대통령의 의지가 얼마나 반영됐는지는 알려지지 않았지만, 기업체를 운영하면서 왕성한 경제활동을 하고 있다는 점이 감안된 듯하다.

정경유착의 고리가 끊어지면서 정치자금을 조성할 수 없게 된 점도 노대통령의 운신의 폭을 좁게 만들었다. 2004년 총선 전 청와대 참모 중 몇몇이 총선출마를 위해 사표를 냈다. 당시 출마 인사차 방문한 서갑원·김현미·정만호·권선택 비서관, 백원우 행정관 등의 참모에게 노대통령은 녹차 한 잔 주고 개인별로 한 명씩 다정하게 사진을 찍어준 것 외에 달리 해준 게 없었다. 한 참모는 "옛날 같으면, 출마자에게 봉투 하나쯤 쥐여줬겠지만 사진 한 장으로 측근임을 알아서 선전하고 살아서 돌아오라는 취지 아니겠느냐"고 해석했다.

정치권 인사로 보면 부산상고 선배이기도 한 신상우씨나 이재정씨 같은 경우, 민주평통회의 부의장직을 맡겨 과거를 잊지 않았고, 역시 노대통령 만들기에 기여했다가 철창에 갇힌 정대철씨의 경우 아들을 비서실 행정관으로 채용, 정치 입문을 돕기도 했다.

보은과 기용 사이의 구별이 모호한 경우도 많다. 김두관 전 남해군수는 일차로 행자부장관에 기용했고 총선낙선 뒤에도 정치특보라는 명함을 주면서 거듭 챙겼다. 이정우·윤성식·성경륭 위원장, 권기홍·윤덕홍 교수 등 대선 과정에서 지지와 도움을 준 학자들에게는 장관이나 국정자문위원장 등을 맡겨 기회를 줬다.

노대통령은 이철·이해성·한이헌씨 등 총선에 '징발'했던 낙선자들을 공기업 사장으로, 또 다른 총선출마자는 장관으로 기용하면서 일부 비판을 받았다. 정치권에 끌어들여 낙선자가 된 지지자를 청와대 비서진으로 데려 쓴 경우에는 상대적으로 뒷말이 없었지만, 공기업 사장이나 장관처럼 정치권 밖 자리가 되자 민심은 이를 냉정한 시선으로 바라보았다.

2005. 7. 11

눈길 끄는 참모 재기용 방식

노무현 대통령의 인사, 특히 청와대에서 참모로 기용한 측근관리 인사는 독특하다. 비서실 참모로 쓴 뒤 재기용 방식을 보면 몇 가지 유형이 드러난다. 수석·보좌관급 이상과 비서관급 이하의 다수 참모를 일선 부처 등으로 내보내거나 '방학'을 준 뒤 다각도로 활용한다. 이 과정에서 비서실근무 경력의 참모들 나름대로의 특성을 살려 적재적소에 배치하는 것이 '노무현식 참모관리법'이다.

첫째 장관으로 내보내는 인사 유형이다. 당사자로서는 가장 화려하고 신임도 받은 경우로 볼 수 있다. 경력이나 연령 등에서 고참들이기도 하다. 참여정부 출범 때 외교보좌관을 맡았던 반기문 외교장관, 2기 국방보좌관을 맡았던 윤광웅 국방장관이 여기에 해당한다. 국가안전보장회의(NSC) 정책조정실장에서 영전된 이봉조 통일부차관이나 정책실 산업비서관에서 승진해 나간 김성진 중기청장도 이 범주에 들어간다. 직급이나 인사 내용은 다소 다르지만 김희상 전 국방보좌관은 잠시 쉰 뒤 비상기획위원장으로 재기용됐다. 윤장관이 100% '전공'을 살렸다면 김위원장은 부전공을 살린 것쯤 된다.

둘째 외국으로 내보내는 경우다. 보직 면면을 살펴보면 장관 못지않게 화려한 자리다. 조윤제 경제보좌관이 2년 근무 끝에 영국대사로 나갈 예정이고, 이에 앞서 권오규 전 정책기획수석은 경제협력개발기구(OECD)대사로 파리에 나가 있다. 이보다 앞서 라종일 전 국가안보보좌관은 주일대사로 나갔다. 이들을 대사로 내보낸 것은 장관보다 이런 자리가 더 적합하다고 판단했기 때문이다. 다만 권대사는 건강상 문제로 비서실에서 벗어났는데, 경제 부처에 마땅한 자리도 없어 달리 볼 측면이 있다. 외교부 출신으로 리더십비서관이란 독특한 보직을 잠시 맡았던 이주흠 비서관은 미얀마대사로 나갔으며, 박종문 전 국정홍보비서관은 요코하마 총영사로 나가 있다.

2003년 10월 노대통령은 청와대 출입기자들과 종로 한일관에서 오찬을 나누며 참모들에 대해 간단하게 인물평을 한 적이 있다. 당시 현직에 있던 라보좌관에 대해 노대통령은 "조직생활에는 다소 문제가 있다. 덜 맞다"는 취지로 평했다. 그 말처럼 훗날 인사에서 장관과 같은 조직 속의 보직보다는 혼자 뛰는 일이 많은 대사자리를 챙겨줬다. 조보좌관 역시 온화한 인품과 나서지 않는 성격으로 상당한 신뢰감을 보였지만, 말 많고 탈 많은 경제 부처의 장관 대신 대사자리에 기용했다.

셋째 정치권에서 잔뼈가 굵은 참모들은 정치권을 선택하게 했다. 문희상(전 비서실장), 유인태(전 정무수석), 이광재(전 국정상황실장), 서갑원(전 의전비서관), 김현미(전 홍보수석실 비서관), 백원우(전 행정관), 권선택(전 인사비서관) 의원 등이 그런 사례다. 행자부 공무원 출신인 권의원을 제외한 모두가 정치권 출신으로 청와대 참모를 지냈다.

넷째 수시로 불러들이거나 격식을 따지지 않는 참모들도 있다. 참모라기보다 친구에 가깝다는 문재인 시민사회수석, 보통의 관계를 넘어서는 이호철 전 민정비서관 등이 여기에 해당된다. 문수석은 민정수석을 지내다 완전히 물러나 해외여행을 나서기도 했으나 시민사회수석이라는 새로운 자리를 만들어 재차 불러들였다.

다섯째 대학으로 돌려보내는 유형이 있다. 2003년 초기 청와대 조직 편성, 업무분장 업무를 많이 했던 전기정 전 정책프로세스개선(PPR)비서관, 연세대 교수에서 인사수석실 인사제도비서관으로 1년 근무한 뒤 대학으로 돌아가기로 한 김판석 비서관이 여기에 해당된다.

여섯째 방학이 긴 경우를 들 수 있다. 크게 봐서 대학 등 전직으로 되돌려보낸다는 점에서는 다섯번째에 포함될 수도 있겠다. 김태유 전 정보과학기술보좌관은 다소간의 마찰설이 들린 뒤 본직장인 서울대로 갔다가 1년 만인 2004년 말 에너지·자원대사를 맡게 됐다. 박주현 전 국민참여수석은 청와대에서 나간 뒤 새로운 직책을 맡지 못했다. 일각에서는 단기간에 새 보직을 맡지 못한 전직 참모들에 대해 "'인정'이 어느 정도 작용하는 노대통령 인사의 특성을 볼 때 사실상 팽(烹)쪽에 가까운 것 아니냐"면서도 "노대통령이 한 번 쓴 사람을 쉽게 버리지 못하는 스타일"이란 점을 지적하며 어떤 식으로든 재기용을 점치기도 한다. 그러나 이처럼 인정이 듬뿍 든 인사 때문에 또 다른 일각에서는 "집권 2년이 되어도 '코드인사'에서 벗어나지 못하고 있다"며 비판한다.

한편 이정우 정책기획위원장 겸 정책특보처럼 첫 보직이던 정책실장에서는 물러나게 하면서도 다른 임무를 맡기고 추가 직책(정책특보)까지 주어 엄청난 신뢰감을 보이는 참모도 있다. 롱런 가능성이 크고 의지하는 바가 큰 참모다.

어떤 경우든 청와대 참모들은 내보낸 뒤에도 홀대하기 쉽지 않을 것으로 보인다. 권력의 속성이 그런데다 노대통령의 스타일도 그런 편이다.

2005. 1. 17

'입'에서 '손'이 된 윤태영 부속실장

윤태영 청와대 제1부속실장은 대변인 때나 지금이나 출근시간이 이르기는 마찬가지다. 요즘도 매일 6시 50분쯤이면 사무실에 도착한다. 노무현 대통령이 통상 아침 8시 30분쯤 관저에서 본관으로 나오는 것과 비교하면 한참 일찍 출근하는 셈이다. 다른 참모진이 비서동에 있는 것과 달리 그의 사무실은 노대통령 옆 본관에 있다.

"신문도 차분히 좀 보고, 다른 일정과 업무도 챙기고⋯." 일찍 출근하는 것이 당연하다는 듯한 윤실장의 설명이다. "퇴근시간은 따로 없다고 봐야겠지만 보통 9시쯤"이라 말하며 그는 사람 좋은 표정을 유지한다. 그러면서 대변인 시절과 비교하면 스트레스가 별로 없는 편이라고 털어놓았다. 대변인 때는 정치·국제·외교 등 굵직굵직한 주요 사안에 대한 설명과 논평이 모두 민감하고, 말한 뒤에도 파장이 커서 스트레스의 연속이었다고 한다. 업무시간은 여전히 길지만 스트레스가 줄었다는 것이 보직 때문만은 아닐 것이다. 그만큼 노대통령의 의중을 잘 읽게 됐고 생각을 공유하면서 국정의 흐름을 타고 있다는 말로 들린다.

그는 대변인으로서도 무난했다는 평가를 받았다. 그의 전임자로 참여정부 첫 청와대 대변인이었던 KBS아나운서 출신의 송경희씨가 불과 두 달 열흘 만에 중도하차한 것과 비교하면 그가 청와대의 입 역할을

14개월 동안 했다는 점은 평가받을 만하다.

물론 송 전 대변인과 윤실장을 같은 선에서 비교하는 것은 무리다. 윤실장은 대변인 임명 초기 때부터 일요일에도 노대통령에게 직접 전화 걸어 "대통령님 이런저런 사안이 있는데, 사실은 어떤 것입니까" "이러이러한 말씀을 놓고 기자들이 취지를 묻는데, 어떤 의미로 하신 겁니까"라고 물어 사실을 확인할 수 있었다. 전문가라 여겨 발탁된 송 전 대변인은 이런 부분이 어려웠다.

윤실장이 대변인 역을 무난하게 했다는 평가를 듣게 된 것이 이처럼 대통령과 코드가 공유됐기 때문만은 아니다. 윤실장 특유의 성실과 겸손이 한몫 거들었다. 그는 지난해 연초 대통령직 인수위 시절 현 정부가 나름대로 야심작으로 도입한 '다면평가제'에서 이정우 정책기획위원장 겸 정책특보(당시 경제1분과 인수위원)와 더불어 수위를 차지한 적이 있다. 다면평가는 위·아래·옆 동료들이 종합적으로 업무능력과 품성을 평가하는 제도다.

윤실장은 술을 별로 못하는 편이다. 그러나 대변인이란 역할 때문에 기자들과 어울리면서 '소주 폭탄(청와대 주변에서는 폭탄주 돌리기는 잦지 않지만 돌리더라도 대부분 맥주에다 소주를 섞는 '소주폭탄'이다)'도 몇 잔 할 정도로 몸을 던졌다. 그가 대변인 역할을 접게 된 것도 격무로 인해 건강을 많이 해쳤기 때문이다.

지난해 청주 나이트클럽 향응 사건으로 양길승 전 제1부속실장이 물러난 뒤 노대통령은 이 자리를 오래 비워뒀다. 측근들은 "적임자가 마땅찮아서"라고 노대통령이 말했다고 장기 공석 이유를 전했다. 그런 자리를 지난 7월 1일 윤실장이 맡았다.

대통령 집무실의 '문고리 실장' 격인 부속실장은 대통령이 공식·비공식적으로 누구를 만나고, 누구와 통화하는지 모두 알 수 있는 자리다. 그는 요즘도 장관들이 대거 참석하는 공식자리는 오히려 빠지고 관저의 내부 만찬과 같은 비공식회의에는 빠짐없이 참석한다. 과거식으로 '대통령과 접촉 빈도가 권력순'이라는 평가가 맞다면 그는 지금 실세 중의 실세다. 하지만 그는 성격상 나서길 좋아하지 않고, 늘 겸손한 편이다. 이런 스타일 때문에 직언과 고언을 제대로 할 수 있겠느냐는 우려의 시각도 있다.

그는 대변인 시절 청와대의 공식소식지 〈청와대 브리핑〉에 '대변인이 만난 대통령'이란 제목으로 노대통령의 또 다른 면을 소개하기 시작했다. 가벼운 스케치성의 이 글은 알려지지 않은 뒷 에피소드까지 전하면서 주목을 끌었다. '입(대변인)'에서 '손(부속실장)'으로 역할이 바뀐 뒤에는 '국정일기'를 브리핑지에 연재했다. 그간 7차례의 국정일기에서 그는 노대통령의 철학, 국정운영의 궁극적인 지향점을 전파하고자 애썼다. 대통령의 사적 행보와 비공식일정, 그리고 생각까지 소개하면서 노대통령의 모든 것을 분신처럼 전하려 하고 있다.

청와대의 한 관계자는 "2004년 봄 탄핵 당시 노대통령이 수시로 부르고 만난 그룹이 윤실장과 천호선 의전비서관 등을 중심으로 한 청와대 내부의 386참모"라며 "윤실장이 점차 그 한가운데로 이동해 간 느낌"이라고 전했다. 노대통령과는 특수관계인 이광재 의원이 국회로 진출했고 안희정씨는 사법처리되어 지근거리에서 멀어진 뒤, 윤실장은 청와대 내에서 노대통령과 가장 가까운 거리에 있다. 또 본인이 의식했든 않았든 간에 비서실 내 연세대 인맥의 중핵으로 자리잡아간다는 평도 듣는다.

2004. 11. 15

과 핵심 참모들이 함께 연설문을 구체적으로 가다듬는 독회가 4번 열렸
다. 이 회의 테이블에는 비서실에서 수시로 조사하는 국민 여론조사도
올라갔다.

회견의 핵심에는 일찍부터 중소기업 문제가 포함돼 있었다. 2004년
말에 만난 김병준 정책실장은 "신년 회견의 '키워드'가 뭐냐?"는 질문
에 "중소기업 살리기"라고 답했었다.

기자들의 질의에 앞선 15분간의 회견 모두연설은 A4용지로 6장 분
량. 이 중 5장 이상, 90%가 경제 관련 내용이었다. 이 과정에서 노대통령
은 지식산업을 육성하겠다며 금융 · 회계 · 법률 · 디자인 · 컨설팅 · 연구
개발 등 6개 부문을 구체적으로 거론했는데, 참모들이 올린 연설문 중
추상적인 표현을 본인이 직접 하나하나 직시한 실례라고 한 관계자가
전했다. 처음 원고는 몇 번을 고쳐 씌어지면서 사실상 다른 원고가 됐
고 회견 당일 2시간 전인 8시에 배포 예정이던 연설문은 수정을 거듭하
는 바람에 1시간쯤 늦게 나오기도 했다.

청와대에서 전하고 싶은 경제 부문 메시지 외 정치 · 사회 · 외교 · 북
한 문제와 '이기준 인사파동'과 관련된 인사 시스템 개선 등 각 부문은
기자들의 질의에 답변하는 형식으로 정책방향을 설명하는 것으로 정리
됐다. 청와대 춘추관 기자들 사이의 논의는 회견일이 임박해 가면서 있
었다. 기자들의 논의에서는 대체로 "반복 질문을 막고, 제한된 시간 안
에 효율적으로 질문함으로써 내용 있는 답변을 들어야 한다"는 말이 오
갔다. 회견을 1주일 앞두고 홍보수석실은 "1시간 회견에 모두연설 15
분, 질의응답 45분을 할 계획"이라며 "시간을 감안해 8명의 기자 질문
을 받겠다"고 알려왔다. 즉 서울주재 외신 2곳, 방송사 2곳, 지방신문 1
곳, 중앙일간지와 인터넷 매체 등을 합쳐 3명 정도 원한다며 기자실 자
체에서 질문자를 정해달라고 요청했다. 청와대 출입기자들은 이 요구

경제관료 중용의 이면

2003년 2월이었다. 당시 정부종합청사 별관(외교부 청사) 4~6층을 '점령군'처럼 쓰고 있던 대통령직 인수위원회에서 한 핵심 실무요원으로부터 새 정부 청와대의 구상 한 가지를 들었다. "이전 정부에서는 경제관료들이 대거 청와대(비서실)로 파견근무를 나왔다. 그러나 우리는 이를 최소화할 것이다. 재경부서 파견 인력은 2명 정도면 되지 않겠나"라고 말했다. 개인 의견이었는지, 인수위 차원의 검토안이었는지는 확인하지 못했다. 다만 '그렇게 된다면 획기적인 일이겠다. 그러나 잘 굴러갈까' 라는 의구심이 일었다. 당 선거캠프에서 일한 그의 말에는 경제관료에 대한 불신감이 깔려 있었다.

그러나 3년 뒤 현재 비서실과 청와대 산하 각종 위원회에서 일하는 재경부 관료들이 30명은 된다. 뒤늦게 늘어난 것이 아니고 2003년부터 이처럼 많았다. 기획예산처 출신만 해도 처음 선거캠프와 당출신 실무자들의 예상과 달리 2003년부터 정책실과 각 국정과제위원회에 한명한 명씩 포진해 나갔다. 돈줄을 쥔 예산처가 멀쩡히 버티는데, 예산을 다루어봤거나 그들과 바로 의사가 통하는 관료를 배제하고 무슨 일이든 제대로 될 것인가. 이렇게 기존 경제관료들이 비서실 요소요소에 자리 잡은 것은 현 정부가 첫 궤도를 잡는 것과 사실상 동시에 진행된 일이었다.

원인은 뭘까. 무엇보다 기존 경제관료들의 경쟁력 있는 역량이 한 요인일 것이다. 또 하나는 경제 부처를 중심으로 한 기존 관료에 대한 당료 출신들의 시각이 잘못됐고 평가가 틀렸음을 보여준다.

경제관료들에 대한 노무현 대통령의 인식은 어떠할까. 노대통령은 공무원들에게 여러 차례 힘을 실어주는 발언을 해왔다. 고생한다고 늘 격려하면서 더 열심히 일하도록 용기를 북돋우는 정책을 폈다. 신뢰감도 적잖아 보인다. 경제 부처 장관에 교수를 쓸 만도 할 텐데 한덕수 경제부총리, 변양균 예산처장관, 윤증현 금감위원장, 노준형 정통부장관 등 모두 경제관료다. 공정거래위원장 정도만 외부의 교수를 기용했다. 정치인의 장관 기용도 경제 부처에서는 별로 없다. 복지·환경 노동 등 '사회부처'에 의원들을 대거 임명한 것과 대조적이다. 한발 더 나아가 전윤철 감사원장, 김진표 교육부총리, 김성진 해양수산부장관, 이용섭 행정자치부장관, 김영주 국무조정실장까지 경제관료 출신이다. 교육부 수장에다 내무행정의 사령탑을 연 2명째 경제관료로 기용한 것, 한명숙 총리의 보완 몫까지 정통 경제관료인 김영주 실장으로 임명한 것을 보면 경제관료들이 국무회의장을 장악한 셈이다. 이희범 무역협회장의 경우 산업자원부장관에서 교육부총리로도 검토되다 결국 무역협회장으로 변신했는데, 여기에도 청와대가 우회적으로 기여했다.

차관급으로 가면 경제관료들은 더 많은 곳에 포진해 있다. 김용덕 건교부차관, 변재진 복지부차관, 임상규 과학기술부 기술혁신본부장 등이 모두 재경관료들이다. 정태인 전 비서관, 이정우 전 정책기획위원장 등 인수위원 출신 학자들이 2선으로 물러난 것과 대비된다.

그렇다면 노대통령은 경제관료를 전적으로 신뢰하고 있는가. 아니면 기능적 역량을 평가해 중용하는가. 좀더 지켜봐야 할 부분이 많지만 경제관료들을 전반적으로 100% 신뢰한다고 보기만은 어려운 단서들이 이따금 엿보인다. 노대통령은 최근 측근인사들과 만난 비공식 회동에서 "재경부 공무원들이 잘 안바뀌는 것 같다"고 말했다는 보도까지 있었다. 그러나 탄핵복귀 후 일부 비서진과 비공식 회의에서 모 비서관이 기업계의 편을 드는 듯한 설명을 하자 그를 빤히 쳐다보면서 "그게 전형적인 모피아 논리지요?"라고 말해 해당 비서관이 당황했다는 에피소드도 전해지니, 노대통령의 경제관료 의존은 다만 현실을 현실로 받아들이는 것일 수도 있다.

경제관료들의 '대통령 장악하기'가 현 정부만의 현상도 아니다. 전임 김대중 대통령도 집권 초에서 후기로 시간이 흐를수록 강봉균, 이기호, 전윤철씨 등 경제관료들에게 의존함으로써 가신 그룹과 김태동, 윤원배 교수 등 이론가들이 뒤로 밀린 적이 있다. 김 전 대통령은 집권 초 별다른 인연 없이 '경제전문가'로 추천받아 초대 금감위원장에 기용한 이헌재씨로부터 기업 구조조정 방안 세 가지 시나리오를 보고받고 "모두 마음에 든다"며 흡족해했다는 일화도 전해진다.

기존 관료들에 대한 노대통령의 의존은 집권 후반기로 갈수록 한층 심화될 수 있다. 4월에만 해도 한밤중 음주폭행 사건, 별개의 음주 운전 사고로 2명의 행정관이 청와대에서 즉각 밀려나왔고, 이보다 앞서 3월에는 다른 행정관이 아내를 살해한 사건까지 발생해 커다란 충격을 주었다. 또 김남수 비서관이 골프 물의로 물러났고, NSC기밀회의 자료를 유출시켜 노대통령의 리더십에 타격을 입힌 참모도 있었다. 이들에 비해 경제관료들은 매우 정제된 행동을 보여 노대통령의 신임을 얻었다. 다만 노대통령이 자신 있어 한 외환은행의 론스타 매각건이 경제관료들에 대한 인상을 좌우할 수 있는 변수로 부각되고 있다.　　　　**2006. 5. 1**

김영주 수석이 총리실 간 까닭

대통령중심제에서 총리의 역할은 모호하다. 정부 내 공식 서열 2위지만 현실은 많이 다르다. 종종 '실세 총리'가 없지 않았으나 이전 정부에서도 많은 총리가 얼굴마담 수준에 그치거나 권한 없는 관리자 역할만 하는 경우가 많았다.

'첫 여성 총리'라는 의미 있는 딱지가 붙은 한명숙 총리는 어느 경우에 해당될까. 노무현 대통령이 아주 적극적으로, 최선의 선택이라며 한 의원에게 총리직을 준 것은 아니다. 오히려 이 인사는 상당히 정치적이고 전략적 선택이라고 보는 것이 맞다. '실용주의 정치가 노무현'이라는 관점에서 본다면 노대통령은 이해찬 전 총리의 낙마를 거두어들이면서 김병준 정책실장을 총리에 기용하는 게 맞았다. 김실장이 젊고 국정 경험이 부족하다는 지적이 없지 않지만 그도 52세다. 이해찬 전 총리가 2004년 52세에 총리로 기용됐던 것과 같다. 물론 김실장이 총리직을 얼마나 잘 수행할지, 그만한 역량과 중량감이 있는지, 이에 대한 공직사회와 세간의 평가가 어떤지는 완전히 별개의 문제다. 적어도 노대통령 입장에서는 총리라는 자리를 그렇게 봤다는 얘기다.

노대통령은 일차적으로 국회에서의 청문, 인준 과정을 중시해 여성인 한명숙 지명자를 선택했다. 여기에는 5 · 31 지방선거와 2007년 12

월 대선까지 감안됐을 것이다. 지방선거에서는 강금실 전 법무장관이 예비 여성 정치인으로 한축을 잡고 있는데, 내각의 지휘탑까지 여성을 기용함으로써 한나라당 박근혜 대표와 대응하려는 의도가 보인다. 여성과 정치라는 함수는 2007년 대선까지 연결해 나갈 주요 도구다. 따라서 노대통령은 총리의 국정 챙기기나 부처장악 능력이 설사 부족하다 해도 큰 틀에서 의미 있고 이익이 되는 결정을 했다고 믿을 수 있다. 양극화 해소, 한미 FTA체결, 부동산대책 등을 대통령이 직접 챙기기로 하면, 나머지 문제는 양보하거나 손놓을 수 있다는 판단이 선 것 같다.

국무조정실장에 김영주 청와대 경제정책수석을 보낸 것은 이 인사에 대한 보완 조치였다. 행시 출신으로 정부 내 예산·기획 업무로 잔뼈가 굵은 김실장은 청와대에서 386참모보다 더 확실하게 노대통령의 기호를 맞췄다. 그만큼 신뢰를 얻는 참모였다. 근 2년에 가까운 경제정책수석 역할을 무난히 해냈고 정치권에서 자라온 386 측근들과도 호흡을 잘 맞췄다. 노대통령으로서는 놓아줄 수 없는 최측근 참모였지만, 신임 총리 지원, 총리실 보강 차원에서 그를 총리실 총괄 자리로 보냈다.

4월 4일 청와대에서 국무회의를 주재하면서 장관들에게 한 노대통령의 발언은 이런 의중을 보여주기에 충분했다. 신임 김영주 국무조정실장에게 보직 인사를 하게 한 뒤 노대통령은 "각료들이 많이 도와달라"고 당부했다. 그러면서 "인사를 미안하게 해서…"라고도 했다. 김실장에게는 "(경제정책수석으로) 고생을 너무 많이 해 체력적으로나 정신적으로 감당하기 버겁겠다 싶어 일의 분위기도 바꾸고 부담을 덜어드리고자 했는데, (인사를) 맞춰보니 사정이 그렇게 안 되더라. 부득이하게 고생을 좀더 해달라. 조정업무가 힘든데 수고를 더 해달라"고 했고, 장관들에게는 "(많이 도와줄 것을) 특별히 부탁드린다"라고 당부했다.

장관급이라지만 국무위원이 아니기 때문에 회의장 뒷줄에 배석한 김실장에게 노대통령이 이처럼 애정을 표시하면서 장관들한테도 협조를 당부한 데는 두 가지 속마음이 있기 때문일 것이다.

먼저 인사가 마음에 걸렸을 것 같다. 노대통령은 당초 김병준 정책실장에게 총리를 맡기고, 경제정책수석이던 김실장을 바로 윗자리인 정책실장으로 승진시켜 '일일이 말이 필요없는' 두 참모체제로 후반기 임기를 마무리하는 방안을 놓고 막판까지 고심한 것으로 알려졌다. 그러나 '정치적 인사' 한명숙 카드를 쓰면서 이는 생각으로만 그쳤다. 이에 대한 아쉬움과 미안함이 스며든 말이었다.

또 한 가지는 한총리 지명자의 역할이 못 미더워 각 장관들이 최대한 협조해 잡음을 없애고, 총리실의 위상을 이해찬 전 총리 시절 만큼 유지해 달라는 당부의 뜻이 담긴 것이다. 당연히 김실장에게는 새 총리를 전력으로 보좌해 총리실의 입지가 제대로 서고 국정을 장악하도록 노력해 달라는 격려의 의미도 있다. 국무조정실장은 정부 내 비슷한 직급의 어떤 자리보다 회의와 보고, 협의가 많다. 한마디로 고된 자리다. 김실장도 내심 피하고 싶은 보직이라는 것을 노대통령이 모를 리 없다.

현 정부에서 세번째 총리가 나오게 됐지만 색깔은 제각각이다. 초대 고건 총리는 노대통령의 말대로 '몽돌과 받침대' 역을 무난히 수행하며 대통령탄핵 사태 때도 결코 '오버' 하지 않으면서 분수를 지켰다. 이 전 총리는 국무회의가 끝나는 화요일에 노대통령과 점심식사도 많이 나눴다. 업무에서도 분권형이다, 책임형이다 해서 상당히 자율적인 권한을 행사했다. 총리실 조직도 커졌고 크고 작은 현안에 총리의 의중이 많이 반영됐다. 그러나 과도한 자신감이 결국 그를 낙마 상황으로 몰고갔는지도 모른다. 이제 첫 여성 총리와 청와대의 관계가 주목된다. **2006. 4. 17**

부처 공무원 연속 칭찬의 속사정

3월 들어서야 시작된 각 부처의 청와대 업무보고 스타일이 과거와는 많이 달라졌다. 1월 말에서 2월로, 2월에서 3월로 다시 시작이 늦춰지면서 '신년 보고'라는 이름의 신선도는 떨어졌지만 노대통령은 상당히 열심이다. 보고받기를 시작한 3월 첫째주에는 하루에 2개 부처씩, 둘째주에도 외부행사인 공사졸업식과 방한한 주르차니 헝가리 총리와의 정상회담 일정을 빼고는 매일 부처보고를 받았다. 3월 3일 재경부를 시작으로 산자부 · 정통부 · 과기부 · 건교부 · 해수부를 거쳐 금감위에 이르기까지 경제 부처부터 챙겨나갔다.

업무보고를 받는 과정에서 노대통령은 일선 경제 부처에 흥미로운 메시지를 던졌다. 공무원들에 대해 한동안 칭찬 릴레이가 이어진 것이다.

재경부 보고 : "지난해 업무추진 실적이 좋다. 특히 신용불량자 문제가 해결될 것 같은 전망을 갖게 됐을 뿐 아니라, 문제를 해결하는 역량도 성장했다. 이 정책은 수준 높은 행정 및 관리로 업무프로세스 혁신을 이룬 대표적인 사례다. 종합부동산세도 재경부에서 성의를 갖고 열심히 일해 주어 제도는 일단 잘 도입됐다. 특히 중소기업대책은 지난해 깊이 있게 실태를 분석함으로써 맞춤형 정책이 나올 수 있

는 기반이 마련됐다. (국세청 · 관세청 · 조달청 · 통계청) 4청도 혁신에서 1, 2, 3등을 차지해 혁신 모범사례로 옆에서 노고가 많았다"(김영주 경제정책수석이 전한 내용)

산자부 보고 : "전체적으로 잘 준비됐고 잘 진행됐다. 여러분의 노력을 치하한다. 특히 고객에 의한 평가, 전체 개인에 대한 성과평가 등 돋보이는 혁신계획을 마련한 점도 잘했다"(김만수 청와대 부대변인이 전한 내용)

과기부 보고 : "보고를 받으며 희망과 확신을 갖게 됐다. 나도 어지간히 문제제기를 많이 하는 사람인데 오늘은 별로 할 말이 없다. 기분이 매우 좋다"(김종민 청와대 대변인이 전한 내용)

정통부 보고 : "작년에 지상파 DTV 전송방식을 잘 해결했다. 갈등해소를 모범적으로 해결한 사례다. IT839 전략은 국민이 이해하기 쉽게 정리한 새로운 방식으로 참신한 아이디어다. 지상파 DMB 등도 잘한 일이다"(김만수 부대변인이 전한 내용)

건교부 보고 : "내년부터는 이런 방식의 보고가 필요없을 것 같다. 전체적인 방향에서 대통령 지적이 불필요할 정도로 정리가 잘 됐다. 건교부가 어려움을 많이 겪으면서 역량이 성숙해졌고 일하는 속도도 배가됐다"(김만수 부대변인이 전한 내용)

노대통령이 며칠 사이 이렇게 일선 공무원들을 연속 칭찬하고 나선데는 사연이 있다. 노대통령은 3월 3일 모든 공무원에게 e메일 서신을 보냈다. 2월 18일에 이어 2주 만에 보낸 메시지였다. 청와대측은 당시 "예정에 없던 일이고, 바쁜 일정에서 노대통령이 직접 썼다"며 기자들에게 e메일 보낸 사연을 자세히 전했다. 〈청와대브리핑〉과 홈페이지에도 바로 올렸는데, 〈중앙일보〉의 '혁신 뭡니까, 이게' 라는 기자 칼럼을 본 뒤의 해명이었다.

"원체 혁신에 공을 들이던 터라 혁신이라는 제목에 이끌려 그 기사부터 읽어봤는데, 참으로 억장이 무너지는 기사"라며 노대통령은 전체 공무원들에게 메일을 보냈고, 곧이어 업무보고를 받으면서도 공무원 마음 다독이기에 나섰다. 서신에 쓴 대로 "공무원들의 선의와 역량을 믿으니, 마음 상하지 말라"는 격려만으로 부족해 보고를 온 각 부처 간부들에게 칭찬을 한 상씩 안긴 셈이다. 나흘 뒤인 7일자 〈청와대브리핑〉은 이런 분석에 한층 힘을 실어줬다. 〈청와대브리핑〉은 공무원들이 노대통령에게 보낸 긍정적인 답신을 대거 실어 노대통령 특유의 '직접정치·대면행정'에 페달을 밟았다.

2005년 최대 슬로건인 '선진 한국'의 실현 수단으로 '혁신'을 들고 나섰는데, 이걸 문제 삼자 노대통령은 모든 공무원에게 직접 해명하는 전자서신을 보냈고, 이어 부처보고를 받으면서도 격려를 한 것에서 직접·대면 행정을 통한 특유의 정면돌파 의지가 보였다.

이런 스타일은 노대통령의 성격과 무관치 않다. 2003년 취임 초반 KBS사장으로 서동구씨를 내정했다가 좌절했을 때다. 일부 언론 등에서 인사에 문제를 삼자 국회연설에서 사전 배포된 연설문에 없는 내용으로 서동구씨 인사과정을 10분 가까이 연설한 적도 있다. 당시 노대통령은 즉석연설로도 모자랐다고 느꼈는지 청와대로 돌아오는 길에 승용차를 춘추관으로 돌려 예정에 없던 기자회견을 갖고 자신의 입장을 재차 설명한 적도 있다.

한편 2005년 부처 업무보고에서 나타난 또 하나의 특징은 정책목표를 계량화하라는 지시였다. 신년 보고가 예전보다 한참 늦어진 이유이기도 하다. 각 부처가 주요 정책의 목표를 정하고 이를 달성하도록 이행과제별 '성과지표'를 산정해, 연중 관리하는 새로운 방식이 시도되고

있다. 예컨대 실업률을 낮추거나 중소기업을 지원할 경우 구체적인 목
표수치(성과지표)를 정한 뒤, 이를 위한 부처별 이행업무를 보고하고 연
말에 달성 여부까지 측정 검검해 나가는 식이다. 신년 기자회견 때 밝
힌 의지를 정책에 반영한 사례다.   **2005. 3. 21**

김우식 실장과 노무현 실용주의

지난해 연말 일부 청와대 출입기자들 사이에 한 가지 '정보'가 조용이 떠돌았다. 김우식 청와대 비서실장이 조선, 중앙, 동아의 사주들과 잇따라 만나 식사를 나누었다는 내용이다. 일부 신문사와는 두 차례 만났느니, 술잔도 오가는 만찬에서 "이제부터 협조할 것은 협조도 잘 하자"며 친교를 다졌느니, 하는 구체적인 분위기도 입과 입 사이로 나돌았다. 취임 후 노대통령의 언론관, 특히 이들 신문과 긴장된 관계를 감안할 때 이례적인 일로 받아들여졌다.

김실장과 현 정부에 비판적인 입장이 강했던 '보수언론' 사주의 회동 시점은 11월 후반~12월 초반으로 알려졌다. 당시는 노무현 대통령이 12일 간의 남미 출장을 다녀온 데 이어 국내체류 나흘 만에 재차 출국, 유럽 방문에 나선 때였다.

"청와대 담당기자들도 노대통령의 해외순방에 동행취재해 국내에 없는 기간이어서 김실장은 주변의 의식을 덜며 비교적 편하게 사주들과 연쇄 회동을 할 수 있었다"라는 평가가 나왔고 "참여정부와 조·중·동의 관계를 감안할 때 이는 노대통령과 사전에 상의했거나 최소한 묵시적인 동의를 얻은 행보"라는 해석도 뒤따랐다.

김실장은 이어 12월 16일 의미 있는 뉴스를 앞당겨 제공했다. 전 수석·보좌관들을 대동하고 청와대 인근 효자동의 한 음식점에서 청와대 출입기자들과 2004년 송년만찬을 하던 중이었다. 김실장은 당시 "주미대사에 깜짝 놀랄 만한 빅 카드가 기용돼 곧 발표된다"고 밝혔다. 이미 인선을 잘 알고 있는 표정이면서도 누구인지는 밝히지 않아 기자들의 애를 태웠지만 결국 그날 밤 11시쯤 '빅 카드=홍석현'이 사실로 확인됐다. "미국 정부에 아그레망도 보내기 전에 밝힌 과시용 정보였다"는 비판이 그 직후 춘추관 기자들 사이에서 돌았고, '홍석현 대사 내정'은 중앙일보뿐 아니라, 특정 경쟁신문에도 사전 귀뜸이 돼 양해가 구해졌다는, 확인하기 어려운 소문까지 있었다.

청와대 내부의 크고 작은 행정업무 챙기기에 주력하면서 '행정가형 비서실장'으로 평가받곤 했던 김실장의 행보를 달리 보게끔 한 일들이 있었다. 그 외에도 김실장의 몇몇 청와대 밖 활동이 추가로 드러났다. 경제 5단체장과 만나 "2005년 새해에는 경제 살리기에 올인하겠다"는 의지를 전달하고 투자확대를 요청한 것, 보수 성향의 기독교 지도자급 인사들과 만나 국정운영 방향 등을 설명하고 이해를 구한 것(김실장은 독실한 크리스찬으로 청와대 인근 모 교회의 장로다) 등의 이야기가 청와대 주변에서 흘러나왔다.

그에 이어 새해벽두에 '이기준 인사파동'이 빚어졌다. 연초 청와대를 강타한 이 인사파동에서 청와대는 언론의 호된 비판을 받았다. 기본적으로 문제가 있는 인선이었고, 김실장이 청와대의 인사추천회의 위원장이었다는 점, 김실장과 이 전 부총리의 40년 인연 등이 비판의 주요 논거로 언급됐다. 이 과정에서 일부 '친노(親盧) 성향'의 신문과 인터넷 매체들이 특히 더 강도높은 비판을 가했는데, 이 비판의 한가운데 김실장이 있었던 점이 주목된다.

청와대는 김실장이 취한 일련의 행보 때문에 비판의 강도가 높았다고 자체분석했다. 때마침 언론에서도 김실장의 진퇴를 지난해 연말 이후 '포용과 관용, 화합'을 기치로 노대통령이 보인 실용주의정책 노선과 결부시키기 시작했다. 보수언론 사주와 협력관계 모색, 보수층 인사의 중용, 경제·종교계 지도부와 적극적인 접촉 등이 자연스레 거론되면서 '청와대와 보수계의 창구' 한복판에 김실장이 서 있는 구도가 그려졌다. 당시 이병완 홍보수석도 기자들과 만나 "흠결이 있었음에도 대학교육 개혁을 우선해 '실용주의'적으로 접근하다 보니 사태가 이렇게 됐다는 점에서 반성했다"고 말한 적 있다. 이 인사파동 후 노대통령은 김실장의 사퇴 여부를 두고 크게 고심한 것으로 알려졌는데, 그 이면에는 김실장이 실용주의 노선의 상징처럼 자리잡아 버린 것에 대한 뒷처리가 현실적인 고민이었던 것으로 분석된다. 이 점을 파악한 친(親)청와대 성향의 매체들은 '김우식 책임론'을 더욱 강조하면서 노대통령을 밀어붙였으나 노대통령은 김실장을 곁에 두는 것으로 결론냈다.

청와대 관계자는 김실장의 사표가 반려된 것과 관련, "실용주의 노선과 결부되면서 '뉴 리더십'의 시험대니, 개혁후퇴니 하는 비판이 가중돼 노대통령의 입장이 매우 어려웠다. 앞서 가닥잡힌 국정기조를 뒤바꿀 수는 없었으며, 이 전 부총리 인사가 그 정도로 큰 오류는 아니었다고 본다"며 노대통령의 입장을 설명했다.

'이기준 인사파동'이 '김우식 진퇴논란'으로 비화된 데는 개혁 성향이 강한 청와대·열린우리당 소장그룹과 여권 내 합리적 보수세력의 힘겨루기, 진보·보수 성향 언론의 입장차 등이 뒤얽혔기 때문이다. 뒤에는 '노선갈등의 상징물'처럼도 됐다가 일부 반발을 무릅쓴 노대통령의 결정으로 일단락됐다.   2005. 1. 24

보좌관 인사와 실용주의 코드

정문수 청와대 경제보좌관과 정우성 청와대 외교보좌관은 서로 다른 경력에도 불구하고 공통점이 적지 않다. 다른 분야를 공부했고 사회생활에서도 상당히 다르게 걸어온 이들은 노무현 대통령의 가정교사(보좌관·차관급)로 인생의 중간 지점에서 만나 나란히 섰다.

전남 영광 출신인 이들은 1949년생 동갑이다. 성(丁씨)도 같다. 청와대의 보좌관 4명 중 절반인 2명이 같은 군(郡) 출신의 고교·대학 동창이다. 이들은 어릴 적부터 수재 소리를 들으며 1964년 나란히 경기고에 입학했고, 3년 뒤 함께 서울대로 진학했다. 경제보좌관이 법대로 진학한 반면 외교보좌관은 외교학과를 택했다. 외교보좌관이 부모를 따라 상경, 초등학교부터 서울서 다닌 것과 달리 경제보좌관은 고교진학 때 첫 상경했다. 이후 시차를 두고 행시(경제보좌관)와 외시(외교보좌관)에 합격해 서로 다른 길을 걷다가 노대통령의 보좌진으로 나란히 섰다. 인생역정의 큰 차이를 뛰어넘고 정상에서 만난 셈이다.

동창이지만 각자 자신의 길을 만들어오느라 두 사람이 그간 절친하게 지낸 사이는 아닌 듯하다. "동기지만 한해 서울대에 300명씩 진학하던 시기였고, 대학에서도 단과대별로 동문회 등을 갖기도 했지만 열심히 참석하지 않은 경우도 많았다. 예나 지금이나 경기고 출신들은 서로 만나 친목하는 자리도 적다" 정경제보좌관은 이처럼 "각자 일을 열심히 하는 게 중요하다"며 정치인도 아닌데 동문이다, 지역이다 하면서 한 묶음으로 묶는 것에는 적잖은 부담감을 보였다. 지난해 8월 대통령의 보좌관으로 발탁된 그는 청와대 근무가 반 년째지만 평소에도 앞에 나서기를 자제하는 스타일이다.

경제보좌관이 걸어온 길을 살펴보면 반전의 연속이라 할 정도로 극적이다. 그는 서울대 법대를 수석으로 입학했다. 그와 동기동창으로 수재형 관료로 꼽히는 한 인사는 그에 대해 "정문수 때문에 나는 1등을 한 번도 못했다"고 말했을 정도다. 그 이름값을 하듯 그는 대학재학 중인 1970년 행시(8회)에 합격, 경제관료로 발을 내딛었다. 그러다가 1977년 관복을 벗고 신선호씨가 세운 율산의 이사로 옮긴다. 그가 경기고 다닐 때 삼청동에서 하숙집을 찾다가 1년 선배인 신씨의 하숙집 방을 나란히 쓰면서부터 두 사람은 절친한 친구가 됐다.

"그 결정 때문에 아주 비싼 값을 치르고 고생도 많이 했다. 원래부터 경제 쪽에 앞장서고 싶어 경제기획원에서 시작했다. 4년쯤 일하다 나도 모르게 중견 사무관의 교류대상이 돼 받는 부처에서 결정하면 가게 돼 있었는데, 보건사회부로 발령난 것을 뒤에야 통보받았다. 안 갈 수가 없었는데, 가는 과정에서 많은 충격과 혼란을 느꼈다. 하고 싶은 일과 운명이 나도 모르는 사이 결정되는 것에 충격받고 혼란스러웠다. 그러나 연금·의료보험 도입에 열심히 일했다. 다시 경제기획원으로 돌아오려고 했는데, 유감스럽게 빨리 보사부에서 승진했고 율산 근무 제의로 마음이 흔들렸다. 고심 끝에 사표를 냈는데, 당시 신현확 장관이 나보고 '미친놈'이라며 1주일 동안 사표를 안 받아 사표를 수리해 달라고 로비까지 했다. 1년간 율산에서 일했는데, (부도) 여파로 고생도 엄청했다" 정경제보좌관은 이후 유학을 갔고 ADB법률자문을 거쳐 교수로 변신했다. 교수가 된 뒤에는 본업 외에 초년병 때 못 다한 공직업무를 했다. 행정개혁·규제개혁·무역위원회 등 그의 활동에서 마치 '관변학자'처럼 보이는 것은 이 같은 이력 때문인 듯하다.

경제보좌관이라는 직함에 대해 그는 매우 조심스러운 자세다. "별로 생각을 못한 자리다. 놀랐다. 체계적으로 경제학을 공부한 사람도 아니어서 걱정이 앞선다. 임명장 받은 뒤 30분쯤 환담할 때도 (노대통령이) 계속 경제 문제를 말씀하더라. 대통령이 저보다 경제를 잘 아는 것 같다" 조윤제 전임 보좌관이 영국대사로 내정될 때 청와대가 제일 고민했던 부분, "노대통령이 취임 2년간의 경제 부문 학습효과로 웬만해서는 후임 보좌관이 눈에 차지 않을 것"이라는 대목이 떠오른다.

스스로 모자란다는 부분을 어떻게 메울 것이며, 김영주 경제정책수석 이정우 정책기획위원장, 이헌재 팀장 등 경제 부처 장관들과는 어떻게 조화를 이룰 것인가. "정부에서 일을 좀 했고, 민간에서도 했고, 국제기구와 대학에도 있어 봤기에 각 분야의 지인들을 좀 아니 여러 연구기관, 전문가, 민간기업인 등 시장 참여자를 많이 만나려고 한다"고 했지만 '전입 고참'인 외교보좌관의 도움도 필요해 보인다.

외교보좌관은 2004년 하반기에 몰렸던 통상외교를 앞두고 그 분야 전문가로 선택된 측면이 강하고 정경제보좌관의 기용은 집권 3년차, 임기 2기 진입을 맞아 실용주의 인사 차원으로 해석된다. 정경제보좌관 기용은 다채로운 이력, 쓴맛을 본 경력과 경험까지 감안된 인선이라는 후문이다. 그의 인사를 살펴보면 2005년 노대통령이 선택한 실용주의 경제정책의 해석과 전망에 대한 코드 읽기가 가능하다. **2005. 2. 1**

코드보다 여론으로 새인물 실험도

노무현 대통령은 2005년 벽두부터 3월까지 인사 문제로 홍역을 겪었다. 2004년 상반기 탄핵이라는 초대형 폭탄도 맞았고, 하반기에는 다채로운 해외순방 경험으로 '내공'을 일정 수준 이상으로 높였다고 평가받았지만, 잇따른 인사파동의 충격은 상당히 컸던 것 같다. 핵심 참모들도 '이기준 파동' 이후 '검증 노이로제'가 생길 정도로 연일 노심초사할 수밖에 없었다.

"대통령의 인사권에 더 이상 흠집이 나면 모두 끝"이란 배수진의 심정으로 한덕수 경제부총리를 결정했다는 후문도 들린다. 이기준 인사파동이 빚어지자 최측근 참모들(정찬용 전 인사수석, 박정규 전 민정수석)을 잘라야 했고, 김효석 의원에게 교육부총리를 제안한 사실이 알려졌을 때는 일요일에 불쑥 춘추관 기자실을 찾아 "민주당을 어떻게 하려는 의도는 전혀 없다"고 직접 해명하는 상황까지 빚어졌다.

취임 2년여 만에 노대통령의 인사방식은 몇 단계로 변했다.

대통령당선자 시절 정권인수위원회는 기존과 다른 방식을 선보였다. 공개적인 추천과 검증, 임명에 이르기까지 프로세서를 존중하면서 기계적으로 진행되는 '5단계 인사'가 강조됐다. 첫 조각 이후 이 원칙은 변함없이 유지된다는 것이 청와대의 설명이지만 일부 인사를 보면 당초 의지가 퇴색한 듯한 분위기다. 초기에는 몇몇 주위 사람들을 중용한 것에서 '코드인사'라는 시비도 나왔다. 강금실·김두관·이창동 전 장관 등 '아웃 사이더'들을 화려하게 등용한 것이 그런 사례로 거론됐다.

이후 인재를 다양하게 중용한다는 방침과 더불어 청와대 홈페이지 등에 인재를 추천하는 방식까지 소개되기도 했다. 정찬용 전 인사수석은 시스템에 적잖은 기여를 했다. 그는 "장관 후보는 부처마다 적어도 30명은 확보돼 있다"고 장담해 왔다.

이런 과정에서 취임 1년쯤 지난 뒤부터는 청와대에서 함께 일해 본 참모 중에서 골라 재기용하는 방식이 돋보였다. 반기문 외교·윤광웅 국방장관 등 고위보좌진에서 내각으로 승진시킨 것이 대표적인 사례다. 청와대 참모들의 재기용 방식은 다양했다. 장관 승진자도 있고, 라종일 주일대사·조윤제 주영대사처럼 해외로 보낸 경우도 있다. 김태유 전 과기보좌관처럼 원래 속해 있던 대학이나 법조계로 돌려보내기도 했다.

2004년 말까지 인사에서 '실무적인' 이유로 여론에 발목을 잡힌 경우는 많지 않았다. 이에 따라 자연스럽게 인사에 자신감을 가진 듯했다. 2005년 들어 교육부총리 등 6개부처 장관을 바꾼 것도 인사가 얼마나 어려운 것인지를 경험하기 전이었다. 자고 나면 하나씩 문제점이 불거지는 이기준 인사파동을 거치면서 청와대는 한때 대통령의 인사권이 흔들리는 것 아니냐는 위기감마저 느꼈다.

이런 상황에서 노대통령은 홍보참모를 통해 임명 전에 '사실상 내정자'를 반(半)공식적으로 알려줬다. 이전에 없었던 방식이다. 이강철 시민사회·김완기 인사수석 등은 이렇게 임명됐다. 이때는 "과도한 인사취재로 기자들이 힘들지 않게 해주겠다"며 2004년 말 기자들과 송년회 등에서 밝힌 '취재편의 제공' 측면이 있었다. 그러나 국정홍보처장에 모

인사가 비공식 발표됐다가 취소되는 등 여기에도 문제점이 드러났다.

곧바로 노대통령은 새로운 인사방식을 선보였다. 아예 내정자를 복수로 공개, 여론의 추이까지 본 것이다. 이주성 국세청장과 김종빈 검찰총장 등은 이처럼 2명씩 복수후보 공개과정을 거쳤다. 여기에도 문제점은 지적됐다. "탈락한 사람은 뭐냐"는 식의 당사자 인권 문제가 제기됐다. 노대통령에게는 "자신감 없는 인사"라는 비판도 뒤따랐다.

겨우 인사 문제를 매듭짓고 경제 살리기에 매진하려는 터에 이헌재 전 부총리가 낙마했다. 반대 여론을 '쓰나미'에 비유하며 역부족을 밝힌 노대통령은 이부총리에게 미안한 생각이 들 수밖에 없었다. 2004년 2월 거듭 고사하는 그를 입각시키기 위해 정 전 인사수석은 물론 이부총리의 고교 후배인 유인태 전 정무수석, 이부총리와 가까운 최경원 전 법무장관 등이 두루 동원돼 폭탄주까지 돌리면서 어렵게 영입했기 때문이다.

강봉균 열린우리당 의원, 윤증현 금감위원장으로 압축해 신명호씨가 추가되고, 결국 한덕수 부총리로 낙점되기까지 청와대 참모들은 정교하게 언론을 동원했다. 검증에 적극 동참시켰고 일정 방향으로 여론을 형성하기 위한 노력이 감지됐다. 후보의 단계별 공개, 여론의 추이에 따라 예비카드 빼내기, 확정으로 추인하는 단계 등의 절차가 있었다. 그래서 한덕수 경제부총리 인사는 또 다른 방식이라고 볼 수 있다. 청와대의 한 참모는 "언론에서 검증해 여론을 정해주면 좋겠다"고도 말했다.

청와대 스스로 수준을 높인 투명 · 청렴의 사회적 기준 때문에 인사의 어려움을 겪고 있다.   2005. 3. 28

3인 3색 참여정부 비서실장

'참여정부' 들어 변한 게 한두 가지가 아니지만 그 중 하나가 청와대 비서실이다. 비서실 직원들은 공공연히 3D직업이라 할 정도다. 특히 비서실장의 역할과 권위는 이전 정부와 비교할 수 없을 정도로 축소됐다. 최소한 집권 전반부까지는 소(小)통령이니, 2인자니 하는 말도 나오지 않았다. 대통령의 비서실장이 언론에 노출되거나 기사에 크게 오르내린 일도 적은 편이다.

초대 문희상 실장과 2대 김우식 실장을 거쳐 3대 이병완 비서실장이 집권 반환점(8월 25일)에 맞춰 임명됐다. 그런데 3인의 색깔이 모두 다르다. 경력은 물론 스타일도 다르다.

초대 문희상 실장은 자타가 인정하는 대로 다선의 정치인 출신이다. 그는 참여정부 초반기 업무에 대해 '레일 깔기'라는 표현을 자주 썼다. 각종 로드맵과 개혁 프로그램이 제대로 추진되도록 먼저 철로 노선부터 탄탄히 깔아두는 것이 중요하다며 이 일에 자신의 역할을 결부시켰다. 레일만 튼튼하고 반듯하게 깔리면 이후 기차가 순조롭게 달리게 되며 속도도 충분히 낼 수 있다는 논리였다.

그러면서 그는 '병풍론'을 자주 인용했다. "병풍이란 게 있을 때는 필요한 존재인 줄 몰라도 막상 치우고 나면 바람이 몰려들고 차갑다"는 논리였다. 비서실장 역할도 병풍처럼 있는 듯 없는 듯 대통령을 보좌하고 다른 주변 참모들을 관리, 보호해야 한다는 설명이다. 그런 입장은 그의 행동과 업무방식으로 실제 반영됐다. 정치인으로 행동반경이 적지 않을 만한데도 표나지 않게 일하고 행동했다.

문실장 때부터 기자들과 접촉은 거의 없다시피했는데, 그는 막바지 퇴임을 앞두고 기자들과 만난 자리에서 "후임자가 잘못해도 (일에 혼선이 빚어져) 걱정이지만, 후임자가 너무 잘해도 (전임자의 노력이 상대적으로 빛이 덜 나니) 걱정"이라며 농 반 진 반의 말을 한 적도 있다.

로드맵 관리에 열심이라고 설명해 온 문 전 실장은 2004년 4월 총선의 '총동원령' 분위기에 따라 의정부에서 출마했고 김우식 비서실장이 바통을 이어받았다. 문실장의 사임은 2003년 후반부터 가시화됐고, 후임 김우식 실장이 기용되기까지 많은 시일이 필요했다. 현직 연세대 총장에서 비서실장 제의를 받고 2004년 2월 중순에 임명장을 받기까지 3개월이 걸렸다고 김 전 실장 스스로가 밝혔다.

김 전 실장은 '실용주의 노선', '관리형 실장', '진보와 보수의 가교역' 등 언론의 평가에 대해 이의를 제기하지 않았다. 이임 기자간담회에서도 그는 "언론에서 나에 대해 그런 표현을 썼더라"며 그 말을 받아들였다. 그는 언론과 긴장관계 속에서도 한때 정부에 비판의 날을 세운 보수언론의 사주를 잇달아 만났으며, 〈중앙일보〉 사주 홍석현씨를 주미대사로 발탁하는 과정에 관여했고, 종교계 원로들을 많이 만났다. 다만 이 과정에서 기독교 쪽 인사들과의 접촉이 다른 쪽보다 많았다는 지적이 여권 주변에서 이따금씩 흘러나왔다. 김 전 실장이 독실한 기독교인으로 청와대 인근의 모 교회 장로를 맡고 있어 자연히 그렇게 된 듯하다.

평생 대학에만 있었던 김 전 실장은 비서실장으로 권부의 핵심에 들어온 뒤 탄핵과 신행정수도 위헌 판정, 17대 총선 승리 등 만 1년 6개월 동안 울퉁불퉁한 미답의 길을 걸어오면서 마음고생도 적잖았던 것으로 전해졌다. 그는 "그간 매일 아침 5시 50분에 일어나 10분간 명상(기도) 하고 이어 신문보고, 7시 45분에 출근해 8시 10분부터 회의(현안점검회 의)하고, 9시쯤 공관에 돌아와 9시 뉴스보고, 뉴스 끝나면 인근 삼청공 원에서 40여 분간 운동하는 생활로 버텨왔다"며 "이제 일찍 일어나지 않아도 되니 밤 운동을 아침으로 당기고 그간 봐둔 50여 권의 책을 읽 을 계획"이라고 말했다.

노대통령 임기의 한가운데, 반환점 시점에서 김실장의 뒤를 이어 14 살 아래인 이병완 실장이 뒤를 이었다. 이실장은 비서관에서 시작해 수 석으로 승진했다가 비서실의 최고위직을 맡게 됐다. 한 측근은 "비서관 에서 홍보수석으로 승진기용했을 때 노대통령이 임명장을 주면서 '마 음의 빚이 있었는데 이제 좀 해소된 것 같다'는 말을 한 적이 있다"고 말했다. 이실장에 대한 노대통령의 신뢰, 특히 대선 과정에서 그에게 빚진 정서를 그대로 드러낸 말로 해석된다.

이실장의 기용에 대해 청와대 내부에서조차 일부 우려의 시각이 있 다. 그 중의 하나는 그간 그가 접촉해 온 인사들의 연령과 사회적 직위 를 감안할 때 급격히 격이 올라가면서 대통령을 대리하는 비서실장으 로서의 격과 무게에 이상을 우려하는 것이다. 외부에서는 노대통령의 친정체제에 대한 예견과 함께 안정감을 잃지 않을까 지적하기도 한다. 청와대 안에서는 이미 시스템이 김병준 실장의 정책실―권진호 · 이종 석 라인의 외교안보 부서―그 밖의 부서를 총괄하는 이병완 실장으로 3 분립돼 큰 문제가 없을 것이라 말하고 있다.　　　　　　　　　2005. 9. 5

비서실 보좌관이 하는 일

청와대 비서실의 보좌관은 뭘 하는 자리인가. 황우석 박사의 줄기세포 파장이 결국 박기영 정보과학기술보좌관에게로 직접 미치면서 이 업무까지 관장해 온 박보좌관은 물론, 청와대 입장이 총체적으로 난감해졌다. 차관급의 고위직 참모로서 보좌관이 제 역할을 다 했느냐는 비판이 많다.

청와대에는 4명의 보좌관이 있다. 이들은 각기 고유 분야에서 대통령을 보좌하는 지근거리의 참모다. 이 중 장관급인 권진호 국가안보보좌관과 정우성 외교보좌관은 자기 영역이 비교적 분명하다. 각각 국방·안보와 외교를 담당하면서 조용히 움직인다. 그나마 권보좌관은 2006년 초 직제가 변경돼 이름도 바뀌고, 외교보좌관 역시 정보좌관이 조만간 친정인 외교부의 대사로 돌아가면 직제가 없어진다. 그러면 보좌관은 경제와 정보과학 두 자리만 남는다.

박보좌관과 정문수 경제보좌관은 업무 영역이 다소 모호하고 포괄적인 측면이 있다. 과학기술 관련 부처나 경제 부처가 다기적으로 나뉘어 있고 비서실에는 정책실장과 관련 수석실이 있어 대개 대통령이 특정 업무를 주거나 중장기 발전 과제를 맡기는 방식으로 업무가 진행된다. 8·31부동산대책 수립과 입법화, 그리고 사후관리를 정경제보좌관이 일괄적으로 맡아 재경부, 건교부와 함께 일하는 방식이다.

박보좌관은 이런 시스템 하에서 황박사가 매달려온 줄기세포 연구를 관장해 왔다. 황박사와 밀접한 교류 때문이었을까, 과학기술부는 이 업무에서 뒤로 밀렸다. 여기까지만 해도 "주요 국책사업의 관리·점검 시스템에 하자가 있다"는 비판을 면하기 어렵게 됐다. 그런데 줄기세포 오염 등 주요 사안에 대해 황박사로부터 듣고도 노무현 대통령에게 보고하지 않았다. 결과적으로 중대한 실책이라는 지적이다. 다만 청와대의 부인에도 불구하고 박보좌관이 자기 선에서 모든 책임을 떠안으려 하는 것 아니냐는 의혹마저 제기돼 뭐가 진실인지는 아직 알 수 없다.

2004년 1월 이후 청와대 생활 2년, 비교적 장수 참모 대열에 포함되는 박보좌관의 진로에 빨간 불이 켜진 셈이다. 그는 현재 수석이나 보좌관급 이상 중에서 유일한 여성 참모이기도 하다. 대선 레이스 때부터 노무현 후보 캠프에 정책적 지지를 보냈고 대통령직 인수위원(경제2분과)을 지냈다. 그러나 허탈감에서 분노로 바뀌어가는 여론은 박보좌관의 자리보전에도 적잖은 영향을 미칠 것으로 보인다.

정문수 경제보좌관은 경력이나 스타일에서 박보좌관과 상당히 대조적이다. 업무도 명확한 편이고 경제 부처나 경제정책수석실과의 마찰음도 아직은 들리지 않는다. 박보좌관과 달리 노대통령과는 과거에 별다른 관계도 없고 공통점도 없는 편이지만 비교적 무난하게 청와대 참모 역에 적응해 간다는 평가다.

1년 전 조윤제 전임 경제보좌관이 영국대사로 나가면서 후임자를 6명 추천한 것으로 알려졌는데, 그는 이 명단에 포함되지 않았던 것 같다. 노대통령과 친분도 없는 그가 청와대의 경제 가정교사에 기용된 것은 유인태 의원(전 정무수석)의 역할이 컸다고 한다. 정보좌관, 정우성 외교보좌관, 유의원, 한덕수 경제부총리 등은 모두 경기고 동기동창이다.

40년 전 전남 영광 출신의 '시골학생' 정문수가 경기고에서 두각을 드러내자 '서울학생' 유인태는 처음에 "놀 줄도 모르고 재주 없고 공부만 하는 촌놈" 수준으로 정문수를 우습게 봤다고 한다. 그러나 그가 노무현 대통령 당선의 유공자로 실세가 되자 같은 '데모 친구'로 절친한 정찬용 전 인사수석에게 "장점이 많은 사람"이라며 그를 소개했다. 정 전 수석은 인하대 교수로 몇몇 관변 보직을 갖고 있던 그를 만나 은근히 인터뷰했고, 정문수씨는 결국 청와대로 들어갔다.

지난 1월에 기용된 그도 초기에는 긴장된 청와대 생활에 어려움이 있었다고 한다. 청와대에서 근무한 지 얼마 되지 않을 때 에피소드다. 권양숙 여사의 생일날 관저에서 수석·보좌관들이 모여 축하 식사를 했는데, 경기활성화가 화제가 됐고, 소비진작책이 오갔다. 그럴듯한 대안 없이 우려만 제기되는 와중에 정보좌관이 한 마디 싱거운 이야기를 했다." 대통령 부부께서 늦둥이를 하나 보시면… 저출산 문제 해결에도 도움이 되고…" 청와대 '신참 참모'의 농담에 대한 노대통령이 대답이 걸작이었다. "참모라는 사람이 저렇게 대통령에 대해 모르고 있어서야. 나는 씨 없는…." 분위기를 띄우고자 한 얘기가 오히려 썰렁하게 만들었다고 다른 참모가 전했다.

경제보좌관실에도 이런저런 숙제가 내려온다. 노대통령은 "신문에 난 칼럼에 대한 실상을 알아보라"거나 "해당 내용에 대한 의견을 달라"거나 때로는 "관급공사의 최저가 낙찰제에 대한 개선안이 없느냐"는 식으로 묻는다. "요즘 들어서는 '이런 것, 이런 점을 이야기하시겠구나'라고 생각하면 대개 그와 관련된 대통령의 언급이 있다"는 말로 정보좌관은 노대통령과의 관계를 설명했다. 코드 공유가 된다는 얘기다.

2006. 1. 2

특보라는 자리

김두관 전 행정자치부장관이 지난 5월 23일 노무현 대통령으로부터 정무특별보좌관 위촉장을 받았다. 노무현 대통령과 인생역정에 닮은 점이 많다 해서 '리틀 노'라 불리기도 했던 김특보는 이날 위촉장을 받은 뒤 청와대 춘추관을 방문, 일부 기자들과 인사를 나눴다. "노대통령이 어떤 말을 했는가"라는 기자의 질문에 그는 "열심히 뛰어달라고 당부하시더라"고 답했다.

뒤에 김만수 청와대 대변인에게 다시 물어봤다. 위촉장 수여식 때 그에게 노대통령이 특별히 당부하거나 언급한 내용이 있느냐고. "지금 (청와대 비서실에는) 정무수석의 자리가 없고 비서실장, 시민사회수석, 홍보수석이 이 일을 나눠서 하고 정책 관련 업무는 정책실장이 하니, 정당문화의 발전과 같은 큰 흐름을 봐줬으면 좋겠다"라고 했다고 김대변인은 전해줬다. '정당문화 발전'은 무엇을 의미하는가? 김대변인은 "예를 들면 미국의 정당제도와 비교하면서 그런 식으로 정당 간 협력할 것은 협력하고 정책을 놓고 서로 토론할 것은 토론하는 문화를 염두에 둔 것 아니겠는가"라고 해석했다. 김특보는 노대통령에게 "현장의 목소리를 챙겨보겠다"는 취지로 대답한 것으로 알려졌다.

대통령의 특별보좌관. 이름이 거창한 만큼 무게도 느껴지지만 현실적으로는 사무실도, 전화도, 비서도, 보수도, 차량 지원도 없다. 상근직이 아니지만 명예직이라고 보기에는 정치적·정책적으로 힘이 실리고, 그러나 현실적으로 업무가 뚜렷하지도 않은 다소 모호한 자리다.

다만 5명의 특보들 면면을 살펴보면 노대통령에게 특정 분야에 대해서 일정 부문 이야기할 수 있는 인사들이다. 그렇다 해도 이전 정부의 대통령 특보들과는 완전히 다른 자리다.

경제특보를 맡고 있는 김혁규 열린우리당 의원은 특보의 역할과 관련, "이따금씩 대통령에게 필요한 말씀을 드린다"고 말했다. 하지만 김 경제특보가 정례적으로 노대통령을 만나는 것은 아니다. 부정기적으로 기업투자 활성화 방안, 기업활동과 관련된 규제 완화의 필요성 등에 대해 본인이 겪은 현장 경험을 중심으로 노대통령에게 자문해 주는 정도로 알려져 있다. 특보라 해도 꼭 건의할 내용이나 조언할 사안이 없는 상황에서 불쑥 대통령 면담을 신청하는 것은 부담이라 특별히 청와대에서 찾지 않는 한 대통령과의 대면 기회가 잦지 않다.

김경제특보의 경우 청와대에는 정책실장, 경제정책수석, 경제보좌관이 있고, 그 아래 실무경험이 있는 분야별 비서관도 있는데다 경제 부처 장관들이 포진해 있어 특별한 의제나 현안 해법, 시각이 없는 한 적극적으로 나서 건의할 내용이 많지 않을 것이다.

특보들끼리 횡적인 연대는 거의 없는 편이다. 서로간 영역이 달라, 5명의 특보가 만나 머리를 맞대고 상의할 일이 별로 없다.

김정무특보는 직함이 변했는데, 사연이 있다. 노대통령은 앞서 김원기 국회의장을 정치특보로 위촉했다. 그러나 김특보가 국회의장이 되면서 그 직을 내놓게 됐고, 이어 비서실장을 역임한 문희상 열린우리당 의원이 정치특보를 이어받았다. 그러나 문정치특보는 여당이 승리한 17대 총선 뒤인 2004년 6월 4일 열린우리당 지도부 초청 만찬을 계기로 정치특보에서 해촉됐다. 당시 "(당과 청와대가 분리된 상황에서) 당과 대통령의 관계에 관한 불필요한 오해를 없애기 위해 정치특보 제도를 폐지한다"는 설명이 있었다.

그리고 근 1년 만에 정치특보를 대신해 정무특보라는 직책이 부활됐다. 정치특보와 정무특보의 차이점은 무엇일까. 청와대 관계자는 "청와대가 당의 일에 관여하지 않는다는 의지를 분명히 한 만큼 그런 의지를 다진다는 차원에서 정치라는 용어 대신 정무라고 했다"고 밝혔다. '정치'라는 말이 갖는 부정적인 뉘앙스를 털어내기 위한 노력으로 풀이된다. 문정치특보 때는 청와대와 당 사이의 연락을 맡는 일종의 가교 역할에 가까웠다면, 김정무특보는 대통령에게 필요한 정무적인 판단을 돕고 안목을 보좌하는 일로 무게 중심이 이동했다고 볼 수 있다.

홍보수석을 거친 이병완 홍보문화 수석은 직전 보직 때 수고에 대한 보답에다 재기용을 염두에 두고 곁에 두는 것으로 해석하는 시각이 있다. 특히 정동채 문화관광부장관이 결국 국회로 되돌아갈 상황인데다 언론 부문에 대한 노대통령의 특별한 관심을 감안할 때 집권 후반기에 재기용될 것이라는 예측이다.

보건복지부장관을 지낸 김화중 보건복지특보는 노대통령이 일찍부터 장관으로 낙점했다는 후문이 들릴 정도로 많이 챙겨온 인물이다. 그역시 특보로서 노대통령의 중요한 판단에 기여했다는 얘기는 들리지 않았다.

이들을 보면 특보는 상당 부분 예우 차원의 직책으로 보인다. 이 때문에 특보에 대해 "적절한 자리가 마땅치 않은 측근들에게 자리 나눠주기"라는 비판도 있다.

그러나 이정우 정책특보는 다소 예외다. 정책기획위원장으로 대통령자문 위원회를 모두 총괄하고 있으며 사무실은 청와대 바깥에 있지만 내부 참모회의인 수석·보좌관 회의에 꼭 참석할 정도로 그에 대한 노 대통령의 기대가 큰 편이다. 특보 자격으로의 중용이 아니라 겸직인 정책기획위원장으로서 역할이 큰 것이다. 　　　　　　　　　2005. 6. 6

노동비서관 인사 왜 늦어지나

청와대 비서실에는 차관급 정무직인 수석·보좌관급 참모 외에도 50명 가량의 비서관이 있다. 이들은 적게는 몇 명, 많게는 수십명의 행정관을 데리고 소관 분야에서 대통령을 보좌한다. 자기가 맡은 업무 영역에서는 스스로가 대통령 입장이라고 생각하면서 일을 처리해 나가야 한다. 이런 역량이 시원찮을 때 '아마추어'니 '능력 부족'이니 하는 비판을 듣는다.

비서관들은 직제상 해당 분야의 수석(수석비서관) 아래, 더 넓게 보면 비서실장과 정책실장 아래에 있다. 그러나 다른 정부 기관과 다른 점이 있다. 청와대 비서관은 대통령의 비서이지, 수석이나 실장의 비서가 아니다. 일선 부처의 장·차관과 그 아래 실·국장의 관계와 다른 점이다.

당연히 청와대 비서관은 궁극적으로 대통령이 인선한다. 현 정부 들어 인사 시스템이라며 추천과 검증이니, 인사회의니 하는 일련의 인사 과정을 내세워왔지만 비서관 인사에는 이런 과정이 없다. 내부의 논의를 거쳐 노무현 대통령이 임명할 뿐이다. "내가 직접 데리고 일할 비서는 내가 정한다"는 논리에서다.

상급자인 수석이나 보좌관이라 해도 비서관에 대한 인사는 조심스러울 수밖에 없다. 대통령이 적극적으로 "누가 좋겠느냐" 또는 "누구와 함께 일하겠는가"라고 묻지 않는 한 의견을 내기가 어려울 수밖에 없다. 인사 요인이 발생할 때 대통령과 코드가 공유되는 인사를 천거할 수 있는 정도만 돼도 힘있는 수석이다.

청와대가 10월 초에 사의를 표명한 권재철 노동비서관의 사표를 그 당시 바로 수리키로 했다고 발표하고도 두 달째 후임자를 정하지 못한 데는 기본적으로 이런 인사 구도가 작용하고 있다. 교육, 경제정책, 민정, 노동, 치안 등등 분야가 뚜렷한 대통령 비서관의 인사가 간단하지는 않겠지만, 두 달간 후임자를 임명하지 못한 것은 이례적이다. 퇴직할 참모가 장기간 자리를 지켜온 형국이다.

이처럼 예고된 인사가 지연된 데는 이유가 있다. 노동비서관의 담당 업무를 각종 파업과 노사간 충돌 등 노사관계의 일상 현안 대응보다 일자리 창출, 고용 안정, 선진 노사문화 형성 등 노동 관련 중·장기 과제 담당으로 바꾸는 방안이 검토돼 왔기 때문이다. 각종 파업과 노사간 충돌 등 '뜨끈뜨끈한' 현안을 챙기고 해법을 모색하는 단기 과제는 총리실로 사실상 넘어간 단계다. 청와대 관계자는 "노동비서관의 주된 임무와 역할 조정에 대한 논의가 꽤 오랫동안 진행돼 왔다. 이 논의가 길어지면서 노동비서관 인선이 늦춰졌다"고 설명했다.

청와대는 노동비서관의 업무를 확장하되, 국회에 맞출 것인가, 총리실처럼 맞출 것인가와 같은 실무적인 문제에도 많은 고민을 해왔다. 국회에는 노동 문제를 환경과 묶은 상임위가 '환경노동위원회'로 돼 있다. 총리실에는 노동 문제가 여성 문제와 묶여 노동여성심의관실이 있다. 당연히 국회 환노위는 환경부와 노동부에 대한 정책을 들여다보고 관련 입법활동과 함께 국정감사 등을 벌인다. 총리실 노동여성심의관실은 노동부와 여성부 업무를 챙긴다.

청와대는 노동 현안보다 정책에 더욱 비중을 두는 문제를 검토해 왔으나 장기간 명확한 결론을 내지 못했다. 파업 등 노사쟁의를 청와대가 하나하나 챙기는 것에 대한 부담에서 좀 벗어난 채 장기발전 전략을 모색하자는 취지지만 고용 문제, 직업안전망 정비, 지속적인 일자리 창출 등 중·장기적인 접근이 필요한 큰 주제를 맡게 되면 비서실 내 다수 비서관들의 업무도 다소간 조정될 수 있다.

노동 문제는 직접 당사자인 이원덕 사회정책수석은 물론 그 위에 있는 김병준 정책실장, 이병완 비서실장에게도 골치 아픈 과제다. 노동·인권 변호사 출신임을 자부해 온 노대통령이 가장 관심을 갖는 부문 가운데 하나이면서도 자신이 성과를 내지 못한 분야 중 대표적인 사안으로 보고 있기 때문이기도 하다.

노대통령은 지난 7월 7일 중앙언론사 편집국장·보도국장과 오찬으로 이어지는 긴 간담회를 가지면서 노사 문제와 관련해 의미 있는 말을 한 적이 있다. "노사정 문제에 관해서는 제가 뼈아픈 것이 있다. 노사정 대타협이라는, 이른바 유럽식의 어떤 질서, 그걸 한번 만들어본다는 것이었는데, 좀 과욕이었던 것 같다. 아직까지 대화의 길을 찾지 못했다. 솔직히 고백해서 성공하지 못한 정책이다. 큰소리만 해놓고 이루지 못한 정책으로 아쉽게 생각하고 있다." 노대통령이 스스로 해온 일 중 잘못했다고 시인한 분야는 거의 없었던 터여서 주목이 됐다. 이런 생각과 맞물려 민주노총이 지도부 구성에 난항을 겪는 등 외부적인 고려 요인까지 발생하자 노동비서관 인선이 늦어진 것이다.

노동비서관의 업무 변화는 내년 초에 나올 노대통령의 장기 구상과도 무관하지 않아 보인다. 청와대는 이해찬 총리에게 대 국회관계 등 정무 기능과 통상적인 국정을 완전히 넘긴다는 방침이다. 대신 노대통령은 '장기 국정과제와 정치'에 몰두하겠다는 생각이다. 2005. 12. 12

정무관계수석회의 속사정

청와대에는 내부 회의가 많다. 노무현 대통령이 주재하는 공식·비공식 회의 외에 참모들만의 회의도 많다. 각종 위원회에다 '시스템이 가장 실세'라는 정부의 국정운영 논리를 보면 자연스러운 일 같다.

가장 격이 높은 회의는 매주 월요일 오전에 열리는 수석·보좌관 회의로 노대통령이 주재하는 회의기도 하다. 이 밖에 주로 목요일에 열리는 인사추천회의와 매일 아침 8시쯤 당일의 주요 이슈를 점검하는 일일 현안점검회의도 중요하다. 이 두 가지 회의는 김우식 비서실장 주재로 진행된다.

이 회의들 사이사이에 정무관계수석회의가 있다. 역시 김우식 실장이 주재하는 회의다. 이름은 거창하지만 참석자는 비교적 단출하다. 김 비서실장 외에 김병준 정책실장, 이강철 시민사회수석, 문재인 민정수석, 조기숙 홍보수석 등이 정규 멤버다. 김비서실장은 비서실의 총괄 책임자로서, 김병준 정책실장은 정무수석이 없는 청와대의 대국회 공식창구로서 참석한다. 이수석은 각종 시민단체와 연결이 주 업무인데다 오랜 정치활동 때문에 포함된다. 문수석 역시 민정업무의 특성상 빠질 수 없는 자리이기도 하지만 노대통령과 심리적 거리나 청와대 내 비중을 감안할 때 당연히 포함된다는 지적이다. 조수석은 지난해 정무수

석이 없어질 때 홍보수석이 공식적으로 정무수석직을 겸하는 것으로
돼 있어 참석이 자연스럽다.

정무관계수석회의 실무는 윤후덕 기획조정비서관이 담당한다. 윤비
서관은 당초 업무조정비서관이란 직책으로 김비서실장이 관여하는 각종
회의를 사전 준비하는 등 비서실장 업무를 총괄 지원해 왔다. 비서실장
의 '종합보좌' 역할을 해온 셈이다. 그러다가 지난 7월 비서실의 부분적
인 직제 조정과 인사에서 직책 이름이 바뀌었다. 윤비서관이 이 회의의
배석자이지만 회의 안건에 따라 배석하는 비서관이 달라지기도 한다.

그 동안 정무관계수석회의는 부정기적이었다. 그러다가 근래 들어 매
주 목요일로 정례화한다는 방침이 섰다. 다만 정치 현안을 그때그때 따라
가다 보니 회의 시점을 정기적으로 못박기 어려워 수시로 열린다. 대연정
과 불법 도감청 X파일 파문 등 정치 · 정무적 사안이 늘어나는 것과 궤를
같이 한다. 실제로 8월 들어서는 회의가 더욱 수시로 열려 주목된다. 노
대통령이 정치 현안으로 직접 더 다가설수록 이 회의는 더 자주, 밀도 있
게 열릴 것이다. 유인태 전 수석이 물러나면서 정무수석 자리가 폐지됐
고, 그에 따른 업무적 공백을 메우기 위해서는 정무와 관련 있는 고위급
참모들이 머리를 맞댈 필요가 있다는 게 청와대의 판단이다.

정무관계수석회의는 8월 들어 첫주에만 두 차례나 열렸다. 노대통령
은 물론, 다수 참모들이 휴가기간일 때다. 8월 5일 국정원의 X파일 관
련 조사 결과 및 2003년 3월까지 도청 진행 발표 당일에도 열렸다. 이
때는 회의 결과를 문재인 민정수석이 발표했다. 자세히 들여다보면 휴
가 중인 노대통령을 대신해 진상규명에 대한 청와대의 의지와 입장을
밝히기 정무관계수석회의라는 형식을 밟은 것이었다. 당시 문수석은
회의 결과로 차분히 정제, 정리된 청와대의 입장을 문건으로 준비해 와
서 발표했고 기자들의 질문도 일일이 받았다. 국정원의 발표가 워낙 메

가톤급이어서 문수석은 휴가 중임에도 회의에 나왔다고 한다.

이보다 이틀 전, 8월 3일에도 회의가 열렸다. X파일에 대한 청와대의 입장이 처음으로 공식 발표된 것이 이 회의를 거쳐서였다. 휴가 중인 김만수 대변인을 대리해 최인호 부대변인이 발표한 이날 회의 결과는 △노대통령과 청와대가 별도의 테이프 내용 파악을 원치 않으며 △도청 실체의 철저한 규명 △법적 절차와 근거(특별법)에 따른 내용 공개 △특검도입 반대 등, X파일과 관련된 청와대의 입장이 이때 모두 정해졌다. 이후 노대통령 간담회도 결국 이 수준 내에서였다.

멤버가 '소수 정예'이다 보니 회의 개최는 당사자와 회의를 준비하는 실무자 등 소수만 알게 된다. 청와대의 특정한 입장을 대외적으로 밝힐 필요가 있을 때 회의개최 사실을 알려준다고 하는 게 맞다. 논의된 회의 내용도 당연히 청와대에서 필요한 부분만 정리해 내놓는다. 3일 회의 때 최부대변인도 사전사후 일을 전혀 모른 채 오후 2시가 되서야 회의개최 사실과 내용을 통보받았고, 그대로 발표했을 뿐이다.

정무관계수석회의가 열리고 관련 고위급 참모들이 머리를 맞대더라도 노대통령의 정치적 감각이나 포석을 충분히 따라가지 못하는 듯하다. 노대통령은 휴가 직전인 7월 29일과 휴가에서 정상근무로 복귀한 당일인 8월 8일 잇달아 기자간담회를 가지면서 특유의 정공 화법으로 상황을 몰아갔다. "나는 정면으로 부딪히고 진실에 맞서 정면 돌파해 나가는 것, 그 다음에 내 자신을 버리는 것, 그 두 개 이상 어떤 수단도 갖고 있지 않고 써본 일도 없다"면서 정치현실, 정무적 판단거리를 간담회 중간중간에 쉽게 녹여서 설명해 나갔다. 노대통령은 여름휴가 때 X파일에 대한 대응과 처리에 주력했을 것으로 보인다. 결론은 정면 돌파였다.

2005. 8. 22

달라진 정책기획위 위상

대통령 자문기구인 정책기획위원회의 연원은 노태우 정권 당시인 1989년으로 거슬러 올라간다. 초대 위원장은 부총리를 지낸 나웅배씨다. 1989년 6월 1일 대통령령에 따라 출범한 21세기위원회가 전신이다. 당시 설립 취지는 "중장기 국가발전 목표를 설정, 대통령에게 건의 및 자문한다"는 것이었다.

정책기획위원회란 이름은 지난 1995년 6월 생겼다. 4대 위원장을 맡은 서진영(고려대 교수)씨 때인데, 이름을 바꾸면서 정책연구 및 정책평가에 대한 사항까지 대통령에게 건의할 수 있도록 기능이 확대됐다. 국가의 중장기 발전전략과 목표라는 거대 담론에서 정책을 연구하고 평가하는 기관으로 위상이 강화된 셈이다. 이후 DJ 정부 들어 최장집(고려대 교수), 김태동(금융통화위원), 한상진(서울대 교수)씨 등 세 사람이 차례로 이 위원회를 이끌었다. 현 정부 들어서는 대통령직 인수위원을 지낸 이종오(계명대 교수)씨가 2003년 5월부터 그해 말까지 맡았다.

정책기획위원회가 본격적으로 주목을 끈 것은 노무현 대통령의 최대 정책이론가인 이정우 전 위원장(경북대 교수)이 맡으면서부터였다. 초대 청와대 정책실장을 역임한 그가 정책기획위원장이 되면서 언론과 행정 각 부처에서는 정책기획위에 많은 관심을 가지게 됐다. 위원회 활동도 활발했다. 2003년 말 당시 박봉흠 기획예산처장관에게 정책실장 자리를 넘긴 이 전 위원장은 대통령의 정책특보라는 명함과 함께 이 자리를 맡으면서 위원회에는 적지 않은 힘이 실렸고 그만큼 세간의 주목도 끌었다.

정부혁신지방분권위, 군가균형발전위, 고령화미래사회위, 동북아중심위, 사람입국신경쟁력특위 등 10여 개 위원회가 국정과제위원회란 명칭 아래 정책기획위라는 큰 우산 밑으로 들어가면서 이 전 위원장의 지휘 하에 움직이게 됐고, 대통령의 비서인 국정과제비서관까지 배치되면서 자연히 비중이 커진 것이다. 정책실과 업무가 공식 연계됐고 부동산대책 등 큼직큼직한 정책 각론에도 손을 댔다.

그러나 새로운 시스템에 대한 세간의 눈길이 우호적이지만은 않았다. 노대통령의 취임 1년, 2년, 절반 등을 맞은 언론의 특집기사를 보면 종종 정책기획위와 산하 국정과제위 활동을 싸잡아 '위원회 정부'라는 유형의 비판을 가했다. '집행부서가 뒷전으로 밀린다'거나 '자문위원회가 본래 기능 이상으로 (월권)한다'는 등의 내용이 논거로 제시됐다.

이렇게 된 데는 몇몇 이유가 있지만 정책에서 노대통령과 가장 가까운 거리에 있으면서 종종 '분배론자'라는 공격을 받아온 이 전 위원장의 캐릭터가 한 몫한 듯하다. 그는 개인적으로 만나보면 늘상 "나는 분배론자가 아니다. 성장과 분배는 함께 추구해야 할 가치다"며 분배론자라는 비난성 규정에 못마땅해했지만 나중에는 "그러려니…" 하면서 적어도 외형적으로는 담담하게 받아들이는 모습을 보였다. 자문기구의 위원장이었지만 정책특보라는 직함으로 대통령 주재의 수석·보좌관 회의에서는 늘 비서실장과 나란히 자리를 잡았고, 국무회의와 같은 자리에도 배석자로 들어가면서 과도하게 관심을 받은 측면이 있다. 물론 행담도개발 의혹 사건 때처럼 동북아시대위가 일처리를 잘못해 함께 비판받기도 했다.

지난 8월 이 전 위원장이 물러나고 송하중 경희대 교수가 그 자리를 넘겨받으며 정책기획위는 눈에 띄게 뒤로 밀려나는 분위기다. 언론은 물론 청와대 내에서도 관심이 줄었다. 단순히 '임기 후반기엔 새 정책의 기획보다 뿌려둔 것을 하나씩 거둘 때'라는 현실론만으로 비중의 급감 속도를 설명하기가 어려워보인다. 이 전 위원장의 비중이 그만큼 컸다는 얘기다. 그런 정책기획위가 최근 재정비됐다. 지난 10월 6일 노대통령은 총 95명의 위원 중 새로 바뀐 39명에게 위촉장을 줬다. 이 중 29명이 교수 또는 연구원이다. 신규 위원들은 우리 사회의 중진급이나 석학 반열이라기보다는 덜 알려진 교수들이 많은 편이다.

노대통령은 이날 위원 전체를 청와대로 초청, 만찬도 냈다. 이 자리에서 "2~3년 하면 우려먹을 만큼 한 것이고 사람을 바꾸면 새로운 것이 추가된다고 해서 (바꿨는데) 기존에 쌓아올린 축적된 문화와 업적은 지속적으로 발전시켜 나가는 토대가 있으니, 그것은 전체를 다 바꾸지 말라는 것"이라고 언급했다. 일을 새로이 벌이지 말고 로드맵 등 그간의 정책이 잘 진행되는지 살펴달라는 의미 같다. 향후 역할과 위상을 짐작할 수 있는 언급이다. 다만 5일 뒤인 10월 11일 교육혁신위 신규 위원 22명에게 임명장을 주면서는 "참여정부는 위원회를 다양하게 활용한 정부라는 말이 나중에 나올 수 있을 것"이라며 "학계의견, 시민사회의 실무 경험, 현장 경험을 두루 반영할 수 있게 구성된 것이 위원회이니, 매우 중요하다"고 밝혀 기대감을 나타냈다.

한편 청와대는 10월 10일자 〈청와대브리핑〉을 통해 이 전 위원장이 일부 언론으로부터 부당한 공격을 받았다며 '이정우와 진실게임' 이란 해명 글을 재차 실어 주목을 끌었다. 2005. 10. 26

네번째 홍보수석에 쏠린 눈

지난 2월 16일 김만수 청와대 대변인은 이백만 국정홍보처 차장의 홍보수석 내정 사실을 발표한 뒤 기자들에게 "이번 인사는 대통령이 직접 발탁한 것"이라고 은근히 강조했다. 실제로 이날 이병완 비서실장 주재의 청와대 인사추천회의에서도 이수석은 단수후보로 올라 검증받았다. 다소 이례적인 일이다.

김대변인은 왜 대통령의 인사라고 강조했을까. 여기엔 약간의 사연이 있다. 조기숙 전임 홍보수석이 퇴진 사실을 기자들에게 알려주면서 공식화할 때까지 보도자제(엠바고)를 요청한 것이 2005년 말. 그 이후 대변인과 부속실장을 지낸 최측근 참모 윤태영 연설기획비서관이 유력한 후임자라는 전망이 나왔다. 그러나 한참 뒤 '이백만 카드'가 떠올랐고, 나중에는 제3의 인물을 모색 중이라는 설도 들렸다.

몇 차례의 진통을 거친 뒤 결국 이수석으로 낙점됐는데, 일부 기자들 사이에서 "386참모들이 비서실장의 힘을 뛰어넘지 못한 것"이라는 평가가 나돌았다. 윤비서관이 386참모 중에서는 대표주자 격이지만 이병완 비서실장과 오랜 관계가 있는 이수석에게로 돌아간 이유가 이실장의 '힘' 때문 아니겠냐는 분석이었다. 이실장과 이수석은 동향에 같은 언론사에서 나란히 근무한 경력이 있다. 실제로 중견 언론인이었던 이

수석이 국정홍보처 차장으로 변신하는 데 크게 기여한 사람이 이실장이라는 얘기가 있다.

홍보수석 자리를 놓고 이러쿵저러쿵 뒷말이 있자 '대통령의 낙점'이라고 미리 선을 그은 셈이었다. 이수석은 노대통령과 별다른 인연이 없었지만 홍보처 차장이 된 뒤 상당히 적극적으로 '코드'를 맞춰왔다. 특히 인터넷에서 분석이나 해명, 반박 칼럼으로 답답한 노대통령의 속을 편하게 해줬다.

그는 야당과 다수 언론, 시민단체 등으로부터 비판받는 처지의 노대통령 의중을 꿰뚫었다. 변형된 이념 싸움인 양극화 논쟁이나 성장·분배의 논란에서 그가 노대통령이 하고 싶은 말을 한 주요 창구는 국정홍보처가 운영하는 인터넷 사이트인 '국정브리핑'이었다. 〈정책, 아하! 그렇군요〉라는 기획연재 코너를 신설한 그에 대해 과천 모 경제 부처의 1급 공무원은 "쏙 와닿도록 쉽게 논리를 전개하면서 공무원들은 쉽게 쓰기 어려운 글을 잘 썼다"고 평가하면서 "늘 인터넷을 드나드는 대통령 입장에서 보면 오죽하겠나"라고 촌평했다. 기자 특유의 글발과 핵심을 연결하는 논리로 색깔논쟁에서 총대를 멘 데다 신문, 인터넷매체, 방송에 걸쳐 경제기자로서 전문성을 닦아온 경력과 인맥이 청와대가 보기에 매력포인트가 된 듯하다.

임명장을 받은 이수석은 춘추관 기자실에 인사차 방문했다. 전임 조기숙 수석에 대한 일선 기자들의 평가를 나름대로 의식한 듯 그는 첫 인사말로 "기자들을 자주 만나고 싶다"며 언론과 스킨십 확대를 가장 먼저 약속했다. 또 "있는 그대로 홍보하고 청와대에서 일어난 일, 대통령의 정책 철학이나 구상을 가감없이 진실하게 알려드리겠다"는 입장도 밝혔다. 그러면서도 "노무현 대통령이 국가 리모델링 등 큰 공사를 하고 있다. 그 효과가 퇴임 후에 나타날 줄 알았는데, 이미 지난해 말부

터 경제 부문과 지역균형발전 등에서 성과가 나타나고 있다”며 인사권
자와 코드를 맞추는 일도 잊지 않았고 “노대통령이 실제 이상으로 디스
카운트(평가절하)돼 100 정도의 성과가 70, 80 수준으로, 또 50 이하로
평가받고 있다. ‘노무현 프리미엄’이 되도록 적극 홍보업무를 하겠다”
고 포부를 밝혔다.

상견례 격의 이날 간담회에서는 다소 민감한 질문도 나왔으나 정제
된 대답을 내놨다. “전임자인 조수석 등 그간 청와대 홍보팀의 역할을
평가해 보라”는 기자의 질의에 그는 “그 질문이 무슨 의미인지 알겠다”
고 운을 뗐다. 그러면서 “열심히 일했는데 진정성이 제대로 전달되지
않아 안타깝다. 전임 수석 3명이 있었는데, 저도 그 상황에서 그렇게 했
을 것이다”고 말했다. 전임자에 대한 평가로 화제가 될 만한 언급을 유
도했지만 요령 좋게 피해간 것이다.

홍보수석과 정무수석을 겸직한 조수석은 일부 언론은 물론 야당과,
나중에는 여당 내부의 공격에 맞서 고전분투하면서 만 1년을 채웠다.
후반기에는 청와대 출입기자들과도 접촉을 최소화한 채 춘추관의 여기
자 정도와 주로 소통해 온 그는 튀는 어법과 논리로 인해 비판의 화살
도 적잖게 맞았다. 그러나 수석직에서 물러나면서까지도 강단 있게 자
신의 논리를 굽히지 않았는데, 청와대 인근의 한 식당에서 가진 기자들
과 이별 만찬에서는 결국 눈물을 보였다.

현직 방송기자에서 참여정부의 첫 홍보사령탑이 됐던 초기 이해성
수석(조폐공사 사장)에 이어 노대통령의 공신 격이었던 2대 이병완 수석
(비서실장), 현직교수에서 변신했던 세번째 조수석에 이어 다시 신문기
자 출신이 홍보수석이 됐다. 그는 임명일성처럼 언론과 싸우지 않고 노
대통령의 남은 임기를 함께 할 수 있을까.   2006. 3. 6

인사, 험난해도 마이웨이

노무현 대통령이 2006년 벽두, 어려운 길을 택했다. 무난한 길보다 '마이 웨이'로 가겠다는 것 같다. 적어도 정치의 영역, 인사 부문에서는 그렇다. 여권 내부의 반발까지 억누르며 '유시민 장관 만들기'에 나선 과정이 특히 그렇다.

연초의 개각은 연말부터 예고된 것이었다. 뒤돌아보면 유시민 장관 만들기는 꽤 정교한 과정을 거쳤다. 처음 그가 복지부장관을 맡을 것이라는 설(說)이 나왔을 때만 해도 여권 내부에서조차 큰 비중을 두는 분위기는 아니었다. "유의원을 좋아하는 노대통령 입장에서 그럴 수도 있겠다" 하는 정도의 평가가 나왔다. 그렇게 화젯거리로 부각된 것에서 '가능성' 수준으로 비중이 올라가더니 연말에는 이해찬 총리가 나서 그렇게 되도록 각료 제청권 행사를 하겠다고 시사했다. 이윽고 청와대도 부인하지 않음으로써 서서히 기정사실로 만들어갔다.

이런저런 이야기들이 나오기 전에 노대통령이 주변에 알리지 않고 유의원과 조용히 청와대에서 만찬을 나누었다고 한다. 연초의 발표가 나기 훨씬 전에 이미 낙점해 둔 셈이다. 3년간 NSC를 맡아온 이종석 통일부장관 내정자가 정동영 장관의 뒤를 잇는 것도 유시민 장관 기용처럼 비교적 일찍 가닥이 잡혔던 것으로 보인다. 다만 여당과 언론의 관심사가 유의원 쪽으로 쏠리면서 그는 상당히 수월하게 넘어간 측면이 있다.

이례적으로 비쳐졌지만 황우석 박사 파동이 있었고 김근태 · 정동영 장관이 열린우리당으로 돌아가기로 함에 따라 김우식, 유시민, 이종석 씨 등의 기용은 2005년 연말에 어느 정도 언론에 보도된 것이었다. 이들을 포함한 개각 규모와 시기가 춘추관 기자들과 여당의 관심사였다.

이런 상황에서 1월 1일 이병완 비서실장이 새해 첫 날이라고 삼청동 비서실장 공관을 기자들에게 열었다. 떡국 한 그릇 내놓고 인사를 나누는 자리였다. 노대통령의 첫 비서실장이었던 문희상 의원이 2003년 1월 1일 공관을 개방한 적 있으나 2004년 첫 날은 김우식 전 비서실장이 문을 열지 않아 2년 만에 기자들이 공관을 찾은 셈이었다. 이때 주요 관심사 중 하나가 개각 문제였다. 이실장은 "아직 준비된 바 없이 연말 상황 그대로이고, 2일 출근하면 (인사 작업) 일이 진행될 것"이라고 분명하게 말했다. 그러나 2일 전격적으로 4+1(보건복지부)개 부처의 장관 발표가 있었다. 그나마 일부 신문에만 기자들의 관심사였던 인사 시점과 내용이 정확하게 미리 나왔다. '물을 먹은' 기자들은 뒷통수를 맞았다며 열을 내기도 했다. 김만수 청와대 대변인조차 2일 이른 아침 인사보도 내용을 확인하는 기자들에게 "무슨 소리냐. 사실이 아닐 것"이라고 응답했다. 대변인도 몰랐다는 얘기다. 이 대목에 대해 청와대는 뒤에 "1일 밤 10시쯤 노대통령이 (이병완 실장에게) 내일 인사발표 준비를 하라"고 지시가 급히 내려졌다고 해명했으나 이 해명도 석연치 않다.

1월 17일쯤으로 예고했던 신년 기자회견 직전에 장관 인사가 있을 것처럼 뉘앙스를 풍겼던 청와대는 유의원을 등용시키는 문제로 집중포화를 맞았다. 2일 "유의원을 장관으로 기용하고 싶다는 게 대통령의 뜻"(김완기 인사수석)이라던 입장은 3일 "(장관 기용) 가능성은 반반이니 예단을 갖지 말아 달라"(김만수 대변인)며 오락가락하더니 4일 전격 발표했고, "예의를 갖춰 여당의 의견을 수렴하겠다"(김수석)며 5일 열린우리당 지도부와 만찬 계획을 발표했다가, 그에 앞서 발표하는 바람에 결국 여당 지도부가 청와대 만찬을 거부하는 유례없는 상황이 벌어졌다.

1월 2일 개각은 정확히 1년 전 교육부총리 임명 수일 만에 불명예 중도낙마한 '이기준 인사파동'과 닮은 꼴이다. 당시 별 문제 없어보였던 안병영 장관 대신에 여러 가지 하자가 불거진 이기준씨를 기용했다가 결국 노대통령이 사과하고 정찬용 인사, 박정규 민정수석이 사퇴하면서 어렵게 일단락됐었다. 이번에는 유의원을 고집하면서 노대통령이 심각한 수준의 비판을 안팎으로부터 받았다.

이번 개각에는 또 다른 의미 있는 시사점이 있다. 유의원 문제에 가려진 측면이 있지만 정세균 열린우리당 대표가 산업자원부에 기용된 것이다. 여당의 현직 당대표가 총리도, 부총리도 아닌 한 부처의 장관으로 '대통령 아래 참모로' 들어간 사실이다. 과거에는 몰라도 참여정부가 '당정 분리'를 국정운영의 주요 원칙으로 내걸고 성과로 내세웠던 것을 감안하면 맞지 않는 인사라는 게 중론이다. 당정 분리는 과연 구호대로 잘 실현될 것인가.

복지부장관은 사회부처 팀장, 통일부는 외교안보 부처 팀장 등 팀장 장관 운용방식도 관심사다. 국무회의가 있는 날 종종 노대통령은 이총리와 오찬을 하면서 김근태, 정동영 장관 등을 팀장 자격으로 부르기도 했는데, 앞으로 유시민, 이종석 장관이 팀장을 승계할 것인가. 둘 다 40대 장관인 이들이 팀장을 맡기에는 다소 역부족이라는 전망이 나올 만하고, 그렇다고 팀장을 바꾸거나 없앤다면 정부의 시스템에 문제제기가 있을 것 같다.

2006. 1. 16

강화된 인사검증, 빛과 그늘

현 정부는 고위공직자에 대한 인사검증이 크게 강화됐다고 기회가 있을 때마다 내세웠다. 특히 청와대는 잘한 것이라고 자랑 삼아 이 점을 강조한다. 음주운전자가 검사장 승진에서 탈락됐다고 하고, 아들을 해외로 이주시킨 어떤 교수는 대통령 직속의 자문위원장 후보에 올랐다가 배제됐다는 식이다. 이런 것들이 청와대 민정수석실, 특히 공직기강비서관실의 주요 업무인 인사검증에 따른 결과이며, 이런 요인들이 최종 인선에 결정적으로 작용했다는 것이다.

그간 청와대는 장·차관과 청장 등 정무직에 대한 인사검증을 강화해 왔다. 그러나 2006년 들어 검사장급 이상의 검찰간부 인사에서도 처음으로 청와대가 인사검증을 했다. 정상명 검찰총장 체제 하에서의 첫 검사장 인사였는데, 청와대가 검찰간부에까지 인사검증을 나선 데는 투명하고 깨끗한 인사라는 표면상의 이유 외에 다른 배경이 있어 보인다. 검찰간부 인사를 놓고 검찰내부(총장)—법무부(천정배 장관)—청와대(비서실) 간의 의견이 엇갈려 인사가 한참 표류하면서 세간의 관심을 모았는데, 핵심은 노무현 대통령과 사시 동기이자 같은 경남 출신인 이종백 부산고검장의 보직처리 문제였다.

이 과정에서 청와대는 검찰에 대해서도 청와대 민정수석실의 공직기

강팀이 직접 나서 검증을 해야겠다는 방침을 세웠고, 실제 그렇게 했다. 김만수 대변인이나 김완기 인사수석은 검사장급에 대한 청와대의 인사검증이 처음이지만 앞으로 계속 그렇게 하겠다고 말하기도 했다.

검찰뿐 아니다. 청와대는 경무관급 이상의 경찰, 장성(별)급 군인, 보직 국장 이상의 국가정보원 직원에 대해서도 인사검증에 적극 나선다는 방침을 확실히 정했다. 2005년 6월 공직기강비서관실이 처음 안을 준비한 이후 검·경·군 및 국정원 등 '특정직' 공무원들에 대해서 인사검증이란 이름 아래 청와대가 적극 관여하겠다는 것이다. 2005년 10월 군 인사에서 처음으로 준장에 대해, 2005년 12월 국정원 인사에서는 그간 1급 승진자에서 2급(국장) 승진자까지로 청와대의 인사검증 대상이 확대됐고 뒤이어 검찰로도 확대됐다.

"(청와대가 검증에 나서는 바람에) 유력한 후보가 탈락했다"는 청와대의 발표는 이 과정에서 나왔다. 먼저 2월 1일 검사장급 이상 인사에서 후보자들에 대한 정밀조사를 벌였고, 재산형성 과정과 준법성을 주로 봤는데, 검찰간부 2명이 검사장 승진을 앞두고 재산 문제 및 음주운전 경력이 각각 드러나 탈락했다는 설명이었다.

청와대의 인사검증 자체는 문제될 게 없다. 투명하고 하자없는 인물, 준법성이 강한 공직자를 요직에 앉히겠다는 방침 자체가 시비걸 만한 사안이 아니다. 그러나 나름대로 전문 분야라고 생각하는 특정직에 청와대의 인사 개입이 과도해지는 것 아니냐는 우려가 나올 수 있다. 그러지 않아도 청와대는 검찰과 경찰, 국정원 등에 대해 '불간섭, 홀로 세우기'를 강조해 왔는데, 자칫 인사검증을 무기로 손에 움켜쥐기에 들어선 것 아니냐는 의혹의 눈길이 일 수 있다. 검찰간부 두 명이 음주 등으로 탈락됐다고 은근히 강조한 것도 "그것 봐라. 우리가 검증에 나서니 이런 것도 찾아내고 결국 인사에 반영하는 것 아니냐"며 과도한 인사

개입에 대한 시비를 사전에 차단하려는 의도라는 지적이 있다.

한참 지연된 검찰인사를 놓고 '코드인사', 청와대-법무장관 갈등설 등이 나오자 〈청와대브리핑〉을 통해 이색적인 글이 하나 나왔다.

"음주운전 등 불법행위는 예외없이 인사에서 배제가 되고, 특정직에서만 이런 검증 작업으로 10여 명이 탈락했다. 2006년 1월까지 190여 명이 크고 작은 하자로 인사상 불이익을 받았다"는 내용이었다. 유형도 소개됐다. 장남과 차남을 해외로 보내 병역을 회피한 교수, 두 차례 음주운전과 세 차례 감사처분으로 차관 승진을 못한 1급 공무원, 위장전입 부동산 거래를 한 변호사의 요직 기용 배제, 공기업 간부가 소득세 탈루로 이사 승진에서 배제됐다는 내용 등이었다. 그러면서 인사검증이 얼마나 정밀하게 실시되는지 자세히 소개했다.

의미 있는 조치이기도 했지만 비판 여론도 일부 형성됐다. "그렇게 정밀하게 인사검증이 잘 됐다면 유시민 복지부장관 내정자의 국민연금 탈루나 김우식 과기부총리 내정자의 부동산투기 의혹은 무엇이냐. 2000년 이후 5년간 78차례의 교통법규 위반에 자녀들이 억대의 거액예금을 보유한 정세균 산자부장관 내정자도 검증한 것이냐"는 것이 요지였다.

이 지적에 대해 청와대의 핵심 관계자는 "국민연금 부분은 미처 못봤다"며 "어쨌든 점차 좋아지고 있는 것 아니냐"고 다소 궁색한 답변을 했다. 인사라는 게 늘 코에 걸면 코걸이요 귀에 걸면 귀걸이라는 비판을 받기 십상이다. 강화된 인사검증의 잣대가 객관적인지, 청와대 입맛에 맞추기인지도 의문이지만 검증이니 청문회니 하는 일로 쓸 만한 인물들을 아예 공직으로 끌어들이지 못하는 것 아니냐는 비판에 귀를 기울여야 할 것이다.

2006. 2. 20

줄잇는 전직 참모들의 반란

노무현 대통령이 남은 임기 중 2대 주력과제라고 선언한 한미 자유무역 협정(FTA) 추진에 대한 정태인 전 청와대 비서관의 반발이 만만찮다. 작정하고 나선 모습이다. 청와대 참모들도 "독기가 느껴진다"고 표현할 정도다. 청와대 비서진들은 "대꾸할 내용이 아니다. 원래 자기 주장이 강한 편이다"라며 정면 대응을 피하고 있지만 전직 비서관이 대통령에게 정면 반발하는 것을 보면서 "불쾌하고, 딱한 일"이라는 분위기다. 그러면서 "그는 한미 FTA의 업무진행을 알 만한 위치에 있지 않았다"는 점을 강조했다.

정 전 비서관은 3월 말부터 4월 초반까지 인터넷 매체인 레디앙와 오마이뉴스, CBS라디오 등을 통해 한미 FTA에 대해 격한 표현으로 비판했다. 단지 FTA 사안뿐 아니라 노대통령 주변의 386참모, 재경부, 삼성 등까지 맹비난하고 나섰다. 그러다가 노대통령과 청와대에 대한 공개적인 '사과문'을 인터넷에 기고하기도 했다. "진의가 잘못 전달됐고 대통령과 청와대, 관계 부처에 사과한다. 나를 자책한다"는 내용이었다. 그러나 이 사과문을 낸 뒤에도 그의 FTA 반대 행보는 계속됐다.

노무현 의원 시절부터 경제자문을 했고 대통령직 인수위원까지 지낸 그가 왜 이처럼 강력히 한미 FTA를 성토하는 것일까. 청와대 핵심 관계자는 노대통령의 집권 3주년 기념일인 2006년 2월 25일 오찬장에서 있었던 일을 전했다. 당시 노대통령은 '비공식일정'으로 2002년 선거에 공로가 많았거나 취임 후 도움을 많이 받은 측근들 몇몇을 불러 오찬을 나눴다. 이정우 전 정책기획위원장, 이창동 전 문광부장관, 배우 문성근씨, 측근 안희정씨 등이 초청됐다. 이 자리에 정 전 비서관도 있었다. 통상 청와대의 비공식일정이 그렇듯이 당초 이 모임은 외부에 알려지지 않았고 비서실은 "노대통령은 취임 3주년을 특별한 행사없이 조용히 보냈다"고 설명했다.

그런데 이 자리에서 일종의 격론이 벌어졌다고 한다. 특히 정 전 비서관은 한미 FTA가 급하게 추진된다고 주장하면서 부정적인 의견을 길게, 강하게 개진했다는 것이다. 그러나 노대통령이 그의 의견을 받아들이지 않자 그는 "앞으로도 이 문제를 계속 제기하겠다"는 취지로 자신의 의지를 밝혔다고 한다. 정비서관은 "저는 지금 백수다. 당장 할 일도 없고 앞으로 글을 써야 하는데, 나가서 이 문제를 쓸 수밖에 없다"는 식으로 말했다고 한 참석자가 전했다.

행담도개발 의혹 건으로 2005년 6월 불명예스럽게 비서관에서 중도 하차했던 점도 그가 한미 FTA에 대한 자기 소신을 펴는 데 걸림돌로 작용하고 있다. 행담도 건과 결부시키는 시각은 청와대 내부에도 있다.

참모들이 반기 들기는 그가 처음이 아니다. 3월에는 청와대 인사비서관 출신의 열린우리당 권선택 의원이 여당을 탈당, 여권에 파문을 던졌다. "우리당은 원칙과 상식이 통하지 않는다"며 열린우리당을 떠나 국민중심당으로 방향을 모색했던 그도 청와대 비서관에서 2004년 4월 총선에 출마해 국회에 진출한 인물이다.

그는 특히 인사비서관 시절 직무와 관련해 적잖은 실수가 있었으나 구제된 적도 있어 청와대에서 오래 근무한 참모들은 "사람, 참 알 수 없는 존재"라며 씁쓸한 반응을 보였다. 권의원은 2003년 말쯤 개각을 앞두고 기자들과 만나 "어느 장관의 업무 성적이 좋고 누구는 나쁘다"며 장관들의 성적표를 일부 누출시킨 일이 있다. 노대통령은 이 일로 장관 교체 명단이 마구 불거지자 대노해 "누출자를 찾아 반드시 형사처벌까지 받도록 하라"는 특명을 내렸다. 발설자가 드러나자 당시 권비서관의 직속 상관이던 정찬용 전 인사수석이 "직원관리 부실 차원에서 내가 책임지겠다"며 두 차례나 자신이 사의를 표명하면서 구명에 나서 노대통령의 격노를 푼 것으로 알려졌다. 그 후 반탄핵 바람으로 금배지를 단 이후 완전히 다른 길을 택한 것이다. 정무비서관 출신인 눈학진 의원도 2005년 10월 여당이 재선거에서 참패하자 청와대를 겨냥해 비난한 적이 있다.

시위농민 사망 사건으로 옷을 벗은 허준영 전 경찰청장도 청와대를 겨냥해 비난의 화살을 쏘았다. 자신이 청와대 압력으로 경찰청장에서 물러났고 부당하다는 취지였다. 그도 현 정부 들어 치안비서관에서 서울경찰청장, 경찰청장으로 승승장구했으나 퇴직한 뒤에는 언론과의 인터뷰를 통해 섭섭함 이상의 감정을 드러냈다.

권의원과 허 전 청장은 2003년 현 정부 출범 당시 50명에 달하는 청와대 비서관급의 진용을 짜면서 현직 공무원으로서는 유이(唯二)하게 비서관에 기용된 인사다. 당시 노대통령의 측근 참모들은 "변화의 바람을 위해 기존 공무원들은 배제하고 전원 외부 전문가로 비서관급 이상을 임명했지만 인사와 치안비서관은 어쩔수 없다"며 그들의 기용 배경을 설명했다.

참모들의 반란은 레임덕 현상인가. 신념파들의 자기 길 찾기인가. 후반기 청와대의 또 다른 고민거리다. **2006. 4. 24**

‘정치인 노무현’ 스타일

달변(達辯)인가, 다변(多辯)인가. 당선자 시절부터 노무현 대통령을 지켜봐온 청와대 담당기자들 사이에서 "대통령의 일정을 따라가다 보면 숨이 가쁘다"는 평가와 함께 이런 말이 심심찮게 나왔다. 재임기간 내내 노대통령이 쏟아낸 발언들은 뉴스를 넘어선 뉴스거리일 때가 많았다. 노대통령의 발언과 화법에 대한 평가는 "너무 튄다"거나 "지나치게 파격적"이라는 부정적 반응과 "일반 국민들이 쉽게 받아들일 수 있는 쉬운 표현들"이라는 긍정적 반응으로 엇갈린다.

노대통령, 왜 말을 많이 하나

달변(達辯)인가, 다변(多辯)인가. 당선자 시절부터 노무현 대통령을 지켜봐 온 청와대 담당기자들 사이에서 "대통령의 일정을 따라가다 보면 숨이 가쁘다"는 평가가 심심찮게 나왔다.

올 들어서도 '대통령의 말'은 화제였다. 지난 봄 탄핵 기간을 제외하면 노대통령의 발언은 그 자체로 뉴스를 넘어서는 뉴스거리일 때가 많았다. 정책과 정치, 행정과 국정 현안 관련 내용 외에 '고십성'이나 '화제성' 언어가 적지 않았다. "너무 많다"는 지적이 종종 나왔고, "지나치게 파격적"이라거나 "너무 튄다"는 평가도 따랐다. "국민들이 쉽게 받아들일 수 있는 쉬운 표현들"이라는 긍정적인 반응도 없지는 않았다.

노대통령의 발언과 화법에 대한 평가는 이처럼 뚜렷하게 엇갈린다. 권위주의를 깨나가고 새로운 관행을 만드는 파격이 실험정신으로 평가받는 이면에는 "온갖 분야에 말이 많아 불안하다"며 시비하는 목소리도 없지 않다. 평가를 떠나 역대 대통령에 비해 발언의 양이 많거나 언론에 많이 노출되는 것만은 분명해 보인다.

노대통령의 풍성한 발언은 왕성한 의지와 무관하지 않아 보인다. 예를 들어 노대통령은 지난해 시·도 지역별로 각 지역의 언론과 릴레이식 합동기자회견을 가지면서도 매번 거침없는 현하지변을 토했다.

이런 공식석상의 대통령 발언은 그때그때 풀기자(순서를 정해 대표취재
한 내용을 다른 기자들과 공유하는 언론계 관행)나 속기사를 통해 기자들이 상
주하는 청와대 춘추관으로 전달된다. 지역언론과의 회견내용만 해도
그대로 옮겨적으면 A4용지로 15~20장에 달했다. 오찬으로 이어지거나
오후에 열린 행사도 있어 마감시간에 몰린 기자들은 두어 시간쯤 시차
를 두고 전달되는 이 속기록을 눈으로 읽으면서 기계적으로 기사 쓸 때
가 많다.

평소에도 노대통령은 이따금씩 즉석연설도 사양 안 해 국내 제1의
'뉴스메이커' 역할을 한다. 열린우리당 지도부와 만찬, 독립유공자 및
유족들과 오찬, 외교관 초청간담, 군지휘부 격려오찬, 올림픽출전 선수
격려와 같은 자리도 있고 지난해처럼 세무·경찰·소방 등 직능별 공
무원들과 순차적으로 가진 기획성 간담회, 인터넷 공무원조회 같은 형
식도 있어 기자들은 대통령의 말에 신경을 곤두세운다.

적잖은 비판을 의식하면서도 노대통령은 왜 말을 많이 할까. 이에 대
한 한 참모의 설명이 흥미롭다. "대통령이지만 예전처럼 국정원, 국세
청, 검찰과 경찰 등 권력기관에 의존하는 식의 '효과적인 수단'은 원천
적으로 쓸 수가 없다"는 것이다. 권력기관을 독립시키겠다고 거듭 약
속, 이들 기관을 동원할 수도 없으니 현실적으로 말밖에 수단이 없다는
얘기다.

지난 6월 고위공직자비리조사처 신설과 기소권 부과로 논란이 시작
됐을 때의 일이다. 송광수 검찰총장은 "내 목을 먼저 쳐라"며 드러내놓
고 반기를 들었다. 노대통령의 반응은 즉각 공개적으로 나왔다. 국정
최고 의결기구인 국무회의 자리에서였다. 통상 국무회의는 법률안건
처리로 시작되고 대통령의 특별한 메시지가 있으면 마무리발언 시간을
활용할 때가 많다. 그러나 6월 15일 회의 때는 안주머니에서 미리 준비

한 메모지를 꺼내 모두발언으로 질타했다. "그렇게 대들라고 검찰총장을 임기제 한 것 아니다"며 송총장을 강하게 질책한 것은 늘 국무회의장에서 시작 부분을 취재하는 청와대 풀기자를 염두에 뒀다는 후문이다.

국세청 독립 대목과 관련, 기자는 몇 가지 확인을 시도했다. 몇 년 전만 해도 서울지방국세청에는 특별조사국이라는 전통의 조사4국에서 '청와대 특명'을 받기도 했다. 이 4국은 주요 세무조사에서 본청장(국세청장)의 지휘를 직접 받기도 하는 곳이다. 그러나 노대통령 취임 이후 이곳으로 청와대의 특명이나 하명이 없어졌다는 게 국세청의 목소리다. 정확한 실상은 시일이 지나봐야 알 수 있겠지만 적어도 기자가 물어본 관계자들의 대답은 그러했다. 국정원이 특정 인사의 뒤를 캔다는 식의 얘기도 아직까지는 들리지 않는다. 또 다른 수단이었던 정치자금 역시 적어도 청와대에선 옛날 얘기가 된 듯하다.

이렇게 관행이 급변하면서 노대통령이 사용할 수 있는 수단은 끊임없이 관계자들을 찾아가거나 당사자를 청와대로 불러들여 얼굴을 맞대고 말로 할 수밖에 없다는 설명이다. 물론 성격과 정치경력이 '말의 정치'에 작용한다. 반전을 여러 번 시도한 대중정치인의 경험은 더 생생한 비유를 시도케 하고 직선적인 성격대로 좀더 강한 표현을 찾으면서 시중의 언어들은 여과없이 녹아들기도 한다. 또 강조화법과 역설적 표현을 애호해 발언의 양이 대체로 많아지는 편이다. '쪽팔린다' '막가자는 거냐' '다 잘라야 해' 등의 표현이 대통령 입에서 나와도 크게 낯설지 않은 시대에 들어섰다. 2004. 9. 13

대통령과 법률가 노무현

노무현 대통령에 대해 많은 국민이 잘 알고 있으면서도 일상적으로 간과하기 쉬운 점이 있다. '법조인' '법률가' 출신이란 점이다.

물론 법조인으로서, 법률가로서 노대통령의 경력이 길다고 보기는 어려우며 경력도 독특하다. 지난 1975년 사시 7회에 합격, 1977년부터 대전지원 판사로 법조계에 첫발을 내딛었으나, 이듬해인 1978년 바로 변호사로 전업했다. 이후 조세 쪽에 전문화하면서 잠시 '부산 앞바다서 요트 타던' 시절을 보낸 적도 있다. 그러나 1981년 '부림사건'을 맡으면서부터 인권변호사로 새로운 길을 걷게 된다. 이후 1987년 대우조선사건으로 구속돼 법조인 10년 만에 변호사 자격을 상실했다. 법에 의해 변호사 자격을 뺏긴 뒤에는 잘 알려진 대로 정치인의 길을 걸었다.

노대통령은 인생의 황금기 한때를 암자에서 두터운 법률서적과 씨름했고 인생의 30대를 현직 법조인으로 생활했다. 노대통령의 의식에 법대로와 정치보다는 법치가 강하게 자리잡고 있는 것도 이 같은 경력 때문이다. 대통령 취임 후 발언을 돌아봐도 법치주의를 지향하는 내용이 적잖다. 취임 초반 "검찰·국정원·국세청 등 이른바 권력기관을 부당하게 간섭하지 않고 제자리에 돌려놓겠다"는 말이 거듭된 것이나 "국회와 행정부가 고유의 자기 역할을 해야 하고 여당도 자기 판단과 책임

하에 홀로서기를 해야 한다”며 정치의 방향을 설정한 것이 대표적인 사례다.

헌법재판소의 신행정수도특별법에 대한 위헌판결 뒤 나온 일련의 노대통령 반응도 ‘법률가 노무현’을 염두에 두면 이해가 쉽다. 많은 사람들이 ‘재신임 받겠다’는 식의 폭탄성 발언과 파격적인 제안을 떠올리면서 청와대가 뭔가 대응방안을 즉각 내놓을 것으로 예상했지만 실제 과정은 이와 사뭇 달랐다. 김종민 대변인을 통해 “충분한 시간을 가지고 종합적인 대응을 하겠다”는 짧은 반응을 먼저 내놨고, 나흘 뒤 이해찬 총리가 대독한 국회의 예산안 시정연설을 통해 법적 효력을 인정한다고 밝힌 다음에야 비로소 ‘헌재의 국회권능 손상론’을 본격 제기했다.

법을 공부하고 사회생활의 시작을 법률로 직업 삼은 노대통령이 초기부터 헌법재판소의 결정에 정면으로 맞대응할 수는 없었던 것이다. 정치판에서만 잔뼈가 굵은 기성 정치인이라면 대응방식이 다소 달랐을지 모른다. 초기 기자들의 거듭된 질문에도 불구하고 청와대는 수용 여부에 대해 극구 언급을 피했다. “관습헌법으로 성문헌법을 해석하는 법리는 처음 듣는 얘기”라는 첫 반응도 법률가란 측면에서 보면 상당히 멀리 나갔다는 지적도 있다.

성격과 기질상 도저히 그냥 넘어갈 수는 없되, 법률가로서 법의 이론과 현실을 잘 알다보니 차근차근 과정을 밟아가면서 헌재에 불만을 표시한 것이다.

실제로 노대통령은 헌재의 위헌결정에 상당한 불만과 허탈감을 표시한 것으로 알려졌다. 특히 문제가 된 신행정수도특별법이 국회에서 정상적으로 처리돼 절차적으로 ‘매우 정상적인’ 법률이었음에도 불구하고 위헌판정을 받아 울분을 표시할 만도 했다는 게 여권의 분석이지만, 초기 단계에서는 일단 법률가 출신답게 냉정함을 유지했다.

그러면서 참모들에게 시간을 갖고 철저하게 대응할 것을 지시하고 치밀한 종합전략을 요구했다. 그러다 5일 뒤 국무회의 석상에서 헌재를 강한 어조로 비판하며 더 이상 감추기 어려운 본마음을 드러냈다. 헌재의 결정에 정치적으로 문제를 제기한 것은 '법률가 노무현'보다 승부사로서, 또 현직 대통령으로서 '정치인 노무현' 기질이 더 강하게 나타난 셈이다.

노대통령의 전략에 대해 청와대의 한 참모는 "평소 즐겨 쓴 '호시우행'에 들어간 것"이라고 설명했다. 이 말은 2003년 4월 역대 대통령의 전용별장인 청남대를 일반에 공개할 때 대국민 인터넷 편지에서 쓴 말이다. 당시 노대통령은 "호시우행, 저는 저를 흔들려는 사람들까지 안고, 호랑이처럼 보고 소처럼 나아갈 것입니다"라고 했다.

한편 청와대에서는 문재인 시민사회수석과 박정규 민정수석 등 법률가 참모들의 발걸음이 바빠졌다. 특히 노대통령의 오랜 동지격인 문수석은 탄핵 국면에서 혁혁하게 기여한 데 이어, 또 한번 큰 업무를 피할 수 없게 됐다. 헌재의 위헌판결 바로 다음날 법률검토 및 대응방안 마련을 위해 급히 구성된 비서실 내 태스크포스 팀은 변호사 출신인 이용철 법무비서관을 중심으로 구성됐다. 헌재의 위헌결정이 나던 주말(10월 24일), 산악회가 치악산 등산을 취소하는 등 비서실 내 몇몇 단풍철 행사를 미룬 채 비상체제에 들어갔다.

청와대 참모 중 법조인으로는 법무법인 변호사에서 전직한 전해철 민정비서관, 대검찰청 마약과장에서 검사직을 사표 내고 같은 민정수석실 내에 자리잡은 신현수 사정비서관 등이 있다.　　　　2004. 11. 8

노대통령의 신문 읽기 스타일

노무현 대통령은 역대 어느 대통령 못지않게 신문을 많이 읽는 편이다. 지난해 후반 이후 청와대의 기류를 보면 신문에 나타난 여론, 칼럼과 기사를 통한 정책 제언에도 많은 관심을 갖고 실제로 관련 정책에 많이 반영하려 애쓰는 것도 같다. 참모들이 전한 몇 가지 사례를 보자.

지난 1월 19일 조윤제 전 청와대 경제보좌관에게 노대통령의 지시 한 가지가 내려왔다. 이날 아침신문 〈한겨레〉에 실린 '새 게임이 시작됐다' 는 칼럼에 대해 조보좌관에게 "의견을 달라"라고 요청한 것이다. 〈한겨레〉 한승동 국제부장이 쓴 이 칼럼은 한국과 중국·일본·미국 등이 관련된 국제질서·국제정세에 대한 글로, 새로운 동북아 질서의 진단에 관한 내용이었다. 조보좌관은 경제적 관점을 바탕으로 분석과 전망을 한 보고서를 올리느라 긴장했다고 한다.

이보다 이틀쯤 전에는 "기업들이 GR(Government Relations·대정부 업무홍보)에 적극 나선다는 내용의 기사를 봤는데, 어떤 내용인지 파악해 보고하라"는 지시가 역시 조전보좌관에게 떨어졌다. 노대통령이 본 기사는 기업들이 PR(대중홍보)과 IR(투자가홍보)을 넘어서 대정부·대관업무 개선에 나섰고, 일부 대기업에서 이를 위한 전담팀까지 구성했다는 일선 현장기자들의 신기류 소개였다. 노대통령은 평소대로 웹서핑을 하다 인터넷에서 이 기사를 유심히 봤다고 한다.

노대통령은 신문에 난 내용을 인용하거나 독특한 시각, 의미 있는 주장에 대해 열심히 귀를 기울인다고 참모들은 전한다. 개각 등 인사 때는 특히 신문을 유심히 본다는 게 가까운 참모들의 귀띔이다.

지난해 윤광웅 국방장관을 임명할 때였다. 인사를 앞두고 다양한 하마평이 나돌았는데, 청와대 일각에서는 "이제 군 출신이 아닌 문민장관도 한번 검토해 봐야 하는 것 아니냐"는 얘기가 잠시 나돈 적이 있다. 결국 국방보좌관을 맡고 있던 해군 출신의 윤장관으로 결론 났지만 문민장관설은 이후까지 언급됐다. 통상 육군 출신들이 주축을 이루고 간간히 타군에서 끼어드는 정도인 국방부장관에 윤장관이 기용되면서 기존 방식과 문민장관 기용이라는 새 방식의 절충안이 선택된 셈이다. 이때도 노대통령은 〈한국일보〉 정치부장이 쓴 '문민장관 기용할 때다'라는 글을 보고 참모들에게 이를 인용했다고 한다.

지난 13일 신년 기자회견 때도 신문보는 얘기를 꺼냈다. '이기준 인사파동'에 대해 해명하면서 양해를 구할 때다. 노대통령은 "신문에 경제계 요구를 잘 아는 사람을 (교육부총리로) 기용하라는 기고도 해놓았더라"고 말했다.

지난해 SK의 경영권 분쟁 문제가 연일 신문지상을 오르내릴 때는 경제 부문 참모들에게 "일하는 소(굴러가는 기업) 잡아서는 안 된다"며 '일하는 소 도살불가론'을 언급한 적도 있다. '일 잘하는 소를 잡아 부위별로 파는 것과 계속 일시켜 얻는 이득 중 어느 것이 큰 가를 따질 때 일시키는 게 낫다'는 시각을 드러낸 것이다. SK 경영권 분쟁 때 일각의 우려처럼 계열사의 높은 자산가치만 처리하는 극단적 상황은 바람직하지 않고 그런 일은 발생하지도 않을 것이라고 강조한 말이다.

이 밖에도 노대통령은 지난해 '대통령에게 사적(私的)인 것은 없다'는

〈한국경제신문〉 김영근 정치부장의 칼럼을 인용, 장관들의 자세를 다잡은 적도 있고 여론조사에 대한 내용을 지방행사 때 인용하기도 했다.

노대통령이 신문을 효과적으로 읽을 수 있도록 준비하는 홍보수석실 국내언론비서관은 매일 새벽부터 바쁘다. 안영배 국내언론비서관은 일찍 나와 경제신문과 일반 종합신문의 기사를 먼저 샅샅이 훑고 칼럼들도 일독해 대통령이 참고해야 할 내용을 정리한다. 과거 정부 같으면 전날 밤 가판을 보면서 지면을 사전에 분석, 정리했지만 노대통령이 '가판구독 금지령'을 내려 당일 새벽에 이 일을 시작해야 하는 형편이다. 부서에 따라서는 일과 시간이 끝난 뒤 인터넷에 오르는 다음날 신문지면(PDF)도 조금씩 참고하는 분위기지만 본격적인 신문정리(스크랩)는 당일 새벽에 시작된다.

국정 전반에 관련된 주요 기사, 청와대 관련 기사, 사설의 주제와 관점, 칼럼 등으로 정리된 매일매일의 신문 스크랩은 보통 아침 7시 30분 이전에 만들어져 e메일로 부속실에 전해진다. 참모들은 하루 수십개의 칼럼 가운데 보통 3~4개를 추려 대통령이 참고하도록 올린다. 노대통령은 신문을 직접 보기도 하지만 바쁠 때는 이처럼 정리된 것을 살핀다. 조찬행사 등 일정이 바쁜 날은 그나마도 뒤로 밀린다.

이런저런 뒷얘기를 종합하면 노대통령은 신문을 숙독하는 것 같다. '언론과 전쟁' '과도한 긴장관계'라는 평가까지 들었던 집권 초기의 언론관, 언론정책과 단순히 비교한다면 일반의 눈에는 다소 의외로 비칠 수도 있다. 좀더 중요한 점은 기호에 맞는 기사 못지않게 까다로운 기사, 미운 칼럼까지 두루 살피는 마음의 여유를 가지는 게 아닐까.

2005. 2. 7

인터넷 시대의 편지정치

역대 대통령과 달리 노무현 대통령은 외국정상과의 회담 때 준비된 자료(문건)에 대한 의존이 낮은 편이다. 사전에 준비가 많고 아래에서 챙겨주는 것을 보면서 읽는 대신 회담장에서 직접 대화를 풀어나가는 스타일이다. 대국민 메시지 성격의 각종 '국민편지'를 많이 쓰는 것도 이런 스타일과 무관하지 않다.

국민 서신은 본인이 직접 쓴다고 한다. 주요 사안이라고 판단하면 하나하나 챙기다 보니 참모들에 맡기는 것보다 직접 하는 게 편하다고 판단한다. 일찍부터 컴퓨터를 많이 사용해 자판 두드리는 솜씨도 수준급이다.

청와대 관계자는 '대국민 서신 정치'에 대해 "다수 국민들에게 특정한 메시지를 전해야겠다고 판단하면 컴퓨터를 이용해 직접 문안을 쓴다"며 "원고가 작성되면 비서실 내 관련 부서에서 혹시 다른 파생적인 문제나 특이점이 없는지 바로 검토작업을 한다"고 전했다. 통상 이 같은 검토작업을 위한 회람은 반나절에 끝난다. 예를 들어 홍보수석실에서는 메시지 전달이 어떤 결과가 될지, 어떤 식으로 언론에 배포할지 등이 검토되고 정치적인 사안은 정무 관련 비서실에서 검토한다. 다른 정책적 · 외교적 사안에 대해서도 비서실 내 관련 수석이나 비서실에서 급히 검토한 뒤 문제가 될 만한 부분이 있으면 제1부속실을 통해 바로 보고된다. 2005년 들어서만 9차례 배포된 대국민 메시지성 서신은 대부분 오후 무렵 언론에 배포됐다. 청와대 담당기자들에게 나눠주는 시각과 청와대 홈페이지에 올라가는 시간이 같다.

7월 들어 ‘정치구도와 권력구조 바꾸기’에 화두를 던진 노대통령의 편지정치는 지난 2월 18일 첫편이 나왔다. 당시 노대통령은 혁신독려를 위해 ‘전국공무원에게 보내는 대통령 서신’을 보냈다. 이어 3월 3일 ‘전국공무원에게 보내는 대통령 서신(2)’을 재차 보냈는데 ‘혁신, 이게 뭡니까’라는 제목으로 〈중앙일보〉에 실린 일선 기자의 칼럼에 대한 해명글이었다. 닷새 뒤 노대통령은 다시 ‘국민여러분께 드리는 글’을 발표했다. 이헌재 전 경제부총리가 부동산투기 의혹으로 물러나는 데 대한 안타까움을 ‘해일에 휩쓸려가는 장수’라고 표현한 서신이었다.

3월 22일엔 ‘신행정수도 건설을 결심하게 된 사연’이란 부제로 ‘국민여러분께 드리는 글’을 썼고, 바로 다음날에는 ‘한일관계 관련 국민에게 드리는 글’을 썼다. 당시 한 달 남짓 기간에 서신을 5차례나 발표했다.

국민들에게 메시지를 직접 전달하는 편지정치는 지난 6월 27일 재개됐다. ‘당원동지 여러분께 드리는 편지’라는 서신을 냈고 바로 다음날인 28일엔 ‘국방부장관 해임건의와 관련하여 국민여러분께 드리는 글’을 냈다. 이날에는 국가보훈처 차장 임명장 수여식, 청와대의 하급직 사무원과 다과회 등 오전에 예정된 2건의 공식일정이 별다른 설명없이 오후로 미뤄졌는데, 노대통령이 국민편지를 쓰느라 연기됐다.

6월에 발표된 두 편의 편지를 곰곰이 보면 법률가, 특히 변호사로서 논리전개 방식이 강하게 엿보였다. 노대통령은 과거 대통령들이 대형 사건 발생 때나 국정 고비고비마다 길거리에 내붙인 딱딱한 담화문과는 완전히 다른 스타일의 글을 쓰고 인터넷에 띄운다.

7월 5일 청와대 홈페이지에 올린 '한국정치, 정상으로 돌아가야 한다' 는 대국민 편지는 앞서 편지들보다 강한 파장을 던졌다. 정치 문제를 정면으로 거론하면서 특유의 정면돌파 방식도 보였다. 그러나 비판이 쏟아지자 바로 다음날인 6일 다시 한번 연장선의 글을 홈페이지에 올렸다.

'서신정치'와 관련 다른 참모는 관심 끄는 설명을 했다. "참모들이 메시지나 원고 초안을 올릴 때도 있지만 비서진 입장에서는 늘 한계가 있다. 메시지는 설명할 수 있지만 강하고 직접적인 표현, 직설화법을 하기는 어렵다. 이럴 때는 대통령 스스로가 '명확한 표현'으로 분명하게 한다. 이런 점은 평소 알지만 참모 입장에서는 쓰기 어려운 표현이 있고, 이런 것은 대통령 몫으로 둘 수밖에 없다."

2003년 집권 초반기 노대통령은 거침없는 표현과 직설적인 화법을 동원한 '말의 정치'로 관심을 끌었다. 다양한 기획성 대화 자리, 국내외의 여러 행사에서 생생한 말로 기존의 벽을 깨는 등 사회적 관심사를 선점했다. 이 과정에서 신선하다는 평가와 생경하다는 비판이 함께 나왔고, 말을 통한 메시지 전달에 한계점도 드러났다. 당시에는 기자들과도 자주 만날 때였다. 그러나 집권 중반기에 들어서면서 말은 자제됐고 정제된 표현 위주로 갔다. 비례해 청와대 담당 기자들과 대통령의 접촉도 초기에 비해 획기적으로 줄었다. 그 대신 국민들에게 직접 다가설 방편으로 편지와 글을 선택한 듯한 분위기다. 이런 맥락에서 당초 취임 반환점을 맞아 기획했던 〈국민과의 대화〉도 당초 TV 출연에서 방향이 바뀌어 편집국장, 보도국장과의 3시간짜리 대화로 변경됐다. 여기에는 TV편성의 시간적 제약이나 예상 시청률도 고려되는 등 기술적 요인이 감안됐다는 후문이다.　　　　　　　　　　　　　　　　　　**2005. 7. 18**

소통하기를 원하지만…

인성 내면의 깊은 곳, 본성적으로 보면 노무현 대통령은 숫기가 적고 부끄러움을 타는 성향이 있다. 대중정치인이다보니 뽐내고 싶고 자랑하고 싶고, 국내외 대형 행사에서 폼잡는 형식을 결코 싫어하진 않지만 성격의 가장 아래 깔린 기저는 그런 것 같다. 영어로 말하자면 '샤이(shy)한 성격' 쯤 되겠다.

2005년 후반기까지 집권 3년간 "쓸데없이 사진이나 찍고 폼이나 잡는, 전시형·과시형 행사는 않겠다"며 잘라 말했던 속내에는 이런 스타일이 분명 작용했다. 집권 중반기를 넘어서면서 참모과 청와대 밖의 조언 그룹들은 다각도로 "민생현장을 두루 방문하시라"며 "재래시장도 가고 중소기업에도 가고 사업자들도 만나고…"라고 자주 건의했지만 대개 비슷한 대답을 들었다고 한다. "사진 찍고 생색 내는 일이 뭐 중요하냐"는 반문에 더 이상 말이 진행되지 않았던 것이다. 탄핵으로 직무가 정지되는 최악의 상황까지 벌어진 것도 천성적인 실용주의 관점을 고수토록하는 데 영향을 주었으리라 본다.

그러나 2006년 들어 많이 달라지기 시작했다. 일부에서는 '쇼'라고 비판도 하지만 정치일정과 행정과정 외에 필요한 모습이 있다고 인식한 것 같다. 노대통령이 외부로 발길을 적극 내딛는 데는 여러 참모들이 기여했다. 그 중에는 조기숙 전 홍보수석도 있다. 조수석은 청와대 참모 1년 생활을 정리하고 나가면서 "대통령이 민생현장으로 나가도록 여러 번 건의했고 약속을 받아냈다"는 취지로 자신이 홍보수석 근무기간 동안 기여한 부분을 설명한 바 있다.

3월 28일 서울 남대문 옆 대한상의 회관을 찾아가 대기업 중소기업 대표 등 350명가량의 CEO를 대상으로 1시간 30분짜리 특강을 한 것도 근래 들어 노대통령의 생각이 바뀐 점에서 보면 자연스러운 일이다. 상의가 '신장개업'을 이유로 대통령의 특강을 요청했고 노대통령은 비교적 일찍 이를 수용했다. 물론 대통령의 외부 특강은 이 행사가 처음이 아니다. 지난 2003년 5월 전남대 강연, 2004년 2월 전경련 신춘포럼 강연, 2004년 5월 연세대 리더십센터 특강, 2005년 11월 과천 중앙공무원 연수원의 신임 사무관 특강이 있었으니 이번이 다섯번째다.

3월 31일 밤엔 김원기 국회의장, 이용훈 대법원장, 한덕수 총리 직무대행 등 3부요인과 윤영철 헌법재판소장, 손지열 중앙선관위원장 등 헌법기관장들을 초청해 만찬을 가졌다. 굳이 모임에 명분을 가져다 붙이자면 3월 초 아프리카 3개 국 순방 결과를 설명한다는 것이었지만 행보를 적극적으로 넓혀나가는 것의 연장에서 보는 것이 맞겠다.

4월 1일 강신호 전경련회장, 손경식 대한상의 회장, 김용구 기협중앙회장, 이수영 경총회장, 이희범 무역협회장 등 경제5단체장을 부부동반으로 초청, 청와대 내 상춘재에서 오찬간담회를 가진 것도 같은 맥락이다. 경제5단체장과의 오찬은 토요일이어서 주목됐다. 노대통령은 보통 토요일엔 측근과 오랜 지인 등 아주 가까운 사람들과 비공식적으로 만나거나 참모들과 토론회 등을 가질뿐 외부에 드러나는 공식행사를 갖지 않는다. 경제5단체장 부부초청 행사에 대해 김만수 청와대 대변인은 의미 있는 설명을 붙였다. "각계 각층과 소통하기 위한 것이다. 적극적인 대화를 위한 것이다" 여야 원내대표를 만났고 인터넷 국민대화를 가진 것의 연장이라는 말이다.

또 4월 첫주에는 국회 법사위 소속 여야 의원들을 초청해 만찬을 겸한 간담회를 준비 중인 것으로 알려졌다. 노대통령은 상임위별로 의원들을 따로 만나 주요 국정 현안에 대한 법제화를 부탁한다는 생각을 일찍부터 해온 것으로 알려졌는데, 실제로는 2005년도 교육위 소속 여당 의원들을 청와대로 한 번 초청한 게 전부다. 이전에는 정치적 제스처로 보일 수 있는 일이라며 마다했던 일을 새로 하기 시작한 것이다.

노대통령이 집중적으로 만나는 층은 일단 경제계 리더들과 국회의원들이라고 볼 수 있다. 남은 임기 중 주력하겠다고 밝힌 양극화 문제 해소 및 동반성장을 위해서는 기업들의 적극적인 지원과 든든한 후원이 무엇보다 필요한 시점이기도 하다. 노대통령 스스로도 "양극화 해소는 좋은 일자리 창출에서부터"라는 인식을 드러냈고 세금 문제에서도 추가 과세는 경제적 상류층에 집중될 것이라는 점을 거듭 밝혀왔다. 모두 기업 상층부의 의지와 직결되는 사안이다.

국회도 당연히 노대통령의 남은 집중과제 해결에 필수적이다. 입법 작업은 물론이고 행정 부처 일 하나하나에 국회가 시비를 걸면 할 수 있는 일이 거의 없다. 더구나 여당도 확실히 장악할 수 없는 형편인데다 여소야대 상황이다.

임기 내리막길에 접어들면서 노대통령의 스타일에 여러 가지 변화가 나타났다. 이 변화는 끝까지 계속될까. 또 국정운영의 각론으로까지 이어질 것인가. 3월 17일 여야 원내대표들과 가진 간담회에서 노대통령은 청와대의 높은 담을 허물어나간 과정을 소개하며 "이제 마음도 개방해 가고 싶다"고 밝혔다. 그 말처럼 대화정치와 화합행정을 주도해 나갈 것인지 주목된다.

2006. 4. 10

집권 후반기 대통령의 언론관

노무현 대통령은 오는 24일쯤을 전후해 전국 각 지역의 지방언론사 편집책임자들과 간담회를 가질 예정이다. 주요 지방신문 및 방송의 편집·보도국장 30여 명이 이 자리에 초청된 것으로 알려졌다. 노대통령은 근래 정치적 관심사의 궁극 목표라고 제시한 지역구도 정치, 지역분할주의 등 지역주의에 대한 소신을 밝히고 이에 대한 타파 의지를 재차 역설할 것으로 보인다. 물론 이런 자리에서의 화제가 반드시 지역주의 하나로 국한되지는 않는다. 지역발전 등 국토균형발전 계획과 비전 등 지역언론사의 관심 현안에서부터 경제와 외교안보에 이르기까지 통상 노대통령과 언론인의 간담회 화제는 제한되지 않았다.

이에 앞서 노대통령은 지난 8월 18일 중앙언론사 정치부장들과 오찬 간담회를 가졌다. 신문이나 방송사 정치부장과의 간담회는 집권 2년 반만에 처음이다. 정치부장들에 대한 초청은 이보다 1주일 전인 8월 11일쯤 시작됐다. 청와대 출입기자들에게 김만수 대변인이 공식 통보한 것도 그 직후쯤이다.

각 언론사 정치부장들은 통상 청와대와 관련된 기사를 일차적으로 다루는 중간 편집데스크지만 노대통령은 이들과의 회동에 소극적이었다.

그간 경제부장들과는 간담회를 두 차례씩 한 것과는 대조적이다. 경제부장들과는 오찬간담회와 만찬간담회를 각각 한 번씩 가졌는데, 국정 전반에 대해 폭넓은 대화를 나눴다. 그러나 정치부장들과는 만남을 미루며 편치 않은 심정을 감추지 않았다. 그렇다고 정치부장급 기자들이 특별히 드러내놓고 이 점에 문제제기를 했다는 이야기는 들리지 않았다. 다만 언론매체가 많다보니 일부에서는 '우리는 왜 불러주지 않나'라는 가벼운 불만이 전해졌다는 후문이다.

정치부장들과 회동을 하지 않은 것에 대해 청와대의 한 참모는 "종종 정치면은 가십성 기사에 더 치중하고, 기사는 침소봉대하거나 본말이 바뀌는 경우가 많다고 본 점이 있었고, 정치기사로 인해 대통령이 정치적으로 불이익 또는 불편을 받았다는 편치 않은 심정이 있었으며, 정치를 뒤로 미루고 경제와 민생에 매진한다는 의지를 명확히 보이기 위해 경제부장 먼저 만났던 것"이라고 설명했다. 정치와 의도적으로 거리를 두기 위해 정치부장과 만나지 않았다는 논리다.

그러나 대연정을 주도적으로 제안했고 과거 국정원의 도청사실이 발표된 데다 X파일의 파장이 커지면서 원하든, 원치 않든 정치 계절이 됐다. 정치부장들과 만나 자신의 정치철학과 지향점을 진지하게 설명하고 궁금증에 대답하면서 토론할 필요성을 느낀 것이다.

정치부장이나 지방신문 편집국장들과의 간담회 얘기가 갑자기 나온 것은 아니었다. 노대통령은 앞서 8월 9일 국무회의를 주재하면서 언론 문제에 대해 새삼스럽게 다시 한번 소견을 밝힌 적이 있다. 통상적인 국무회의 의결안건을 모두 처리한 뒤 이어진 국무위원들과 간담회성 대화 자리였다. 이때 노대통령은 "과거 정부와 언론의 관계가 탄압과 결탁, 갈등과 유착의 관계였다면 지금은 경쟁과 협력의 관계로 새롭게 설정되고 있다"며 "언론이 올바르게 의제를 제기하고 주도해 갈 수 있도록 정부가 상호작용을 통해 영향을 미쳐야 한다"고 역설했다. 김창호 국정홍보처장이 정부의 홍보전략에 대한 보고를 한 뒤였다. 노대통령은 "이런 것이 가능하려면 공무원들이 더욱 실력을 갖춰야 하고, 정부가 언론과 선의의 경쟁관계를 유지하면서 의제를 주도하는 경쟁을 해야 한다"며 능동적인 홍보 자세를 당부했다.

2003년, 2004년 집권 전반기 언론과 과도할 정도로 긴장관계가 유지됐던 탓일까. 2005년 초반이 지난 뒤 청와대는 한동안 언론과 긴밀하지도, 소원하지도 않은 관계로 지내왔다. 연초 이기준 교육부총리 인사파문 등을 거치며 언론으로부터 호되게 맞고 일부 고위급 참모들이 줄줄이 낙마한 뒤였다. 새해벽두 이기준 인사파동 때는 이른바 '친노 매체'도, '반노 매체'도 없었다. 연일 인사시스템이 비판의 도마에 올랐는데, 이때 청와대 내부적으로는 인사 문제에 위기의식을 느낀 것으로 전해졌다. 이렇게 과도한 비판을 받고 위기감을 느끼게 된 데는 언론과 과도한 긴장관계가 주요 이유였다는 게 청와대 내부의 시각이다. 청와대와 기자들 사이에 '부채 의식'이 전혀 없는 터라, 빌미만 있으면 가차없이 비판을 가한 셈이었다.

언론과의 관계 개선 의지는 지난 7월 7일 편집국장들과 간담회 때 어느 정도 비쳐졌다. 당시 노대통령은 30여 명의 중앙언론사 편집국장과 보도국장을 초청했는데, 이례적으로 3시간 이상 대화를 나눴다. 특히 이 간담회는 국무회의가 열리는, 청와대 내에서 가장 넓고 격조 높은 회의실인 세종실에서 열렸고 오찬은 장소를 옮겨 진행됐다. 청와대측 말대로 편집국장들에 대한 최대한의 예우가 갖춰졌다. 내용에서도 국정 각 부문, 다분야에 걸쳐 제한없이 대화가 오갔다. 이때는 〈조선일보〉와 〈동아일보〉의 편집국장이 초청에 응하지 않아서 주목을 끌기도 했다. 집권 후반기, 노대통령의 언론관이 변할지 주목된다. 2005. 8. 29

검찰 지휘권 파동에 담긴 뜻

동국대 강정구 교수 수사 건으로 비롯된 천정배 법무장관의 검찰 지휘권 행사, 그에 따른 김종빈 검찰총장 사퇴 이면에는 한동안 논의가 미뤄졌던 국가보안법 문제가 깔려 있었다. 그보다 더 아래에는 우리 사회의 보수·진보계의 보혁 갈등이 자리잡고 있다고 보는 시각이 우세하다. 검찰이 집단적으로 술렁이고, 연일 찬반 칼럼이 꼬리는 무는 한편 신문마다 성반되는 입장의 사설이 실리는 것, 한나라당과 열린우리당 대표들이 각각 기자회견을 열고 초강경 자세로 나오는 것만 보더라도 그런 분석은 설득력이 있다.

그러나 청와대는 검찰 지휘권에 대해 '뭐 그리 큰 사안이냐'는 인식을 보였다. 단순히 법리적 문제일 뿐이라며 애써 의미를 축소하려는 분위기가 역력했다.

김총장 사퇴 직후의 기자간담회 때 문재인 민정수석에게 이런 상황 분석에 대해 어떻게 생각하느냐고 물어보았다. 그는 "깊은 논의가 필요한 문제이지만 이번 사건이 크게 확대돼서 논의되고 있다는 것에 대해 별로 동의하지 않는다"고 말했다. 그에 앞서 이병완 비서실장도 처음 문제가 불거졌을 때 춘추관 기자실을 찾아 "법리 문제이지 검찰독립 문제와는 상관 없는 사안"이라고 거듭 말했다.

겉으로 냉정을 유지한 것과 달리 실제로 노대통령과 청와대 핵심 참모들은 김총장의 퇴진과 이를 지지하는 검찰 일부의 기류에 상당히 격노했던 것으로 알려졌다. 그러나 국정 최고책임자로서 드러내놓고 분노하고 싸울 수도 없는 일이었다. 검찰조직을 흔들어 동요시키고 불만을 야기하면서 또 하나의 전선이 형성되는 것도 부담이었겠지만, 여기에는 현 정부가 출범하면서부터 그토록 강조해 온 검찰독립 문제가 뇌관고리로 연결돼 있기 때문이기도 했다.

검찰-경찰-국세청-국가정보원 등 이른바 '4대 권력기관'에 자율성 부과, 독립화에 대한 정부의 의지는 출범 때부터 상당히 강한 것이었다. 그 자체로 주된 정책목표 가운데 하나이기도 했다. 정부에 비판적이고 정책 건건에 불만을 드러내는 계층에서조차 대통령이 이들 권력기관에 직접 손대지 않거나 관여를 최소화하려는 자세는 평가받을 만하고 그대로만 지켜진다면 의미 있는 업적이 될 수 있다고 한 수 접어주는 경우가 적지 않다.

물론 이로 인해 청와대 스스로 곤란에 처한 적도 종종 있었다. 검찰의 불법 대선자금 수사로 안희정, 최도술씨 등 노대통령 최측근이 잇따라 사법처리되기도 했고, 박범계 전 법무비서관의 경우 검찰 수뇌부를 방문한 것이 언론에 노출돼 방문 사실만으로도 비난받은 적도 있었다. 박 전 비서관은 총선 출마를 결심하고 검찰총장과 차장에게 인사를 갔다고 밝혔으나 세간에서는 청와대 법무비서관이 검찰을 찾은 것만으로도 검찰수사에 관여나 개입으로 보는 시각이 있었다. 고위공직자비리수사처의 수사권 부여 문제로 송광수 전 검찰총장이 청와대의 의지와 반대되는 의견을 개진했을 때 노대통령이 언론에 노출된 국무회의 공개석상에서 '항명하는 잡범' 수준으로 몰아치며 비판한 것도 '말' 외에는 다른 통제 수단이 없기 때문인 것으로 해석된다.

그런데 천장관의 지휘권 행사가 검찰독립성 문제로 연결되자 청와대는 당혹스러웠던 것이다. 경제난 초래, 사회적 갈등 조장 등 쏟아지는 여러 비판에도 불구하고 그나마 '최대 업적'이라는 자부심을 갖는 권력기관 독립 노력을 정면으로 부인하니 청와대는 딜레마에 빠졌다. 그래서 속으로 격노하면서도 겉으로는 "민주적 통제에 따르라"고 비교적 냉정하게 경고하는 한편, 검찰에 대한 개혁(손보기) 여부도 모두 기존에 가동되는 사법개혁추진위원회에서 진행될 것이라며 평상심을 유지하고자 애쓰게 됐다.

사법개혁추진위는 민정수석실 내 김선수 사법개혁비서관이 실무간사로 주관해 와 앞으로 검찰에 대해 어떤 식으로든 '지휘 사태'에 대한 대응방안이 나올 것으로 전망된다. 그런 내용이 구체화될 때, 또 민정수석실이나 법무부와 검찰의 업무연락 및 관계를 들여다보게 될 때 검찰독립이 과연 당초의 슬로건만큼 내실화될지 종합적으로 평가될 것이다.

국세청과의 관계에서는 이전과 달라진 측면이 보였다. 특정 기업이나 사업가를 '손보는' 과거식의 '청와대 특명'은 대체로 없어진 듯하다. 다만 국정원 독립에 대한 평가는 일러 보인다. 국정원장의 청와대 보고가 있는 것으로 알려지고 비서실 내 국정상황실로도 각종 정보 보고서가 정기적으로 들어가고 있다.

지휘권 문제로 비롯된 검찰의 반발에 대해 청와대가 내부적으로 매우 심각하게 보는 큰 이유는 이 사태가 노대통령의 후반기 레임덕 현상을 촉발하거나 앞당길 수 있다는 판단 때문으로도 보인다. 실제로 임기의 절반을 겨우 지난 시점에서 불거진 일종의 '항명 사건'이라는 인식이 있다. 가뜩이나 노대통령 스스로 권력을 내놓겠다거나 임기를 채우지 않고 물러날 수도 있다는 말까지 했고, 지지율도 바닥인 상황에서 공직 내부의 정면 반발을 접하니 청와대로서는 위기감을 느낄 만도 하다. 그렇다고 맞받아치자니 사안만 커지고, 인사권 행사 외에 단기 대응방안도 사실상 없어 더욱 난관에 처한 것이다.　　　　　2005. 10. 31

최측근 윤태영을 위해 만든 연설기획비서관 자리

지난 10월 30일 낮 청와대 인근 효자동의 삼계탕집 '토속촌'. 기자, 청와대 참모할 것 없이 같은 뚝배기에 일괄 주문된 삼계탕 한 그릇을 비우자 노무현 대통령이 실내용 마이크를 잡았다. 그리고 1시간 동안 꼿꼿이 선 채 이런저런 이야기를 했다. 앞서 이날 오전 기자들과 동행한 2시간짜리 청와대 뒤 북악산 산행에서부터 "할 얘기는 (있는데) 점심 먹고 하겠다"며 뜸을 들여온 터였다.

캐나다의 보수당과 멀루니의 부가세 도입 사례에서부터 YS의 정치자금에 이르기까지 특유의 달변과 다변으로, 마무리될 듯 마무리될 듯한 이야기는 1시간이 넘게 이어졌다. 이병완 비서실장, 문재인 민정수석, 조기숙 홍보수석, 천호선 의전비서관, 김만수 대변인 등 배석한 참모들 가운데 일부는 등산 후의 삼계탕으로 식곤증을 이기지 못해 순간순간 졸기도 했다. 메모 한 줄이라도 제대로 하려는 기자들은 저린 다리를 뒤틀면서도 노대통령의 말에 귀를 기울였다.

노대통령은 이때 "내년(2006년) 연초부터 취임 3년을 맞는 2월 25일 사이 나름대로의 평가와 내 진로에 대해 전체적으로 정리해 국민에게 발표하려 한다. 지금 구상하고 있다. 미래의 과제와 그 과제를 잘 해결할 수 있는 사회적 의사결정 구조에 대해 국민들에게 진지하게 제안할 몇 가지를 정리해 발표하겠다"고 말했다. 그 직후 한 참모는 "대통령이 책자나 정리된 글로 발표할 것"이라고 귀띔했다.

그로부터 5일 후, 청와대는 비서관 2명의 인사를 발표했다. 그런데 예사 비서관이 아니었다. 핵심 중의 핵심으로 분류된 윤태영 제1부속실장이 연설기획비서관이라는 새로 만든 자리로 옮긴 것이다. 연설비서관이 그전부터 있어 왔다. 또 전후의 사정을 곰곰이 뜯어보면 윤실장을 위해 만든 자리처럼 보였다. 2006년 초에 나올 노대통령의 구상을 실무적으로 그려나갈 자리였다.

신설된 연설기획비서관은 이병완 비서실장의 지휘를 직접 받는 자리가 아니다. 직제상 비서실장 소속이 아니라 대통령 직속이다. 김만수 대변인은 "대통령의 각종 연설과 메시지 등을 종합적·포괄적으로 기획, 관리하는 역할을 맡게 된다"고 설명했다.

대통령의 방 바로 앞에서 모든 보고서류와 내부 일정관리, 지시와 전달, 참모 호출 등을 담당해 온 윤비서관이었기에 후임 제1부속실장도 당연이 주목을 끌었다. 그러나 비중 있는 인사가 아니었다. 윤실장 시절 바로 그 아래서 실무를 담당해 온 문용욱 행정관이 승진됐다. 윤비서관이 지근거리에서 밀려나거나 어떤 종류의 힘겨루기가 있었던 것이 아니라는 얘기다. 더구나 후임 문실장은 윤비서관의 연세대 후배이고 직속 부하로 일해 왔다는 점에서 굳이 '계보'라고 붙인다면 '윤태영계'라고도 할 수 있어 노대통령에 대한 윤실장의 보좌 역량은 조금도 줄지 않을 것이라는 분석이 그럴 듯했다. 또 일부 참모는 윤비서관이 대변인 14개월에다 바로 뒤이어 부속실장 14개월로 휴가도, 휴일도 없는 비서생활 때문에 건강상에 이유가 생겨 다소간 쉬게 해줬다는 해석을 내놨다.

부속실장이 대통령의 청와대 안팎 행사, 공식·비공식 일정을 모두 챙기며 수행한 것과 달리, 연설기획비서관은 대통령의 일정을 봐가며 스스로 챙겨야 할 것만 골라 다닐 수 있게 된 듯하다. 대통령의 메시지를 기획하려면 실상 온갖 행사를 챙기며 노대통령이 어떤 지시를 내리고, 어떤 논평을 하면서, 무엇에 관심을 가지는지 일정마다 따라다녀야 한다. 때로는 누구보다 잦은 대면 보고와 상의도 해야 할 것이다.

반면 앞으로 부속실장은 완전히 실무에 치중하는 단순비서가 될 수밖에 없어 보인다. 문부속실장은 어느 시점까지, 어쩌면 상당한 기간 동안 윤비서관과 업무를 상의해야 할지도 모른다. 연설기획비서관실은 청와대 본관에 들어선다. '대통령의 입'을 거쳐 '대통령의 손과 발'이 됐던 윤비서관은 '머리'까지 대통령과 공유해야 할 상황이 된 셈이다.

대통령의 메시지를 기획, 관리하면서 정책 전반을 챙기는 비서관 자리를 새로 만들겠다는 얘기는 2005년 중반 이후 계속 흘러나왔다. 실제로 안이 검토돼 김종민 전 대변인(국정홍보비서관)이 후보로 구체적으로 거론됐었다. 한때 '메시지비서관'이니 하면서 비서관 명칭까지 찾는 단계에서 논의가 중단됐으나, 대화와 타협의 정치, 양극화 해소, 미래의 위기 요인에 대한 대처 등 노대통령이 향후 주도적으로 던질 의제에 대한 체계적인 정리와 기획, 관리의 필요성이 재차 대두되면서 연설기획비서관으로 일차 결론이 났다.

'대연정'의 공론화가 실패했던 것처럼 노대통령의 의도가 제대로 시도되지 않은 데 대한 내부 반성도 어느 정도 작용한 것으로 보이고, 2006년 초에 밝힐 미래 구상에 담길 담론을 집중 관리할 전담참모의 필요성도 있었던 것으로 분석된다. 김만수 대변인은 "대통령은 정치인으로 말이 갖는 중요성을 절실히 인식하고 있으며 애착을 갖고 있다"며 윤비서관에 대한 인사 배경을 설명했다. 2005. 11. 21

세 권의 책에 쏠린 시선

청와대 주변에서 책 세 권이 화제다. 두 권은 발간된 책자고, 한 권은 나오지 않았다. 출간된 두 권 중 한 권은 일반 출판사의 보통 책이고, 다른 한 권은 정부 내에서 발간된 보고서다. 청와대 담당기자들은 나오지 않은 책에 관심이 더 많은 것 같다. 노무현 대통령이 2005년 10월 말 기자들과 등산하면서 "집권 후반기와 중장기 국정방향을 종합적으로 정리해 내겠다"고 하면서 참모들이 "책자로 나올 것"이라고 말했던 것이다. 당초 1월의 신년 기자회견 이후, 2월 25일 집권 3주년 사이에 내겠다고 했던 것이다.

그런데 최근 청와대 기류를 보면 이 책자의 발간이 확실히 뒤로 미뤄졌다. 최소한 3월 초중반 이전까지는 책으로 나오기가 어렵게 됐다. 한 핵심 참모는 "필요한 대통령의 메시지는 그때그때 적절한 형식으로 내고, 책자로 정리하는 문제는 좀 차분히 모색하기로 가닥이 잡혔다"고 말했다. 양극화 아젠다 제시, 증세·감세 논쟁, 국가재정 대책 논의 등을 시작으로 사회적 관심사가 변화해 가자 청와대가 숨고르기를 하는 측면도 있다.

나오지 않는 이 책은 일차적으로 윤태영 연설기획비서관 몫이다. 그는 노대통령이 참석하는 거의 대부분의 공식·비공식 회의를 빠짐없이 수행하면서 연설문과 발언내용을 챙긴다. 물론 공식 연설문이 나오기까지, 또 특정 사안별로 대통령의 언급이 나오기까지 윤비서관 등 연설팀은 자료를 올리며 대통령을 세밀히 보좌한다. 대통령의 말과 생각을 표출하는 데 곁에서 가장 많이 거들며, 이와 동시에 결과물로 나오는 말과 생각을 빠짐없이 받아적는 것이다.

윤비서관은 늘 날렵한 노트북컴퓨터를 하나 들고 다닌다. 그에게는 업무목록 1호이자, 보안 1호다. 다각도로 보안잠금 장치가 있어 다른 사람은 이 컴퓨터 안을 들여다볼 수 없다고 한다. 그는 노무현 대통령이 생각하는 장기 국정과제와 국정 방향 등을 이 노트북 안에 차곡차곡 정리할 것이다. 아직은 여러 제목으로 흩어진 내용이 종합적으로 정리가 안 됐을 뿐이다.

양극화와 국민연금과 같은 경제·사회 문제에서부터 북핵 문제와 한미관계와 같은 외교안보 사안까지, 또 사법개혁과 공직사회의 혁신에서부터 선거법개정이나 정당의 운영과 같은 정치 문제에 이르기까지, 게다가 역사인식(과거사 정리) 등 온갖 사안이 망라된다. 다만 분야별 과제에서 우선순위가 어떻게 놓여지고, 분야별로 언급 범위나 수준이 문제일 뿐이다.

나온 책으로는 2006년 1월 들어 국민경제자문회의가 발간한 400쪽짜리 보고서가 화제다. 《동반성장을 위한 새로운 비전과 전략》이란 제목의 이 책자는 국책연구소 원장 8명이 집필에 관여했다. '일자리 창출을 위한 패러다임 전환'이라는 부제가 책의 내용을 시사한다. 이 책에 대한 노대통령의 관심은 각별하다. 김만수 대변인이 브리핑한 바로 당일 청와대 홈페이지에 전문과 요약본으로 나눠 올려 일반인들도 볼 수 있도록 했다.

이 책자가 화제가 될 만한 이유는 대통령이 반복해 극찬했다는 점 때문이기도 하다. 노대통령은 2월 6일 청와대 내부의 참모 회의인 수석·보좌관 회의에서 "내가 본 정부보고서 중에서 가장 잘 정리된 보고서"라며 참모들에게 "꼭 한 번씩 읽어보라"고 권했다.

이런 사실이 알려지고 보고서 내용이 신문에 보도된 바로 그날 노대통령은 재차 공개적인 자리에서 이 책자를 언급했다. 2월 14일, 김우식 과기부총리 등 5개 부처의 신임 장관이 처음 참석한 국무회의에서였다. "정부가 발간한 여러 백서나 보고서가 그간 있었지만 정부의 정책방향을 정리한 것 중에서는 이것이 가장 충실한 자료다. 각 부처의 업무와 바로 연관되는 것이 많으므로 국무위원들은 부처 업무를 점검하는 데 참고해 달라"고 말했다. 한발 더 나아가 "지금 이 시기 참여정부 경제분야의 정책과 전략방향을 잘 제시하고 있으므로 모든 공직자는 물론 일반 국민들께도 소개할 필요가 있다"고까지 했다.

당장 2006년은 물론이고 앞으로 노대통령이 남은 임기 동안 공직사회에서는 이 책이 '바이블'이 될 수밖에 없게 되었다. 각 부처의 장관들이 일선 공무원들에게 이 책에서 거론된 내용과 개별정책 사이에 간극이 없는지부터 따져볼 것이 훤하다. "방향은 대개 옳다" "상당히 이상적이고 이론적이다"는 식으로 이 보고책자에 대한 평가는 엇갈린다.

또 한 권의 책은 조기숙 홍보수석이 발제해 수석·보좌관 회의에서 보고한 것이다. 미 하버드대 조지프 나이 교수가 쓴 《국민은 왜 정부를 믿지 않는가》라는 책이다. 미국 정부나 의회에 대한 미국인의 불신이 어제오늘의 일이 아니며 수십년 간 전세계적으로 진행되어 온 현상이라는 인식이라는 점을 진단한 내용이다. 노대통령이 조 전 수석에게 이 책을 읽고 내용에 대해 보고하라고 지시했었다는 점이 주목된다. "참여정부의 인기가 떨어진 것이 정부 탓인가, 국민 탓인가. 정부 불신은 한국만의 현상인가, 세계적인 현상인가"라고 묻는 것 같다. 2006. 2. 27

변하지 않는 '노무현식 화법'

집권 3년이 지났지만 노무현 대통령의 화법은 늘 독특하다. 말의 내용도 파격적일 때가 많다. 따라서 정작 국민들에게 꼭 전하고자 하는 내용, 강조하고 싶은 생각과 의지는 뒤로 밀려버리고 다른 내용이 부각될 때가 많다. 홍보수석실은 볼멘소리일 때가 많지만 그런 상황을 자초한 때가 적잖았다.

취임 3주년 기념행사였던 기자들과 등산, 그리고 이어진 오찬간담회 때도 그러했다. 당초 비서실이 대통령의 메시지라며 사전에 준비한 것은 대 국민편지였다. 3월 23일로 예정잡은 인터넷 누리꾼들과 실시간 대화를 위해 사전에 토론 안건을 던지는 내용이었다. 남은 임기 2년 동안 최대 과제로 삼고 주력하기로 한 양극화 문제가 핵심이었다. 논란은 양극화에 대한 사회적 논의 수준과 열기를 더 끌어올리겠다는 의도에서 노대통령이 며칠 동안 공들인 서신이었다.

등산 며칠 전부터 이런 일정은 기자들에게 안내됐다. 등산과 오찬의 대화는 대개 '오프(비보도)'로 가되, 등산 행사가 끝난 뒤 글(대 국민편지)로 정리해 배포하겠다는 것이었다.

그런데 등산 도중 휴식 시간에 말문을 열면서 노대통령 스스로가 "오늘은 아예 오프가 없다"고 적극적으로 나왔다. 여당 인사들과 대외적으로 오프하기로 하고 조용히 상의해도 기자들이 이곳저곳에서 한 조각씩 취재해 종합적으로 짜맞추면 결국 내용은 다 나가버리더라는 설명과 함께. 노대통령은 또 "기자들의 취재능력이 (당국자들의) 대외 보안 역량을 넘어서더라"며 짧게 오프무용론까지 피력했다. 청와대 기자들이 적어도 노대통령과 직접 관련된 행사나 직접 발언에 대한 사전 오프 요청을 깬 경우가 없는 편인데, 노대통령은 취임 3년이라는 시점에서 기자들과 북악산의 산상대화(정상은 아니고 정상 바로 아래쪽 쉼터였지만)라는 상황에서 자발적으로 "궁금한 것 대답할 테니 오늘 한 얘기는 모두 기사들 쓰시라"고 한 셈이다.

2월 말이라지만 찬 북풍이 몰아치는 한파였다. "지나고보니 5년 임기는 좀 길게 느껴진다. 앞으로 할 일은 양극화 해소와 한·미 간 FTA체결 노력이다"고 속마음을 털어놓으며 마치 준비한 듯 지난 3년간의 느낌과 남은 2년간 의지를 명료하고 거침없이 설명하는 동안 기자들은 펜의 잉크까지 얼어붙는 한기 속에서 굳어지는 손가락으로 메모를 했다.

중간중간 진솔한 표현들이 오갔다. "양극화 문제에 올인하겠다"고 했다가 "참 올인이란 말은 쓰지 않기로 했지…"라고도 했고, 선거에 대해서는 "(후보나 정당끼리) 속셈 알면서 비실비실 웃으며 나가서 시비도 하고… 흔히 하는 말로 '선수'들끼리 잘 알면서 본질과 벗어나는 게임도 하고…"라는 말도 했다. '선수들끼리', 이런 말은 집권 초반기 전국의 세무관서장들을 모아놓고 강연하면서 "(투기) 단속한다고 완장끼고 나가면 쪽팔리죠"라고 말한 수준과 같다.

산상의 '간이 연설'은 10여 분간 이어졌다. 바람이 워낙 세차 천호선 의전비서관이 나서 노대통령의 발길을 돌렸고 모두는 눈앞의 북악산 꼭데기를 두고서 평창동의 한 식당으로 내려갔다.

불고기와 우거지탕이 준비된 식사가 끝난 뒤 노대통령은 일어서서 마이크를 잡았다. 그리고 쉼없이 47분간 강연을 했다. 처음에는 앞서 발언에 대한 파장을 의식한 듯 "개헌의지가 있는 게 아니고 그럴 힘도 없다"고 시작했다. 그러다 결국 양극화, 장관 기용, 역사 의식에 이르기까지 두루 언급했다. 4개월 전인 2005년 10월 30일 비슷한 코스로 기자들과 등산을 한 뒤 점심식사 후 1시간 5분간의 연설보다는 짧았지만 노 대통령의 '열정'을 보여주기에 부족함이 없었다.

문제는 오후에 발생했다. 기자들이 춘추관에서 기사를 마무리해 갈 무렵 김만수 대변인이 나타났다. "5년 임기가 길게 느껴진다"는 발언이 개헌과 연계시킨 것이 아니라는 해명이었다. 그래도 못 미더웠는지 조금 뒤 이병완 비서실장도 "인터넷에서 일부 기사를 미리 봤다"고 말하며 춘추관으로 들어왔다. 그러면서 "개헌으로 연계시켜 기사 쓰면 법적 대응을 하겠다"고 으름장을 놓고 그러고도 '오프'를 전제로 한참 더 이야기했다. 일부 기자들은 "그럴 거면 당초에 양극화 문제를 거론한 대국민 서신만 내고, 아예 이야기를 하지 않았으면 될 텐데…."라며 딱하다는 표정을 지었다. 이실장이 워낙 강경하게 나오자 개헌 관련 부분에 대한 해석과 전망을 다시 하거나 이실장의 말을 추가로 반영해 가면서 미리 작성한 기사를 다시 쓰는 기자들이 적잖았다. 기사가 나온 27일에는 양정철 홍보기획비서관이 "신뢰가 무너졌다"며 언론을 성토하는 글도 발표했다.

당초 청와대는 "취임 3년을 기념하는 청와대 안팎의 행사는 없다"며 "일요일(26일) 청와대 출입기자들과 가벼운 등산뿐"이라고 말했다. 그러나 25일 청와대에서 안희정·이창동·문성근·이정우·정태인씨 등 '창업공신' 들과 오찬을 가졌고 이런 사실이 뒤늦게 외부에서 알려졌다. "3주년 기념행사는 없나"라며 몇 번이나 질문한 기자들로서는 머쓱해질 수밖에 없었다.   2006. 3. 13

침묵과 잠행의 계산법

1월의 마지막이자 2월이 시작하는 지난주, 노무현 대통령은 공식일정을 최소화했다.

청와대는 매주 일요일 청와대 담당기자들에게 새로 시작하는 1주간 대통령의 공식·공개 일정을 추려 사전 안내해 왔다. 기사작성과 지면 제작에 미리 참고토록 지원해 준다는 취지다. 물론 대통령의 일정이 언론에 잘 비치도록 미리미리 준비하자는 의도도 있다. 그 동안과 달리 설 연휴가 끝난 뒤인 지난주에는 이렇다 할 일정이 별로 없었다.

당초 설 연휴 마지막 날에 안내해 준 주간 일정은 31일 오전에 송민순 안보실장과 김용익 사회정책수석에게 임명장 준 것, 한국을 떠나는 라포트 한미연합사령관에게 훈장 수여, 정례 행사인 수석·보좌관 회의를 오후에 연 것이 전부였고 다른 일정은 없었다. 이후 청와대는 1일 저녁에 김한길 원내대표와 강봉균 정책위의장 등 열린우리당 원내지도부를 초청해 간담회를 가진 것을 추가 일정이라며 갑자기 알렸고, 2일 오후에 8·31일 이후 대책 마련을 위한 부동산정책회의를 주재한 정도였다.

휴가철도 연말도 아닌 시점, 더구나 연초 각 부처가 신년 업무를 정리한다고 부산한 시기에 노대통령의 공식적, 대외공개 행사가 갑자기 줄었다. 더구나 바로 전주(25일)에 신년 기자회견을 하고, 그 전주(18일)에는 별도의 TV신년 연설을 하면서 양극화와 이 문제 해결을 위한 재원 마련이라는 큰 아젠다를 우리 사회에 던진 점을 감안하면 노대통령의 침묵과 잠행은 이례적이다.

그렇다고 노대통령의 성격과 그간의 스타일을 감안할 때 청와대에서 가만히 있다고 보기는 어렵다. 전임 DJ 정부 시절만 해도 해외순방에서나 집권 후반기에는 연령을 감안해 일정을 최소화한 적이 있지만 노대통령은 국내에서나 해외에서는 늘 일정을 촘촘히 잡게 하면서 다양한 분야를 직접 챙겨왔기 때문이다.

노대통령의 침잠은 어디를 향한 것이며, 무엇을 의미하는 것일까. 양극화 해소라는 큰 숙제와 그에 대한 해법으로 재원 마련, 특히 재정확대라는 화두만 던져둔 채 사회적 논란 과정을 더 지켜보겠다는 뜻인가. 비판이 고조될수록 이 문제에 대한 사회적 논의도 격화되면서 양극화 해법과 재원 마련 방법을 놓고 다각도로 갑론을박하는 모습이 일단 원하던 대로 됐다고 판단한 때문인가. 한편으로는 정치적 · 사회계층적 편분류가 자연스럽게 뒤따르면서 전통적인 지지세력이 다시 집결될 것이라는 계산도 했을 수 있다.

일각에서는 2005년 후반 정도전과 세종, 정조에 이르기까지 노대통령이 역사에 빠져들었던 점을 거론하면서 '장고'에 들어간 것 아니냐는 전망도 내놨지만 그런 상황은 아닌 듯하다. 당초에는 내부 비공개 일정으로 잡았다가 바꾸었지만 2일 부동산대책회의를 직접 주재하면서 각론 정책까지 하나하나 직접 다듬었고 양극화 해소 문제에서 재원 관련 보고도 받은 것으로 알려졌다.

아무튼 양극화 문제와 그에 따른 파생적 논쟁인 증세냐, 감세냐 큰 정부냐 작은 정부냐 등의 논란은 2006년 새해 최대의 논쟁거리가 됐다.

이처럼 사회 아젠다로 부각되기까지 노대통령과 청와대 참모들은 매우 정교한 접근방식을 택했다. 나누어서 메시지를 하나씩 던진 방법론이나 논리의 전개방식까지 모두 그러했다.

처음 신년 연설에선 '양극화 문제가 심각하다. 해결 노력을 기울여야 한다. 그런데 돈이 없다. 우리 정부는 국내총생산(GDP) 대비 재정비율이 낮은 편이다'는 논리를 제시했다. 그것도 '재정비율이 낮다'는 대목에선 '정부는 (일각의 공격과 달리) 좌파 정부가 아니다'는 해명에 대한 근거를 제시함으로써 재정비율이 낮다는 주장이 세금확대로 해석되지 않도록 차단하려 애쓴 점이 돋보였다. 그래서 첫 연설 후 세금 문제가 연일 신문에 대서특필되자 "우리가 언제 세금확대를 주장했나"라고 항변했다. 동시에 양극화 해소에 대해서도 일자리 창출이 해법이라는 '모범답안'부터 제시해 이념 논쟁을 미리 막으려는 노력도 엿보였다.

참모들의 주장과 설명에도 양극화라는 민감한 안건을 다루기까지의 노력이 단편적으로 드러났다. 조기숙 홍보수석은 청와대 홈페이지에 올린 글에서 노대통령의 연설과 관련, '역발상의 작품'이라는 논리를 폈고 강원국 연설비서관이 써 올린 대통령 연설의 뒷이야기에도 그런 흔적이 보였다. 양극화 문제를 꺼낸 뒤 사회적 아젠다로 설정하는 데는 성공했지만 이로 인해 또 한 차례 비판을 받았다.

세금 문제의 민감성은 청와대도 어느 정도 인식하고 있는 것 같다. 세금 문제에 언론이 집중적으로 관심을 갖고 여권 내에서조차 술렁이자 노대통령은 "당장 증세하지 않는다는 입장"이라고 요지를 말했고 김용익 사회정책수석도 임명장을 받은 바로 다음날인 지난 1일 KBS라디오에서 "기왕의 조세제도 안에서 부분적인 개선을 통해 재원을 조달하는 것이 최선의 길"이라며 같은 말을 했다. 그러나 청와대의 속마음은 세금 문제를 좀 뜯어고치고 싶어하는 것으로 파악된다.　　　2005. 2. 13

행정관이 받은 대통령 전화

지난해(2003년) 11월 16일, 일요일. 노대통령은 이례적으로 서울 종로의
'한일관'에서 청와대 담당기자들과 오찬간담회를 가졌다. '대통령 재신
임'이라는 현안이 한풀 가라앉은 상태에서 편하게 식사라도 나누자는
자리였다. 기자들과 소주잔도 오갔다.

다양한 주제를 놓고 편하게 대화하던 노대통령은 "국내 언론에 지시
할 것 있으면 수석 통하지 않고 바로 전화한다"며 "양정철이한테 전화
를 바로 한다"고 구체적인 예까지 들었다. 양정철 행정관은 최근 노대
통령 참석 행사에 전자업계의 비용분담 문제로 전화 걸었다 곤욕을 치
른 홍보기획비서관이다. 실무직원인 행정관에게 대통령이 직접 전화
걸어 업무를 지시하거나 의견을 듣는다고 말한 점이 놀라웠다.

그보다 한 달쯤 전인 지난해 10월 13일 오전, 노대통령은 재경부 경
제홍보기획단 홍보기획과로 직접 전화를 걸었다. "저…대통령입니다.
홍보기획과장 계신가요" 여직원은 '대통령'이란 말에 반신반의하면서
바로 방영민 과장(현 삼성증권 상무)을 바꿨다. 노대통령은 재차 대통령
이라고 밝히고 "한 가지 궁금한 게 있어서 알아보려 전화했다. 재경부
홈페이지를 보니 김진표 부총리가 특강에서 '1만 달러에서 2만 달러로
가기 위한 정책의 하나로 경제운용에서 5단계 실천전략을 세워놓았다'

고 한 내용이 있는데, 5단계 실천전략이 무엇인가"라고 물었다. 정중한 공대말이었다. "정부의 성장정책으로 수립됐고, 재경부에서 앞서 발표한 내용"이라고 방과장이 자세히 설명하자 노대통령은 "잘 들었습니다. 수고하세요"라고 말하며 전화를 끊었다.

최근 사례. 노대통령은 부산에서 총선에 출마했던 노혜경씨를 국내언론비서관에, 양정철 국내언론비서관을 홍보수석실 주무인 홍보기획비서관으로, 박근혜 패러디로 물러난 안영배 비서관을 국정홍보비서관에 재기용하면서 이들을 집무실로 불렀다. 홍보수석이 배석하지 않은 편안한 자리를 만들어 격려도 하고 업무 포부도 듣는 자리였다. 이에 앞서 김만수 부대변인을 임명한 뒤에도 따로 부른 적 있다.

노무현 대통령의 참모관리는 이처럼 독특하다. 토론과 학습 문화, 적잖은 대통령자문위원회에다 그 산하에 여러 개씩 겹친 이른바 위원회, 시스템과 로드맵 등등…. 이런 시스템에서 업무를 위해 불가피한 일인가, 성격 탓인가. 노대통령은 참모들과 업무상의를 하거나 회의할 때 격식을 거의 따지지 않는 편이다. 특정 과제가 주어질 때 비서관이든, 행정관이든 직급을 따지지 않고 함께 회의하고 담당자에게 전화도 한다. 과거 정부의 청와대와 비교해 가장 큰 외형적 차이인 것 같다.

청와대 참모진은 비서실장 · 정책실장(장관급)−수석 · 보좌관(차관급)−비서관(1~3급)−행정관(3~5급)−보조직원으로 직급과 명령계통이 나눠진다. 직전 김대중 대통령 때만 해도 비서관급이 대통령과 독대한다거나 비서관들이 대통령과 머리를 맞대고 함께 회의하는 일은 흔치 않았다. 비서관은 각자 해당 분야에서 대통령의 업무를 사실상 대행하지만 분야별 수석이 있고 비서실장도 있어 대통령과의 대면 기회가 거의 없었다. 특히 김 전 대통령은 박식한데다 업무를 자세히 꿰뚫고 있어 이례적으로 불려간 비서관이 괜히 어려워 '소변을 찔끔' 했다는 에피소드가 우스갯소리 이상으로 들렸을 정도다.

그러나 노대통령의 스타일은 완전히 달랐다. 탄핵국면 때는 비서관들과 함께 공식업무 외 공간인 관저에서 식사를 했고 청와대 뒷산 등반도 했다. 매주 이어지는 국정과제회의와 각 기관 보고 때도 비서관급은 거의 예외없이 배석하고, 대통령과 테이블에 나란히 앉기도 한다.

회의 때 분위기도 격의가 없는 편이다. "지금은 없어졌지만 지난해엔 금요일 아침마다 일부 수석과 당시 이광재 국정상황실장, 정만호 비서관, 윤태영 대변인 등 비서관급까지 토론을 벌이는 조찬보임이 정례화돼 심도 있는 얘기까지 오갔다.

한 비서관은 노대통령의 직접전화나 대면회의에 대해 "긴장되고 부담스러울 때도 있지만, 내가 대통령의 비서 역할을 하고 있다는 자긍심을 갖게 돼 좋다"고 말했다. 노대통령은 비서들을 본관으로 불러들이는 게 공간적으로 제약받자 자신이 비서실로 가까이 가겠다고 해 기존 비서실 옆에 새 건물 공사가 한창이다.

한편 노대통령은 청와대 내부의 결재보고서를 인트라넷에 올리도록 하고 보고서에 '문서속성 카드' 라는 별도의 첨부문서를 달아 실무작성자(행정관)—중간관리자(비서관)—부서책임자 등이 개인 의견을 내고 모두 기록으로 남기도록 하면서 직접 의견을 훑어나가기로 해 비서진이 늘 긴장 상태다. 이 역시 노대통령이 낸 아이디어다. **2004. 9. 27**

보고서 읽기 좋아하는 스타일

지난 3월 23일 오후 청와대에서 신용불량자 대책회의가 열렸다. 이 자리에서는 서민 경제난의 대표적인 사례로 꼽힌 신용불량자에 대한 해법이 다각도로 논의됐다. 논의의 내용과 생계형 신용불량자 신용회복 대책이 마음에 들었는지 노무현 대통령은 회의 중에 "이번 정책이 신용불량자 문제에 대해서는 마지막 정책"이라고 말했다며 김영주 경제정책수석이 전했다. 불과 1년 전 중소기업 문제와 신용불량자 문제에 대한 재정경제부의 보고를 받고 "도무지 정확한 실태가 조사되기나 했는가"라며 상당히 역정을 냈던 것과 비교되는 회의였다.

신용불량자 문제의 대책을 모색한 이 회의와 관련해 관심을 끈 것은 회의가 열린 배경이다. 청와대 관계자들에 따르면, 앞서 한 건의 보고서 때문이라고 한다. 김영주 경제정책수석실에서 보고서를 올렸는데, 그 내용이 노대통령의 마음에 꼭 들었다는 것이다. 보고서는 〈신용불량자대책 추진현황과 평가 · 향후대책〉이란 제목이었고, 보고서를 유심히 본 노대통령은 바로 보고서 내용을 바탕으로 대책회의를 열자고 했다는 후문이다.

앞서 조윤제 전 경제보좌관(현 주영국대사) 때는 공개적인 자리에서 조보좌관이 작성해 올린 200쪽가량의 보고서를 두루 읽어보느라고 상당히 바빴다는 취지로 언급해 주변의 관심을 끈 적도 있다.

청와대 관계자들은 'e지원'이라는 청와대 내부의 온라인 문서관리 시스템이 구축돼 상당수 결재문서·보고서 등이 상당수 여기에 올라가고 이곳을 통해 처리되는 방식이 자리잡아가는 것도 보고서 읽기를 좋아하는 노대통령의 스타일 때문이라고 분석한다. 개별 독대보고는 거의 없고 대면보고 자체를 가급적 줄이되, 꼭 필요할 경우 반드시 김우식 비서실장 등을 배석시켜 웬만한 국정운영 과정의 서류는 온라인 문서관리망에 올리라는 지시도 있었다고 참모들은 전한다. 국정원의 정보 보고를 받아도 김실장을 배석시키는 등 주요 보고, 특히 어떠한 결정을 수반하거나 방향 설정이 뒤따를 수 있는 보고는 반드시 배석자들 두는 것으로 알려졌다. 이에 따라 아예 보고서를 청와대 내부의 인트라넷에 올라가는 게 당연해지고 있다. 올라가는 보고서의 수준이 문제로 남기는 한다.

수많은 보고서가 대통령에게 올라가는데, 이 중 일부는 일반에 공개된다. 청와대 홈페이지에 있는 '대통령 보고서'라는 코너가 공개 통로다. "좋은 보고서를 받으면 혼자 읽기가 너무 아깝다는 생각이 든다. 과감하게 업무내용을 공개해 공유하자"는 방침에 따른 것으로 일반인들도 볼 수 있다. 다만 여기에 소개된 보고서는 극히 일부분이다. 내용이 좋아서, 때로는 정책방향 예고로, 또는 정치적 배경이 깔린 채 공개되는 것들이라고 여겨진다. 지난해 9월 이후 현재 20건의 보고서가 올라 있다.

노대통령은 보고서가 특히 마음에 들 때 참모들에게 좀더 적극적으로 대외적인 공개를 하라고 지시하기도 한다. 예를 들어 지난 2월 28일 경제보좌관실은 〈투기성 외국자본 유입의 영향과 대응방향〉이라는 보고서를 올렸는데, 이때는 별다른 안내없이 슬며시 올려졌다. 홈페이지

방문자는 자연스럽게 보라는 식이다. 그러나 3월 20일 공개된 노동비서관실의 〈아일랜드의 사회적 협약 검토〉 보고서는 상당히 달랐다. 그냥 대통령 보고서 배너에 올려둔 것이 아니라 권재철 노동비서관에게 보고서 내용을 청와대 출입기자들에게도 설명하라는 지시가 떨어졌다. 내용이 마음에 들기도 했겠지만 노사갈등, 양극화 심화 등 우리 사회의 구조적인 문제해결을 위해 아일랜드 모델을 좀더 의미 있게 일반인들에게 보여주고 싶었던 것으로 해석된다. 설명회로만으로도 모자라 3월 21일부터 연 3일간 청와대 소식지인 〈청와대 브리핑〉에 그 내용을 자세히 싣기도 했다.

보고서를 본 노대통령의 반응은 다양하게 나타난다. 2004년 11월 문서관리시스템을 통한 보고가 시작된 이후 2005년 2월까지 넉 달이 채 안 되는 기간 동안 온라인 보고문건은 958건. 이 중 밤에 관저에서 보고 다양한 의견서를 온라인에 붙인 경우도 많아 밤 10시 이후에 본 것으로 기록된 문건만 252건이라는 게 윤태영 제1부속실장의 설명이다. 아침 6시 이전 새벽에 본 문건도 이 기간 중 5건 있었다고 윤실장은 설명했다.

내용이 좋으면 칭찬과 함께 바로 정책으로 이어질 수 있는 회의가 열리지만 내용이 부적절하거나 함량이 떨어지면 그대로 질책이 떨어진다. '정책실장 선에서 적절히 주의바람' '토론과 보고를 다시 합시다' 라고 온라인 결재난에 쓰면 상당히 직설적으로 꾸짖는 경우라고 한다. '부속실, 취지가 없는 문서까지 올리는 것은 좀 심하다. 다음부터는 취지를 요약할 것' '이 한 건의 처리에 대통령의 시간이 얼마나 소요될 것인지를 판단해 주시면 좋겠습니다' '열람하는 데만 30분' 이라는 식으로 쓴 것은 우회적이지만 신랄한 질책이라는 설명이다.

보고서 형식을 좋아하는데다 온라인으로 보고받고 지시와 결재까지 이 공간에서 이뤄지자 힘들어하는 참모들이 적지 않다. **2005. 4. 1**

대통령 연설문의 진짜 주인공

지난 8월 15일 오전 9시30분경. 청와대 김만수 부대변인에게 한나라당 관계자의 전화가 걸려왔다. "8·15 경축사 원고를 미리 받아볼 수 없는가"라는 요청이었다. "행사가 시작되는 10시 이전에는 곤란하다"며 정중하게 거절한 김부대변인은 기념식 시작에 맞춰 한나라당측에 원고를 전해줬다.

연설문을 한나라당에 미리 보내주지 않은 이유는 표면적으로 노무현 대통령의 연설문 원고에 대한 언론사 보도 시점이 10시로 '엠바고(보도 시점 제안)'가 정해져 있었기 때문. 그러나 김부대변인이 약간의 '융통성'도 발휘하지 않은 것은 삼복더위 속 한나라당과 청와대 사이의 한랭전선 때문이라고 보는 게 맞을 것 같다. 김부대변인은 뒤에 "논평이 세기로 유명한 모 부대변인에게 원고를 미리줬다가 어떤 식으로 비판이 나올지 모르는데…"라며 야당의 반응이 몹시 신경 쓰였다는 점을 내비쳤다.

주요 행사에 대한 대통령의 연설문은 통상 보안 속에서 작성된다. 특히 8·15 경축사는 과거 정부 시절부터 대국민 메시지는 물론 대북, 미·일·중·러 등 4강에 주요 국가 현안에 대한 국정 최고책임자의 복안과 처리방향이 담긴다. 대통령의 철학과 단기·중장기 국정운영 방침의 밑그림이 제시되기도 하고 새로운 국정업무를 공개하는 계기도 된다. 연두회견 모두발언, 3·1절 기념사, 국회시정연설 등에서도 그때 그때 현안에 대한 기본원칙 외에 처리방향까지 언급되기도 한다.

이 때문에 연설문은 밑그림 단계부터 언론의 취재거리다. 대략 1주일쯤 전부터 기자들은 "이번 8·15 경축사에는 무슨 메시지가 담기나" 하며 연설문 작성팀에 접촉하지만 대부분 함구다.

노대통령은 8월 첫째주 휴가를 마칠 무렵부터 8·15 경축사를 준비해 온 것으로 전해졌다. 이병완 홍보수석, 강원국 연설담당비서관, 윤태영 제1부속실장이 연설문 작성의 핵심 멤버다. 여기에 김종민 대변인과 양정철 국내언론비서관도 함께 작업을 했다.

경축사 준비가 본격화된 것은 지난 8월 8일쯤으로 대다수 청와대 담당기자들이 휴가를 마치고 춘추관으로 첫 출근했을 때다. 이홍보수석은 이날 기자들과 간담회를 가졌는데, 경축사에 담길 내용이 주요 관심사였다. 이수석은 경축사 방향을 설명하는 대신 "무슨 내용을 담았으면 좋겠느냐"며 오히려 기자들에게 묻고 메모지까지 꺼냈다. 과잉 제스처이기도 했지만 연설문 작성을 위한 기본 여론조사를 한 셈이다. 일요일인 이날 기자들과의 간담 후 이수석은 경축사 상의를 위해 청와대 관저로 노대통령을 찾아갔다.

이때부터 연설문 초안작업이 본격화됐지만 관계자들은 "아직 시일이 너무 많다"거나 "앞으로 몇 벌을 더 구워야 할지 모른다"며 구체적인 내용에 대해서는 함구했다. 노대통령의 입에서 나오기 전까지는 보안이기도 하고 최종 순간 어떻게 낭독될지 모른다는 점도 있지만 실제로 이 1주일 기간에 또 어떤 중대한 일이 발생, 연설문에 담아야 할지 아무도 모를 일이었다.

이때부터 연설문 작성팀은 청와대 비서실의 각 수석·보좌관실별 주요 현안에 대해 파악한다. 여당과 정책공조라든가 여론의 추이도 신중히 고려된다. 이 과정을 거쳐 주요 과제가 추려지면서 행사의 성격과 맞는지 분석된다.

지난 8·15 경축사에 경제 문제가 비교적 조금만 언급된 것은 광복절이 경제 문제와는 직접적인 관련이 적다는 판단 때문이다. 그렇다고 국정의 최대 현안인 경제 문제를 거론하지 않을 수 없다보니 자신감과 희망찾기로 가닥을 잡은 것 같다.

현안 중 짚고갈 사안이 추려지면 구체적인 언급 내용과 표현, 그에 따른 여야 정치권과 언론의 반응, 정부의 후속 조치에 대한 토의까지 이뤄진다. '독회'라는 이 과정을 최소한 서너 차례 이상 거친다. 관계자 모두가 노대통령 앞에 함께 모이기도 하고 실무자끼리 수시로 만난다.

'정제된 공식 문건'으로 인정되고 기록으로 남는 것이 대통령 연설문이지만 노대통령은 종종 격식을 파괴한다. 지난 3·1절 기념사에서는 연설문에 없던 내용으로 고이즈미 일본 총리의 신사참배를 겨냥, 직격탄을 날려 양국 외교가를 긴장시켰다. 당시 노대통령은 사전 배포된 연설문을 배제하고 완전히 새로운 내용으로 연설했다. 윤태영 당시 청와대 대변인이 종합적으로 두 차례나 연설문을 만들었으나 3월 1일 아침 직접 연설문을 고쳐썼다. 8·15 경축사에서는 노대통령이 사전 독회에서부터 "자신감이 강하게 표현돼야 한다"고 미리 키워드를 강조, 실무팀이 여기에 초점을 맞췄다.

근래 행정관에서 연설담당비서관으로 승진한 강원국 비서관은 연설문 작성업무만 해왔다. 서울대 외교학과를 졸업한 뒤 대우근무 경력이 있는 그는 대통령직 인수위에서 당시 연설문 책임자였던 윤태영 실장 아래서부터 일해와 노심(盧心)을 잘 읽는다.

2004. 8. 30

국정과제위원회의 한계와 혁신논리

초반기부터 '위원회 정부'라는 비판을 감수하면서도 여러 개의 대통령 자문 위원회에 힘을 쏟아온 청와대가 행담도개발 사업에 부정적으로 연루된 동북아시대위원회의 '부적절한 업무' 때문에 일단 주춤하는 분위기다. 이에 따라 임기 중반으로 접어들면서 불거진 동북아위(문정인 위원장-정태인 비서관)의 일 추진방식은 노무현 대통령이 중점적으로 추진해 온 다른 국정과제위원회의 활동에도 적잖은 영향을 미칠 전망이다.

처음 동북아위에서 행담도개발에 업무지원서(MOU)를 써주는 등의 문제점이 불거졌을 때도 청와대는 "(진행 중인) 감사원 조사 결과를 지켜보고 사표수리 여부 등을 결정하겠다"는 방침을 발표했었다. 그러나 하루 만에 문위원장과 정비서관의 사표를 전격 수리해 사실상 경질 처리한 데는 다른 위원회로 이런저런 의혹의 불똥이 튀거나 문제제기가 되는 것을 차단하겠다는 의지가 반영된 것으로 보인다.

공기업의 지방 이전에 전력투구해 온 국가균형발전위와 정부혁신지방분권위 등 각 국정과제위원회의 활동은 뒤에라도 노대통령의 업적이라고 내세울 만한 주요 정책과 직결된다. 또 근 2년에 걸쳐 짜둔 로드맵들이 예정대로 진행될 수 있을지 여부와도 관련돼 있어 청와대로서는 민감하게 바라보지 않을 수 없다.

시베리아 유전개발투자 의혹이 불거졌을 때만 해도 "털어봤자 특별히 나올 게 없을 것"이라며 "결국 과거 옷로비 때처럼 실체없이 유야무야되지 않겠느냐"고 여유를 보였던 것과는 분명히 대조적인 분위기다. 동북아위 건에 대한 뉴스가 많아지자 청와대의 한 핵심 관계자는 "이런 식으로 확인조차 안 된 온갖 의혹이 마구잡이로 나오면 웬만한 강심장 아니고는 실무자들이 어떻게 일을 처리하겠는가"라며 근심을 떨치지 못했다. "으레 3년차에는 여론에 얻어맞거나 이런저런 문제점들이 불거지곤 하지 않았느냐"며 애써 자위하는 분위기도 없지 않지만 분명 부담감과 두려움이 깔려 있다.

감사원 조사 도중에 민정수석실이 별도로 자체 조사에 착수, 문위원장을 바로 물러나게 한 데는 '시스템 작동' 문제와 관련된 요인이 있다. 청와대는 업무처리를 최대한 문서화하고 문서는 내부의 온라인망 'e지원'에 올려 사안마다 관계자들이 의견을 제시하고 관련된 회의 등 업무추진 과정도 일목요연하게 투명화했다고 내세워왔지만, 직전에 시베리아 석유개발 건과 관련된 업무진행부터 이런 과정을 거치지 않아 답변이 궁색해진 적이 있었다.

동북아위의 업무추진 과정에서도 취약점은 한두 가지가 아니었다. 자문기구인 위원회의 권한행사 부문, 김재복씨에 대한 인사검증과 유착, 유관기관과 부서 간 정보공유 여부, 이 중에서도 내부에서 필요한 정보가 공유되거나 상호 확인작업이 이루어지지 않은 것은 확실히 시스템의 결함이라고 비판받을 수밖에 없다. 의욕만 앞선 상황에서 필요한 모든 내부 점검 및 확인 과정을 거치지 않았다가 뒤늦게 일종의 위기감과 경각심을 갖게 된 상황이다.

행담도개발과 시베리아 유전개발 의혹 제기로 임기의 절반에도 못 미친 시점에서 2건의 '권력누수적 하자 사건'이 터졌으나 노대통령의 관심은 여전히 혁신으로 보인다. 특히 인사에서는 혁신성이 주요한 기준이다.

오랜 재무관료로, 관세청장에서 건교부로 이직한 김용덕 차관의 경우를 보자. 청와대는 기용 배경을 "관세청장 때 관세행정을 한 단계 업그레이드하는 등 혁신지향적"이라는 점을 강조했다.

이에 앞서 노대통령은 청와대 비서실에 혁신관리수석이라는 새 직책을 만들었다. 국세청장을 지낸 이용섭 혁신관리수석 인사를 발표하면서 청와대는 "국세청을 개혁선도기관으로 탈바꿈하는 등 혁신기획 및 추진역량이 탁월했다"는 설명을 곁들였다.

혁신담당관 자리가 부처마다 만들어졌는데, 청와대에까지 혁신수석이 신설된 이유는 무엇일까. 한 참모는 "정부 내 혁신 분위기를 정부 산하 기관으로 확산시키고 혁신 마인드가 있는 인물을 발굴하라는 취지일 것"이라며 "그보다 현실적으로는 장·차관과 청·처장 등 기관장들에게 혁신 마인드를 독려하는 게 좀더 현실적인 임무 아니겠느냐"고 말했다.

2005년 1월 개각 때 화려하게 기용된 오영교 행정자치부장관 역시 혁신이라는 기준에 따른 인사였다. KOTRA 사장을 지낸 오장관은 그전에 정부혁신특보라는 직책을 겸직했는데, 정부조직과 인사업무 등을 총괄하는 행자부의 수장에 등용됐고, 발탁 사유는 혁신성이었다.

혁신 매진과 위원회 활동의 정상화. 노대통령이 임기 중반에 들어 고심하는 중간 역점사항처럼 보인다. 혁신과 관련해 노대통령의 마음속 깊은 부분을 엿볼 수 있는 에피소드 하나가 있다. 청와대 내부의 참모회의 도중의 일이다. 경제 문제로 내부회의를 하던 도중 경제 부처 출신의 한 비서관이 노대통령이 염두에 둔 방향과 다른 측면을 이야기했다고 한다. 노대통령은 가만히 끝까지 듣고 난 뒤 부드럽고 재미있게 코멘트해 참석자 모두가 한바탕 웃었다는 것이다. 그러나 그런 대응 모습 속에서 혁신을 바라보는 노대통령의 '본마음'이 엿보인다.

혁신과 위원회 활동은 조화를 이룰 것인가. 중반기, 그리고 남은 하반기 임기의 성과 여부는 여기에 달린 듯하다.

2005. 6. 13

참모들의 개성

◆ ◆ ◆

노무현 대통령의 지시를 빈틈없이 이행하거나 반대로 정치·정책·홍보 등에서 아이디어를 제공하고 방향과 대안을 제시하는 사람들, 바로 대통령의 참모들이다. 노대통령의 공식·비공식 참모 중 제일 가까운 곳의 측근은 청와대 비서실 근무자들이다. 이들은 대통령의 모든 일정을 챙기면서 행사를 주도적으로 이끌기도 한다. 때로는 분신이고 때로는 그림자이지만 어떤 부문에서 참모의 업무는 대통령의 역할을 대행하는 것이기도 하다.

직급별로, 각 분야별로 비서실 근무자들은 어디 하나 중요하지 않은 보직이 없다. 따라서 명확한 공통분모를 깔고 측근 두세 명만 자주 모이거나 엮이면 곧장 '△△인맥' 'ㅇㅇ라인'이라는 이름이 붙곤 한다.

비서실 내 연세대 인맥

노무현 대통령의 지시를 빈틈없이 이행하거나, 반대로 정치 · 정책 · 홍보 등에서 아이디어를 제공하고 방향과 대안을 제시하는 사람들, 다름 아닌 대통령의 참모들이다. 노대통령의 공식 · 비공식 참모 중 제일 가까운 곳의 측근은 청와대 비서실 근무자들이다. 이들은 대통령의 모든 일정을 챙기면서 일정과 행사를 주도적으로 만들기도 한다. 때로는 분신이고 때로는 그림자이지만, 어떤 부문에서 참모의 업무는 대통령 역할을 대행하는 것이기도 하다.

직급별로, 각 분야별로 비서실 근무자들은 중요하지 않은 보직이 거의 없다. 따라서 명확한 공통분모를 깔고 측근 두세 명만 자주 모이거나 엮이면 곧장 '△△인맥' '○○라인'라는 이름이 붙곤 한다. 그래서 부산인맥이니 서울인맥이니 하는 말들이 나오고, 캠프 출신이니 선대위 출신이니 하는 꼬리표가 정권 출발 2년이 다 되어가는 지금까지도 자연스럽게 나오는 것이다.

근래에는 소리소문없이 '연세대 출신' 'Y대 동문'이란 인맥 분류가 여기에 더 추가되는 분위기다. 자연스레 힘도 실리는 양상이다. 청와대 비서실에는 서울대를 비롯, 서울의 여러 대학과 각 지방대 출신, 유학파들까지 있지만 연대 출신 참모들이 주요 보직을 포진하게 되면서 나온 말이다.

무엇보다 가장 가까운 거리에 있는 인물들의 대개가 연대 출신이다. 비서실장, 제1부속실장, 의전비서관, 수행비서… 등등.

단순히 직급상으로만 보면 김우식 비서실장이 정점에 있다. 연세대 화학공학과를 졸업, 부총장을 지냈고 2004년 초 현직 총장에서 비서실장으로 옮겼다. 김실장이 비서실의 사령탑을 맡게 된 데는 청와대에 앞서 포진한 연세대 출신 386비서관들의 영향이 매우 컸던 것으로 전해졌다. 2003년 총장 시절 그는 연대 출신으로 청와대 안에 자리잡은 노대통령의 측근들을 두루 불러 식사를 함께 하면서 격려한 일도 있는 것으로 알려졌다.

김실장과 함께 근래 '또 다른 실장'이라는 별명이 생긴 윤태영 제1부속실장은 노대통령의 측근 중의 측근이다. 1년 이상 대변인을 맡으면서 노대통령의 의중을 정확히 파악해 언론에 전달, 노대통령의 신임이 대단하다. 경제학과 출신으로 지난해 청주향응 파문으로 물러난 양길승 씨 이후 '적임자가 없어 비워둔다'던 제1부속실장에 기용된 것으로 볼 때 그에 대한 노대통령의 신임이 엿보인다. 집무실 바로 곁에서 대통령과 면담, 대통령의 전화, 수시로 부르는 호출과 지시 등을 담당해 좁은 의미의 비서실장인 셈이다.

윤실장과 사무실을 나란히 쓰면서 대통령의 모든 공식행사를 챙기는 천호선 의전비서관도 연대 사회학과 출신이고, 노대통령의 가방을 들고 다니는 수행비서 문용욱 행정관도 도서관학과(현 문헌정보학과) 출신이다.

지난 4월 총선에 출마했다가 낙선한 참모들 중 드물게 청와대 비서실로 바로 복귀한 김만수 부대변인도 사회학과 출신이다. 모두 학생운동권 출신인 이들 모두 40대 초중반의 실세들이다. 문행정관만 30대 후반이다. 김부대변인은 선거 시절 노대통령이 "만수, 만수"라고 불렀던 친한 참모다.

이들보다 몇 살 많은 40대 중후반 그룹으로, 김비서실장의 비서실장 격인 업무를 담당하는 윤후덕 업무조정비서관(정무비서관 겸임)과 강태영 업무혁신비서관도 연세대 동문이다. 윤비서관은 김비서실장이 주재하는 수많은 회의의 실무를 담당하고 정무까지 맡아 챙기는 일이 매우 많다. 지난해까지만 해도 연대 출신으로 '참모 중의 참모'는 이광재 전 국정상황실장(현 열린우리당 의원)이었다. 그는 안희정씨와 더불어 노대통령의 두 팔로 분류됐다.

이들처럼 지근거리 참모는 아니지만 비서실과 청와대 주변에는 연대 출신이 몇 명 더 있다. 인사수석실의 김판석 인사제도비서관이 연대 행정학과 교수에서 비서실로 들어왔고, 문정인 동북아시대위원장도 현직 연대 교수에서 자리를 옮겼다. 문위원장은 국제관계·정보 업무의 이론 보좌역으로 부각되고 있다.

노대통령이 의식했든, 않았든 간에 연대 출신들이 가까이에 중용되는 것은 외동아들인 건호씨에 대한 애정도 한 몫했다는 분석이 있다. 건호씨는 연대 법학과를 졸업했고, 며느리인 배정민씨도 연대 동문이다.

노대통령은 탄핵심판이 끝나자마자 외부 행사로 연대에 특강을 나간 적 있다. "뭔놈의 보수를 다 붙여도 보수는 변하지 말자는 것"이라며 진보와 보수를 극명하게 나누고 보수에 대해 일갈을 가해 화제를 모았던 그 강연이다. 연대측이 리더십과 관련된 특정 강좌를 위해 특강을 초청, 청와대가 이에 응했는데, 김비서실장이 이 행사에 적극적으로 나섰다는 후문이다. 당시 연대라는 특정 대학에서 대통령이 한 시간 이상 특강을 했다 하여 비서실 일각에서는 약간의 뒷말도 있었다. **2004. 10. 11**

임시 춘추관의 인기 짱 반기문 장관

청와대 출입기자들이 노무현 대통령의 해외순방에 동행해 나갈 때면 현지 방문국에 도착해서 매번 제일 먼저 하는 일이 있다. 임시 '프레스센터'로 가서 전화와 인터넷을 확인하는 일이다. 노대통령의 해외순방을 함께 다닌 필자도 단 한 차례 예외없이 공항에 도착하면 프레스센터로 이동, 노트북컴퓨터부터 켠다.

프레스센터는 기자들이 묶는 호텔의 크고 작은 연회장 등이 활용된다. 청와대 홍보수석실과 의전비서관실, 외교부, 국정홍보처 직원 등으로 구성되는 '선발대'는 사전에 방문지로 출장 가 프레스센터로 쓸 공간이 있는 호텔을 물색한다. 일반 기자들이 브리핑을 듣거나 기사 쓰는 중앙기자실이 있고 사진기자실, 카메라기자실, 지원행정실 등도 따로 마련된다. 노대통령을 비롯한 공식방문단과 같은 호텔을 이용할 때도 있지만 기자들은 대개 인근의 다른 호텔을 이용한다. 홍보수석실 행정관들은 도착 직후 기자들이 컴퓨터를 두들기며 기사를 쓰는 브리핑룸 앞에 태극기도 걸고 연단(브리핑 석)의 마이크를 점검하면서 연단 뒤에는 가져온 청와대 휘장을 붙여 '현지의 춘추관'을 꾸민다.

지난해 이후 해외의 임시 춘추관에서 기자들의 관심을 모으면서 인기를 어느 정도 얻고 있는 참모는 바로 반기문 외교통상부장관이다.

'참여정부' 출범 때 외교보좌관으로 기용된 반장관은 지난 1월 중순 윤영관 전 장관이 전격 경질되기까지 약 1년간 외교보좌관으로, 이 프레스센터에 세워진 연단에 가장 많이 섰던 것 같다.

그는 무엇보다 기자들의 궁금증 해소를 위해 많이 노력하는 편이다. 대부분의 청와대 참모들이 본인 하고 싶은 내용만 최대한 간략히 설명한 채 기자들의 질문은 가급적 적게 받으려는 소극적인 모습을 보이는 것과는 눈에 띨 정도로 대조적이다. 기자들의 질문이 계속 이어지다보면 설명하는 입장에서는 앞뒤가 조금씩 꼬일 수 있고 답변이 궁색한 어려운 질문도 수시로 나온다. 경우에 따라 알고 있으면서도 언론에 설명하기 어려운 내용이 없진 않겠지만 웬만한 참모들이라해도 쏟아지는 기자들의 질문을 모두 막아낼 정도로 확실한 인물들이 많다고 보기 어렵다. 장관이든, 수석이든, 보좌관이든 마찬가지여서 자칫 구설수에 오를 수도 있는 것이다.

그러나 반장관은 외교보좌관 시절부터 북핵과 대미관계라는 어려운 양대 과제를 안고 있으면서도 기자들의 질문에 무난한 답변을 해왔다. 미묘한 사안과 관련된 노대통령의 발언에 적당히 초점을 흐리는 것도 그의 장기다. 그러나 더 큰 장점은 기자들의 질의를 최대한 받는 점일 것이다. 다른 일정이 있을 때를 제외하고는 기자들에게 "더 물어볼 것은 없는가"라는 태도를 보일 정도로 순방 중엔 대언론 설명에 적극적이다.

지난해 7월 노대통령의 첫 중국 방문 때 일이다. 베이징과 상하이로 오가는 날 포함, 3박 4일간 일정은 빽빽히 채워졌다. 정상회담에서는 밀고 당기는 신경전 끝에 공동선언문이 작성되기도 했다.

빽빽한 일정 때문에 기자들도 밤 10시가 넘은 시각에야 간단한 식사를 할 수 있었는데, 이후 가볍게 한 잔하는 자리에 그가 나타났다. 때늦은 저녁식사라며 손에 햄버거를 든 채…. "기자들에게 브리핑하려다보니 공식만찬장에는 갈 수가 없었고, 따로 밥 먹을 곳도 마땅찮아서….”
이처럼 해외순방 때면 한 가지라도 더 설명하려고 애쓰는 모습이 노대
통령의 귀에 들어가지 않을 리 없다. 뿐만 아니라 현역 최고참급 외교
관으로서 노회한 경험을 살려 외교 분야 가정교사를 하면서 그는 노대
통령의 의중을 꿰뚫었다. 지난 1월 마침내 ‘만년 차관급’이란 별명과
‘청와대 수석급만 3수’라는 딱지를 떼고 화려하게 외교장관에 올랐다.
그무렵 386참모와 자주파 참모 일각에서는 미주국장와 오랜 UN 근무
경력 등을 지적하며 그를 ‘대표적인 친미파 외교관’이라고 힐난했지만,
민감한 한미관계를 안고 새로운 궤도를 모색하던 노대통령에겐 그의
경험과 세심한 보좌가 필요했다. 더구나 외교부의 개혁이 정부혁신의
주된 과제로 던져져 있어 내부의 전문가가 이 업무를 위해 팔을 걷어붙
여야 할 상황이기도 했다.

반장관의 뒤를 이은 정우성 외교보좌관은 아직 외교보좌관 시절 반
장관의 역할에는 못 미친다는 평이다. 무엇보다 지난해 해외순방 때는
외교장관이 언론 설명을 나선 적이 거의 없고 반보좌관이 맡았는데, 올
들어서도 반장관이 주요 사안에 대한 설명을 많이 해 정보좌관의 임무
가 다소 줄어든 느낌이다. 정보좌관은 반장관의 대학(서울대 외교학과) 직
계 후배인데다 외시도 각각 3회, 8회로 반장관과 나란히 서기에는 아직
버거울지도 모른다. 더구나 정보좌관은 지난 8월 뉴질랜드 대사에서 통
상교섭조정관(1급 상당)으로 임명된 지 불과 며칠 만에 차관급인 현직에
전격 승진기용됐다. 김선일씨 피랍사건으로 궁지에 몰렸던 반장관이
‘샌디에고 한미 정상회담’에서 북핵 해결의 청신호 만들기로 노대통령
과 신임을 굳건히 다지는 사이 정보좌관도 그 그늘 아래에서 자신의 입
지를 조금씩 모색해 나가고 있다.   2004. 12. 16

주목되는 경제정책수석의 역할

"신문은 물론 현실을 전달하지만 '역사의 기록'이라는 점을 잘 알아야 할 것이다. '경제수석 부활'이라고 쓴 데는 다 기록, 기억해 놓겠다"

청와대 비서실의 부분적인 업무개편이 있은 다음날인 지난 12월 23일 김종민 대변인이 기자에게 한 말이다. 편하게 사적으로, 웃으면서 한 얘기이고, 적어도 표현에서는 반 농담조였다. 김대변인이 이 얘기를 먼저 꺼낸 것도 아니었다. "경제정책수석과 경제보좌관실에 일일이 물어봐도 그렇고 개인적 판단으로도 아닌 것도 같은데, 적잖은 신문들이 경제수석이 부활됐다고 제목을 달았다. 어떻게 생각하나. 실제는 뭔가"라는 기자의 물음에 "당연히 (경제수석이 부활된 것이) 아니다"고 밝히며 부연한 설명이었다.

청와대 관계자들의 말을 종합하면 연말에 발표된 비서실의 직제개편에서 '정책기획수석'이란 직함이 '경제정책수석'으로 이름이 바뀐 것은 업무조정 차원이지, 과거 정부식의 경제수석이 부활된 것은 아니다. 비단 청와대측에서 그렇게 강력히 설명해서가 아니라 실제 업무로 볼 때 과거 경험했던 경제수석제를 되살렸다고 보기 어렵다.

청와대가 한결같이 경제수석이 되살아난 게 아니라고 하는 데는 업무 중심의 현상적인 설명 외에도 분명한 이유가 있다. 무엇보다 '참여정부'

의 정부 모델, 권력의 운용원칙과 다르기 때문이다. 노무현 대통령은 취임 전 정권인수위 시절부터 과거식의 부문별 수석제 운영에 강한 거부감을 보였다. 수석들이 과도하게 일선 부처 업무에 개입하고 청와대가 부처 업무를 직접 관장하는 시스템의 단점을 크게 본 것이다. 이는 뒤에 '분권과 자율'이라는 표현으로 국정운영 원칙의 하나가 됐다.

청와대 관계자는 "비서실이 부처 현안에 관여, 개입하지 않는다는 원칙에 따라 정책 부문별 수석제도를 없앴고, 이 기조는 앞으로도 변하지 않을 것"이라고 말했다. 역시 과거 경제수석 등이 '대통령 뜻'이라며 나서 일선 부처가 청와대만 바라본 폐단을 염두에 둔 설명이다.

2003년부터 야당인 한나라당과 경제계 일각에서 "경제수석을 부활하라"고 요구했지만 청와대는 이를 수용하지 않았다. 여기에는 자존심 싸움도 깔려 있었다. 특히 야당에서 경제수석을 부활하라는 요구에는 장기침체 국면에서 벗어나지 못하는 경제난에 대한 책임으로, "시스템에 잘못된 점이 있는 것 아니냐"는 비판이 깔린 것으로 보는 시각이 있다. 반면 청와대는 "경제난이 청와대의 시스템 잘못 때문만으로 규정하는 것은 인정하기 어렵다. 과거 잘못된 정책도 있고 우리 경제 내부의 문제점도 있지 않느냐"는 무언의 항변으로 버틴 셈이다.

정책기획수석이 경제정책수석으로, 그 아래 주무비서관인 정책기획비서관이 경제정책비서관으로 명함이 바뀌었지만 실제로 업무 내용에는 큰 변화가 없다. '경제정책'이라는 이름에도 불구하고 경제정책·사회정책 수석의 일선 부처 관련 업무는 오히려 줄어든 측면도 있다. 현안을 놓고 관련 부처끼리 이견을 보일 때 청와대가 나서곤 하는 '정책조정' 기능은 총리실로 넘어가기 때문이다. 청와대의 발표안 대로라면 양수석은 (정책의)기획－점검－지원－평가업무에 국한된다. 물론 이해찬 총리를 내세운 분권형 총리와 경제팀의 이헌재 경제부총리 등 내각

내 4개 팀이 더욱 확실히 자리잡게 하기 위한 조치라는 게 청와대의 설명이다.

경제정책과 관련, 경제정책수석(정책실장)―정책기획위원장―경제보좌관의 3각 구도도 일단 그대로다. 다만 개편으로 이정우 정책기획위원장(정책특보 겸임)과 같은 장관급인 김병준 정책실장의 연계 업무는 강화된다. 청와대는 개편된 비서실의 조직도를 그리면서 이전에는 따로였던 정책기획위와 정책실 사이를 '점선'으로 연결시켜 강화된 업무연계성을 나타냈다. 통상 명령계통에 있고 공식적으로 업무가 밀접한 연관부서는 '실선'으로 그려넣는다. 경제보좌관 역시 전처럼 국민경제자문회의를 총괄하면서 부동산 등 대형 과제와 중장기 발전전략을 모색하는데, 조윤제 보좌관이 2년 만에 청와대를 벗어나게 된 것이 변수다.

어쨌든 이름이 바뀐 김영주 경제정책수석의 '심적 부담'은 더 커질 것 같다. 김수석은 "경제수석 부활이란 말은 맞지 않다"고 밝혔으며, 지휘하는 비서관들도 경제정책―산업정책―농어촌의 3명체제로 종전 그대로지만 경제난이 가중될수록 기대치는 높아지게 돼 있다. 이들 3명의 비서관은 각각 동북아, 국가균형·과학기술중심, 농어촌특위 등의 국정과제를 맡아 해당 국정과제위와 공조체제를 갖추어야 한다. 이원덕 사회정책수석실에도 3명의 비서관체제에 변함이 없다. 경제보좌관실도 "경제수석이 다시 만들어진 것은 아니다"고 평가했다.

과거 정부의 경제수석실은 경제부문의 소내각이었다. 수석 아래 재정정책·금융·산업·농어촌·과학기술 등 분야별 비서관이 있어 부처업무를 실질적으로 좌지우지했다. 지금처럼 경제보좌관이나 정책기획위원장이 없었기에 수석은 막강한 힘을 발휘했고, 이 과정에서 독주도 가능했다.

2005. 1. 10

대변인 컬러와 얼굴, 얼마나 더 젊어질까?

'참여정부'가 보여준 여러 가지 특징 중 하나는 탈권위 문화다. 노대통령은 취임 초부터 정치권력에서부터 사회문화에 이르기까지 이 문제를 숙제로 인식하고 각별히 신경 쓰는 모습을 보였다. 그 연장선일 것이다. 청와대 대변인도 역대 정부에 비해 상당히 젊다. 언론계나 정치권의 중진 등으로, 과거 정부에서 청와대 대변인은 나이나 경력에서 다소 '중진 · 중량급' 쪽에 가까웠다.

그러나 노대통령은 많이 달랐다. 자신을 대통령으로 적극 지지한 젊은 세대들을 의식한 것일까. 권위주의 문화를 스스로 깨어나가기 위해서는 젊고 싱싱한 얼굴을 내세우는 것이 더 효과적이라고 판단한 것일까. 또는 대변인을 방패로 내세울 것 없이 본인이 '직접 정치, 대면 행정'을 추진하는 만큼 대변인은 최소한의 보조만 해주면 된다는 자신감 때문이었을까. 핵심 참모들의 이야기를 두루 들어보면 젊은 대변인을 내세운 데는 이런 요인들이 복합적으로 작용한 것 같다.

참여정부 4대 청와대 대변인이 된 김만수 비서관도 그런 '콘셉트'에 힘입어 전면에 나섰다. 다만 김대변인은 노대통령과 짧지 않은 인연이 있고, 정치철학도 누구 못지않게 잘 이해하고 있어 기용 배경은 조금 다를 수도 있다. 노대통령은 청와대 입성 이전부터 그에 대해서 "어이,

만수"라고 부르는 사이였다. 김대변인 역시 과거 정부와 비교하면 '신예' 인사다.

김대변인은 2004년 총선에서 낙패한 뒤 한때 "부속실장으로 청와대에 컴백하는 것 아니냐"는 얘기가 나돌 정도로 측근 그룹에 속한다. 실제로 청와대 수석 · 비서관 · 행정관 중 2004년 총선에 출마를 위해 나갔다가 비서실로 되돌아온 경우는 김대변인이 유일할 정도다. 총선 전 비서실의 분위기는 "각자 건곤일척으로 한 번 싸우러 나가면 되돌아오시 않는다"는 것이었다. 이런 점을 감안하면 김대변인에 대한 노대통령의 관심과 그가 포함된 핵심 참모진의 응집력이 어느 정도인지 짐작할 수 있다. 그래서 일각에서는 김대변인이 청와대의 '입'이 된 것에 대해 전임 김종민 대변인의 건강악화 등을 거론하면서도 "제자리를 찾아준 것 아니냐"는 해석들을 내놨다.

김만수 대변인이나 일단 무임소로 물러나 다음 보직을 대기 준비 중인 김종민 전 대변인이나 모두 64년생이다. 각각 40, 41살에 청와대의 대외 공식창구가 된 셈이다. 나이와 이미지 모두 젊다. 전형적인 386세대여서 브리핑, 간담회, 일상생활에서 권위가 끼어들 여지도 별로 없다. 춘추관 기자들과도 스스럼없이 어울릴 여건이다. 나이나 사회생활에서 청와대 출입기자들과 전부터 친분이 있는 경우도 많아 김종민 전 대변인은 연상의 기자들에게 '아무개 선배' '아무개 형'이란 호칭을 스스럼없이 썼다.

젊은 이미지로 치자면 초대 송경희, 2대 윤태영 대변인도 마찬가지다. 방송인에서 전격 기용된 송대변인과 윤실장도 동갑이다. 그들도 42살, 43살 때 대변인을 지냈다. 다만 3달여 만에 중도하차한 송대변인에 대해서는 "검증되지 않은 시스템의 희생자였고, 참여정부 출범 초기 '언론과 전쟁' 때문에 과도한 공격을 당했다"는 평가가 나왔다. 그는 현 정부 출범 때 '대언론 브리핑제'라는 새 제도에 맞춰 노대통령과 별다른 인연도 없이 발탁됐으나, 청와대와 상당수 언론 사이의 한냉전선에 끼어 역량을 제대로 발휘할 기회를 잡지 못했다. 그러나 대변인의 이미지를 근본적으로 바꾸는 단초를 제공했다. 그를 이어 2003년 5월 실세 대변인으로, 구원투수처럼 기용된 윤 전 대변인은 특유의 성실과 근면으로 기자들과 어울려나갔다. 그는 온화한 스타일인데다 늘 겸손해 제1부속실장으로 변신한 뒤에도 권위와는 거리가 멀다는 게 중론이다. 그는 예민한 문제, 민감한 사안에 대해 노대통령과 수시로 통화할 수 있는 참모라는 입지를 바탕으로 대변인 근무 1년을 채웠다.

3대 김 전 대변인은 탄핵 이후 정치환경에 맞춰 '안정 대통령 이미지'를 대외적으로 인식시키려는 노력했는데, 이 바람에 "청와대 안팎으로부터 대통령 발언을 너무 적게 소개했다"는 지적을 받았다. 그 역시 노대통령의 의중을 정확히 전하기 위해 매사에 노심초사했다.

4대인 김만수 부대변인은 자타가 공인한 대로 '노무현의 사람'이라는 점을 십분 활용, 소신 있게 대통령의 입 구실을 하고 있다. 그는 부대변인 시절에 2시간씩 이상 걸린 국정과제회의나 부처업무보고를 브리핑하면서 "대통령께서 이점과 이점을 강조했다"며 딱 두세 줄(문장)만 소개하고 "나머지는 평소에 늘 하시던 말씀"이라며 과감히 생략해 버리는 대범함을 보였다. 2004년 부천에서 한나라당 김문수 의원과 한판 승부까지 벌이고 복귀한 터라 각론은 쉽게 건너뛰고 큰 줄기를 잡아나가려 노력하는 스타일이다.

운동권인 그가 연세대 재학 시절 때 학생처장을 맡았고 그 인연으로 결혼 주례까지 섰던 김우식 비서실장과의 인연, 오랫동안 호형호제해 온 윤 전 대변인, 천호선 국정상황실장 등 연세대 동문들까지 비서실 내 핵심 요직에 뿌리를 강하게 내리고 있는 점도 김대변인이 성큼성큼 보폭을 내딛게 하는 데 도움을 주고 있다.　　　　　　　　　　**2005. 4. 4**

다섯번째 청와대 입이 된 정태호 대변인

대통령의 입, 청와대 대변인은 평소 하루에 100여 통에 달하는 전화를 받는다고 한다. 주로 기자들 전화다. 민감한 현안이 생겼을 때는 하루 통화 건수가 150통으로 늘어나기도 한다는 것이 청와대 대변인을 13개월간 지낸 김만수 전 대변인의 말이다. 이렇다보니 청와대의 주요 참모들은 대변인이 춘추관 기자들에 바짝 붙어 있다고 생각해 주요한 정보를 알려주지 않는 경우도 있다. 대변인도 주요 인사라든가 민감한 내용은 굳지 알려고 하지 않을 때가 많다. 발표 시점 전에 알았다가 기자들의 질문공세에 자신도 모르게 내용을 알려줄 수 있고, 취중 실언 등으로 앞당겨 발설해 버릴 가능성도 있기 때문이라는 것이다.

기자들과 가깝다지만 대변인은 비서실의 최고 핵심 참모다. 대통령의 대외 메시지와 이미지 관리, 개별 정책의 효율 극대화를 논의하는 핵심 참모로, 어디까지나 비서실 사람이다. 다만 대변인을 분류하자면 대통령과 아주 가까이서 직접 소통하면서 상의할 수 있는 실세 대변인과 한 단계 건너 전해지는 메시지만 '낭독'하는 얼굴형이 있을 뿐이다.

참여정부의 다섯번째 정태호 대변인은 정책과 정무에 관한 한 실세 대변인이다. 대통령직 인수위 때부터 일했고 2003년 노무현 대통령 집권 후 비서실 밖으로 한 번도 나가지 않았다. 초기에 행정관 일도 했으나 3년 이상 청와대에 머무르면서 정무기획, 정책기획, 기획조정 비서관 등 핵심 자리만 거쳤다. 자리도 자리지만 3년이 넘도록 비서실 안에서 대통령을 보좌한 참모는 손가락으로 꼽을 만큼 적다. 이 정도 측근은 윤태영, 천호선 비서관 정도다. 이병완 비서실장도 잠시 휴식기를 가졌고 이호철 비서관 역시 민정비서관에서 물러난 뒤 잠시 쉬다가 복귀한 경우다.

정대변인은 공식 발령에 앞서 일찌감치 내정됐다. 3월 후반쯤, 지방선거를 앞두고 한나라당에서 김문수 의원이 경기지사 출마를 선언해 16대 총선에서 김의원과 부천 소사구에서 맞붙었던 김만수 전 대변인은 이 지역구에 보궐선거에 다시 출마하는 것으로 여권에서 가닥잡혔다. 이때부터 후임 대변인 후보 물색에 들어갔다. 당시 후임 물색에 들어간 청와대는 적임자가 마땅찮아 한때 세번째 대변인을 지낸 윤태영 비서관의 복귀를 검토하다가 결국 정대변인으로 가닥잡았다. 김 전 대변인은 4월 들어 자신의 보궐선거 출마와 후임으로 정대변인 내정을 알려주고 공식 발표 때까지 엠바고를 요청했다.

정대변인이 청와대의 입 역할을 맡게 된 데 기자들은 다소 의외로 받아들이는 분위기였다. 정무와 정책 분야에서 일해 왔고 홍보쪽 경험은 전혀 없기 때문이었다.

운동권 출신의 386참모로 분류되는 그는 이해찬 의원의 보좌관으로 정치권에 발을 들였다. 이해찬 의원이 여러 신문에서 의정활동 수위권 의원으로 선정된 데는 그 무렵 정보좌관의 역할이 컸다. 1999년 1월 미국 콜럼비아 대학에 객원연구원으로 가기 전까지 8년간 이해찬 의원을 보좌했다. 그래서 같은 보좌진 출신인 유시민 복지장관과 친하다.

노대통령과 일한 인연이 오래되진 않았지만 현 정부의 정책 흐름을 일목요연하게 파악하고 있다는 점이 대변인에 발탁된 주요 배경인 것 같다. 노대통령은 남은 임기 중 양극화 문제 해소와 한미 FTA에 전념하겠다고 말했고, 분야별로 수십개씩 되는 각종 정책 로드맵의 점검이 남은 임기 중 주요 과제다.

그는 오랜 의원 보좌관 생활로 정치적 감각도 갖췄다는 평이다. 노대통령이 한나라당에 대연정을 제안한 데도 그의 기여가 컸던 것으로 알려졌다. 대연정이 그의 기획이라는 설도 있다.

대변인 자리가 부담이었는지 정대변인은 김 전 대변인이 현직에 있을 때도 며칠 동안 춘추관의 브리핑 시간에 나타나 업무 예행연습도 했다. 그러면서 5월 7~15일간 몽골, 아랍에미레이트 등지로 대통령의 순방외교 기간을 적극 활용해 기자들과 '스킨 십'을 강화하겠다며 미리부터 준비하기도 했다. 춘추관 기자들 숫자가 워낙 많아 대변인이라지만 평소에는 기자들과 깊이 있는 대화가 쉽지 않는 형편이니 24시간을 거의 함께 생활하다시피하는 해외순방 기간을 적극 활용하겠다는 생각이었다.

정대변인은 일을 맡은 지 며칠 만에 꽤 어려운 상황에 처했었다. 대통령이 여당에 사학법개정 양보를 공개적으로 촉구했으나 열린우리당이 즉각 거절하고 반대한 일이었다. "어찌된 일이냐" "예상한 일이냐" "앞으로 어떻게 할 거냐"며 쏟아지는 기자들의 질문에 그는 꽤 당혹스런 표정을 지었으나 큰 실수는 없었다.

한편 송경희, 윤태영, 김종민 대변인에 이어 4대 청와대 대변인을 지낸 김만수 전 대변인은 선거판이란 황야로 되돌아갔다. 그는 13개월 동안 정리한 수첩 86권과 노트 5권이 남았다고 했다. 대변인 재직 기간은 윤태영 비서관이 14개월로 가장 길었다. 그러나 김 전 대변인은 "윤선배가 할 때는 (일손을 놓은) 탄핵이 2개월가량 포함됐었으니 실제로 일한 시간은 내가 더 길다"고 농담처럼 자랑하기도 했다. 2006. 5. 22

관심 대상 의전비서관들

'참여정부' 초기 청와대에서 달라진 것은 한둘이 아니었지만 그 중에서도 공무원들은 물론 일반인들까지 의아해한 것 한 가지가 의전비서관 인사였다. 의전비서관은 부속실장과 더불어 대통령과 가장 가까운 거리에서 보좌하는 자리다. 국내외의 공식적인 모든 대통령 행사를 관리·기획하고 모양새를 가다듬으면서 외국의 온갖 인사들과 회담·접견·회동·통화하는 실무를 관장해 이전에는 주로 경험 많은 외교관 중에서 기용됐다.

노무현 대통령은 첫 의전비서관에 오랜 측근 참모인 서갑원씨(현 열린우리당 의원)를 임명, 세간에 화제를 불러일으켰다. 서비서관은 대선 과정에서 의전팀(실제로는 수행 비서)을 담당했고 대선 이후에는 대통령직 인수위 의전팀장을 맡았다. 서글서글한 성격에 사람 좋다는 평을 받는 서비서관이 의전을 맡게 되자 당시 일각에서는 "(순천)촌사람이 '가방모찌'하다 의전비서관 됐다"며 격려 반 비아냥 반의 반응을 보였다.

그러나 당시 노대통령의 생각은 명확했다. 의전은 대통령 스타일을 잘 아는 사람이 해야 하고, 외교관들이 맡으면 형식과 기존의 고정관념에 사로잡혀 본인이 바라는 실용적·실제적인 일정이 짜여지지 않을 수 있다고 본 것이다. 당시만 해도 늘 '비주류 콤플렉스' 속에 권위주의 타파에 주력했던 노대통령은 "내 뜻을 잘 헤아리고 편안하게 행사 일정을 진행해 줄 사람이 필요하다"고 봤다. 외부 인사 접견 등에서도 영향력이 상당히 큰 의전비서관에 오랜 측근을 앉힘으로써 알아서 잘 해주길 바란 듯하다. 실제로 의전비서관은 대통령의 청와대 외부 인사와 만남에 대한 준비, 기획, 실행 등에서 발언권이 강해 아무래도 힘있는 자리다.

큼직한 체격의 서비서관은 집권 초반 한 · 일 · 중 순방과 정상회담 행사까지 수행했다. 초기 노대통령은 의전에 파격을 보여 자동차로 이동 때 도심의 교통신호까지도 사전에 조정하지 말고 일반 차량처럼 신호등에 따라 움직이라고까지 지시할 정도였으나, 경호 문제가 지적되면서 이전 방식으로 되돌아가기도 했다.

서비서관이 정무수석실로 자리를 이동하면서 기자 출신의 정만호 정책상황비서관이 뒤를 이어받았다. 정비서관은 처음부터 "정책 의전을 하겠다"며 대통령의 일정을 정책에 좀더 포커스를 맞췄다. 정부 내 각종 위원회 활동, 개혁 로드맵 구성, 혁신토론회 등의 행사가 많았다.

그러나 정비서관은 2004년 2월 17대 총선 출마를 위해 물러나고 386 핵심 참모에 손꼽히는 천호선 참여기획비서관에게 자리가 넘어갔다. 천비서관은 부인이 노무현 의원 시절 비서 출신인 측근으로, 노대통령의 의중을 잘 읽는다는 평을 받았다. 그는 당시 박주현 국민참여수석 아래서 주무비서관으로 일하다 대통령의 바로 옆으로 자리바꿈을 했다. 그는 노대통령이 탄핵으로 손발이 묶였을 때 윤태영 제1부속실장 등과 더불어 울적한 노대통령과 많은 시간을 함께 보낸 것으로 알려졌다. 그래서 탄핵 때 노대통령은 386참모들에게 더 많이 기대게 됐다는 시각이 있었다.

천비서관은 이후 국정상황실장으로 비서관 보직을 바꾸었다가 노대통령의 임기 반환점을 맞으면서 다시 의전비서관 자리로 되돌아간 독특한 케이스다. 그는 윤부속실장과 더불어 유이(唯二)하게 노대통령 취임 후 한 번도 청와대를 벗어나지 않은 비서관급 참모다. 또 비서관 보직만 참여기획-정무기획-의전-국정상황실장-의전 등 다섯 차례나 바꿔 맡았다. 이 때문에 일각에서는 노대통령의 참모인사를 지칭, 카드 돌려막기식이니 회전문 인사니 하며 비판할 때 대표적인 사례로 거론했다.

같은 자리에 노대통령이 두 번씩이나 기용한다는 것은 그에 대한 기대를 나타낸 것이라 볼 수 있다. 청와대 안에서는 천비서관의 재기용에 대해 노대통령의 '의전 강화'라고 평가했다. 동시에 집권 후반기에 들어서면서 단행된 비서실 인사는 그를 의전비서관에 두는 것이 목표가 아니라, 이호철 제도개선비서관을 천비서관이 맡았던 국정상황실장에 보내 여러 현안을 챙기게 하는 등 비서 진용을 전체적으로 다시 짜려다 보니 그렇게 됐다는 해석도 설득력을 갖는다. 이 평가가 맞다면 노대통령에게 의전비서관은 당장 시급한 일을 다루는 주요한 특급 참모 보직이 아니라는 얘기가 된다.

천비서관의 두 번 기용 사이의 권찬호 비서관은 4명의 의전비서관 중유일하게 직업공무원 출신이다. 하지만 그도 총리실 등에서 주로 일해 의전통은 아니다. 노대통령의 부산상고 후배인 4대 권비서관은 차분하고 꼼꼼하면서 나서지 않는 완벽한 실무형 의전이다. 청와대 관계자는 "치밀하고 자기 업무에 늘 최선을 다하는 권비서관을 의전에 기용한 것은 누구든지 자기 일에 열심히하면 대통령이 중용한다는 메시지를 줬다"며 "권비서관이 의전을 맡을 때는 주로 혁신 등 공무원들의 일하는 방식과 개혁이 큰 관심사 였다"라고 의미를 부여했다. 성실한 권비서관을 총리실로 돌려보내 자기자리를 잡도록 풀어줬다는 해석도 나왔다.

2005. 9. 19

이병완 실장 두 달의 변화

지난 10월25일 정오 청와대 내 녹지원. 펜·사진·카메라 등 청와대 담당기자 90여 명이 녹지원의 야외 테이블에 앉았다. 이병완 비서실장 주최의 오찬 자리였다. 수석·보좌관들과 그 아래 주요 비서관 등 40여 명의 참모들도 나란히 앉았다.

'참여정부'의 대언론 기조답지 않게 화기애애한 분위기에서 기자들과 청와대 참모들이 부페식으로 마련된 오찬을 나누며 익어가는 가을 하루를 보냈다. 청와대측과 기자들의 이런 행사는 매우 드물다. 오찬에 앞서 오전 11시 기자들은 안내를 받으며 근래 새로 지은 비서동 '여민1관'으로 가 노무현 대통령이 수석·보좌관 회의를 이따금씩 주재하는 회의실에서 비서실의 전자행정 업무를 브리핑받았다.

이날 오찬 자리에서 이실장은 "10월 30일 오전 노대통령과 기자들의 청와대 뒷산 등반을 준비 중이니 미리 참고했다가 많이 참석해 달라"고 뉴스거리까지 밝혔다. 취임 후 2년 8개월 동안 두 차례 노대통령은 기자들과 청와대 뒷쪽 북악산으로 등산을 했지만 이날처럼 사전에 행사 일정을 알려준 적이 없었다. 탄핵 때이던 2004년 4월 첫째 일요일 등산은 바로 당일 오전 7시를 전후해 일제히 알려줘 '소집'했고, 2005년 4월 마지막 일요일 산행도 주말에서야 귀띔이 갔다. 대통령에 대한 경호와 보안 문제를 이해한다 해도 각자의 일요일 일정이 있을 수 있는 기자들로서는 급작스런 일정 통보가 못마땅할 수밖에 없었다. 그런데 25일엔 화요일에 주말 일정을 과감하게 알려준 것이다. 개인 일정이 있는 청와대 담당기자들에게는 이런 작은 배려가 크게 도움이 된다. 이실장은 또 이날 저녁에 9~10월 중 교체된 청와대 출입기자 5명을 위한 환송 회식에도 30여 분간 모습을 드러내 소주폭탄 한 잔을 나눴다. 비서실장이 이런 자리에 나타난 것도 상당히 이례적인 일이다.

이런 변화는 이병완 실장이 비서실을 맡은 뒤 나타났다. 물론 녹지원의 오찬간담회에서도 한 기자가 "청와대 안의 아름다운 풍경을 볼 수 없어 유감"이라며 "현 정부 들어 기자들의 비서실 출입을 원천적으로 전면 막아버렸다"는 점을 돌려 표현해 청와대의 '취재봉쇄'에 또다시 문제제기를 했다. 그러나 이실장은 "청와대의 사계절 풍경을 늘 브리핑하겠다"는 가벼운 답변으로 변명하면서 기자들과 부딪히지 않으려 애쓰는 모습을 보였다.

이 실장은 지난 8월 말에 임명된 뒤 2개월 동안 전임 김우식 비서실장이 1년 6개월 동안 기자들과 접촉한 것보다 오히려 더 자주 기자들과 만났다는 평을 듣는다. 임명장을 받던 날은 공식 인사 및 상견례에 이어 퇴근시간 무렵 "차나 한 잔 하러…"라며 춘추관 기자실에 들러 하루에 두 번 기자들과 만나기도 했다.

기자들과 간담회도 변했다. 중앙과 지방, 사진·카메라 등 각 영역별로 따로 만나며 나름대로 내실 있는 자리를 갖추려고 애쓰는 모습이었다. 지난 10월 12일에는 노대통령이 이용훈 대법원장의 취임에 맞춰 헌법기관장 초청 만찬을 한 적이 있다. 김원기 국회의장, 이해찬 총리, 윤영철 헌법재판소장 등이 청와대로 왔는데, 만찬이 끝난 늦은 밤 이실장은 기다리던 기자들에게 직접 브리핑했다. 보통 만찬에 배석한 비서실장의 구술을 받아 대변인이 간담 내용을 전해왔지만 "기자들 마감시간 급한 것 훤히 아는데…"라며 직접 브리핑에 나선 것이다.

청와대는 지난 8월 말 이실장의 기용발표를 하면서 '발탁 배경'의 하나로 "새로운 언론관계를 정립할 것"이라고 설명한 바 있는데, 일단 예고한 대로 움직이는 분위기다. 기자들과 관계 개선과 함께 오찬간담회가 있던 10월 25일 오후 노대통령은 각 부처의 정책홍보관리실장 50여 명을 청와대로 불러 홍보강화 간담회를 가졌는데, 이실장의 의지가 반영됐다는 후문이다.

그러나 이런 일련의 변화에 대해서도 "기자들과 접촉 빈도가 늘고 그만그만한 이벤트성 행사만 조금 더 늘었을 뿐, 본질은 전혀 변하지 않았다"는 비판도 만만찮다. 기자들의 비서실 출입 제한과 정보차단, 김만수 대변인만 전면에 내세운 내실없는 브리핑제 등이 비판의 근거다.

대외 관계와 별도로 비서실 내부적으로도 약간의 변화가 엿보인다. 비서실장 주재의 일일현안점검회의가 일일상황점검회의로 이름이 바뀌면서 종이문서로 준비되는 사전 안건 준비물이 없어졌다. 그간은 각 수석실 별로 주요 현안(그래봤자 신문이나 방송에 크게 난 뉴스 수준)을 추려 개요와 처리방향 등을 정리해 회의자료로 냈으나 이를 없애면서 이른 아침 행정관들의 부담을 줄여줬고 비서실 내 회의도 최대한 단순화했다.

그럼에도 불구하고 박근혜 한나라당 대표가 "정부의 정체성을 밝혀라"는 기자회견을 하자 386참모 몇몇과 머리를 맞댄 회의를 거쳐 초강경 반박문을 냈고 이로써 야권이 재차 반박에 나서 대치 국면을 악화시켰다는 평도 들었다. 국정을 안정적으로 운영하도록 보좌하는지 여부를 종합적으로 판단할 수 있기까지는 다소 시일이 필요할 것 같다.

2005. 11. 7

3인 3색 정책실장 행보

지난 7월 20일 오전 서울 염창동 한나라당 당사 대표최고위원실. 바로 전날 한나라당의 새 함장으로 선출된 박근혜 대표에게 청와대의 축하 난이 배달됐다. 노무현 대통령 명의의 화분과 축하 메시지를 전한 청와대 사절은 김우식 비서실장도, 정무수석을 겸하는 이병완 홍보수석도 아니었다.

제일 야당의 당대표 선출에 대한 청와대의 축하와 협조요청은 김병준 정책실장 몫이었다. 김실장은 국무회의에 배석, 회의가 진행되는 도중에 나와 박대표에게 인사를 갔다. 김실장은 "표 많이 받아 당선된 것에 축하드린다"며 노대통령의 인사를 전했다.

박대표 방문 직후 김실장은 신문사 청와대 담당기자들과 오찬 간담회도 가졌다. "정책실장이 됐는데, 인사 나누고 건전한 정책적 협조와 비판을 통해 서로 잘 지내자"는 취지의 친교 자리였다. 김실장은 바로 전날에 각 지방의 지역신문 기자들과, 그로부터 1주일 뒤에는 방송사 기자들과 같은 성격의 오찬간담회를 가졌다. 비서실 간부로는 다소 이례적인 일이었다.

현 정부 들어 청와대 조직에는 여러 변화가 있었다. 그 중 가장 큰 변화는 각 부문별 '수석' 제도가 폐지되고 정책실이 신설된 점이다.

김실장은 업무 범위가 넓고 발언권도 강하다. 청와대 안에서 일반 정책 부문 최대 파워다. 무엇보다 정무수석이 정부 출범 1년여 만에 폐지되면서 대국회 관계의 주요 축을 정책실이 담당한다. 특히 노대통령은 야당과의 관계에서도 예전처럼 '한 가지 주고, 한 가지 양보받는' 식의 정치는 지양하고 철저하게 정책적 협조와 공조, 경쟁을 하겠다고 밝혀온 터였다.

정책실 체제부터 그렇게 갖추어져 있다. 김실장 아래 김영주 정책기획수석과 이원덕 사회정책수석이, 다시 그 아래 각 부처 업무 등을 관장하는 9명의 비서관이 배치돼 '소수석'으로, 과거 분야별 수석과 비슷한 역할을 한다.

이런 상황에서 김실장이 청와대의 불문률인 '대(對) 언론 긴장관계'의 선을 유연하게 넘어선 것으로 비칠 수도 있는, 몇 차례에 걸쳐 기자들과 오찬간담회를 가진 것은 노대통령과 특수관계 때문이다. 전임자들과 달리 김실장은 1990년대 초반부터 '신예정치인 노무현'과 오랫동안 인연을 맺어왔고 대선에서도 큰 활약을 했다. 지방분권, 정부혁신 등 현 정부가 내건 정책적 구상까지 머리를 맞대고 만들어낸 정책동지이다보니 현 정부의 아킬레스건 격인 언론관계에서도 활발한 행보를 보일 수 있는 것이다. 신행정수도에 대한 논란이 정점에 달했던 때도 김실장은 기자간담회를 자청, 노대통령의 입장을 직접적으로 거들며 논쟁의 한가운데로 파고들기까지 했다.

김실장의 이 같은 행보는 바로 전임인 박봉흠 실장이나 초대 이정우 실장과 비교할 때 상당히 대조적이다.

예기치 않은 질환으로 공직을 떠난 박실장도 노대통령의 절대적인 신임을 얻었던 몇 안 되는 직업공무원 중 한 사람이었다. 해양수산부 장관과 예산실장으로 공식관계가 시작됐는데, 예산처장관 시절부터 그는 노대통령이 체면을 유지할 수 있도록 악역을 대신 맡았고 간결하면서도 핵심을 짚는 보고로 노대통령의 관심을 사왔다. 예컨대 각급 행정기관이 노대통령에게 업무보고를 할 때는 으레 "예산이나 조직을 배려해 달라"는 기관민원이 뒤따르곤 했는데, 이때 배석한 박예산처장관이 총대를 메고 차단, 대통령의 입장을 거들었다는 것이다. 그가 기획예산처장관에서 정책실장으로 임명됐을 때 정책실 주요 업무는 대국회, 대언론 관계라는 기본 골격이 짜여졌다. 여야 각 당을 돌면서 주요 정책을 사전·사후에 설명하기 시작한 것도 박실장이었다.

그러나 박실장도 반 년가량 근무하는 사이 청와대 기자들과는 공식적으로 식사 한 번 하지 않고 물러났다. 비서실 관계자는 두 사람에 대해 "창업 공신과 고용사장의 차이"라며 "지분이 없는 고용사장은 아무리 (오너의) 신임이 있어도 (전체 기자들과 거리낌없이 식사하는 식의) 전결은 어려울 것"이라고 설명했다.

경북대 교수 출신으로, 인수위원을 지낸 초대 이정우 정책실장은 정책적 실무보다는 집권 초기 현 정부가 나갈 정책적 방향에 대해 좀더 고민하면서 이에 치중했다. 대국회 관계 역시 적극적이지 않았다. 이실장은 정책실을 떠난 뒤 정책기획위원장 겸 정책특보로 정부의 장기과제를 챙기고 있다.

2004. 8. 9

장수 3인방 정찬용 · 조윤제 · 이정우

"총리와 장관인사도 했는데 차관인사도 합니까?"(기자)

"(조금 뜸을 들인 뒤) 해야 겠지요."(정수석)

"언제쯤 합니까?"(기자)

"글쎄요, 부처의 일만 보면 빨리 해야 하는데, 국회가 열리고 있어 대응할 점도 있고⋯."(정수석)

"교체 대상은 어떻게 됩니까?"(기자)

"그건 말 못해요."(정수석. 끊으려는 분위기)

"그럼 한 가지만, 재경부차관은 바뀝니까? 그냥 갑니까?"(기자)

"내가 그런 거 대답 않는 거 허기자가 더 잘 알잖소. 그럼 이만 끊겠소."(정수석)

차관인사를 앞둔 지난 7월 초 정찬용 청와대 인사수석과 필자의 통화 내용이다. 정수석과 전화취재도 쉽지 않지만 통화가 이뤄져도 이 같은 수준이다. 그나마 이날은 한가한 일요일 오전이어서 잠시 대화가 이어졌다. 그러나 구체적인 인사내용만 나오면 함구다. 장 · 차관 등 고위 공무원은 물론, 정부 산하 기관 공기업 등 대통령이 임명장을 주는 모든 자리에 대한 후보발굴, 경력과 '행적'의 일차 점검, 인사 시점 정리 등이 정수석의 업무다.

거창과 광주에서 YMCA 활동을 하다 지난해 2월 대통령직 인수위원회 기자실에 처음 나타났을 때와 비교하면 그는 상당히 유연하게 변했다. 대통령 인사보좌관이라는 새로 신설된 자리의 내정자로 소개되면서 "촌닭이 왔응께 잘들 봐쥬쇼이—"라며 구수한 전라도 사투리로 중앙무대에 화려하게 등장한 그는 청와대의 최장수 3인방으로 굳건히 자리를 지켜왔다. 초기부터 "인사 문제에 대해 누구라도 (부당하게) 간섭하면 난 일할 수 없소"라며 워낙 강하게 선을 그어 본인 영역이 확고하다는 게 비서실의 중론이다.

위기도 있었다. 지난해 개각을 앞둔 민감한 시점에서 직속 부하인 권선택 전 인사비서관이 일부 장관들의 성적표(평가)를 발설해 보도될 때였다. 당시 노대통령은 불같이 화를 내면서 "당사자를 찾아내 형사처벌하라"는 지시를 내린 것으로 알려졌는데, 이때 그는 두 차례 사의를 표시했다고 한다. 인사업무 책임자로 본인이 모두 떠안고 권 전 비서관을 보호하겠다는 취지였다.

올 들어서는 4월 총선 직전 '올인' 전략에 돌입한 우리당이 문재인 전 민정수석과 그에게 지역구 출마를 강력히 압박, 운신이 어려웠었다. 그러나 풍파를 넘고 새로운 인사제도를 모색하면서 노대통령 옆을 굳건히 지키고 있다.

실장·수석·보좌관 등 현재 12명의 비서실 내 차관급 이상 고위직 중 노대통령과 임기를 함께 하고 있는 또 한 명의 1기 참모는 조윤제 경제보좌관이다. 그는 노대통령의 '경제 가정교사'로 말 그대로 그림자 보좌를 한다. 1년 반 동안 언론과 개별 인터뷰 한번 한 적 없다. 스스로도 인정할 정도로 작은 목소리에다 웬만해서 자기 주장을 내세우지 않지만 기본철학과 근본적인 경제해법에서는 좀체 물러서지도 않는다. 독실한 불교신자로 청와대 직원들의 불교모임인 청불회 회장을 맡고 있다.

조보좌관에 대한 노대통령의 신임을 읽을 수 있는 에피소드 둘. 노대통령은 지난해 말 "가정교사(보좌관)는 (임기가) 대개 1년이면 되는 것 같다"고 말했다. 라종일·김태유·김희상·반기문씨 등 1기 보좌관들을 모두 교체하고 새 보좌관에게 임명장을 주는 자리였다. 전문가라 해도 1년이면 머리로 짜낸 대통령을 도울 수 있는 아이디어가 거의 바닥나는 것 아니냐는 취지로 해석된다. 그런데도 조보좌관은 예외인 셈이다.

다른 사례. 국회의 탄핵의결로 두 달간 노대통령의 손발이 묶여 칩거할 때 조보좌관도 사의를 밝혔다고 한다. 그러나 노대통령은 "잠시 재충전하는 시기로 여기고 그냥 계시라"며 만류했다고 비서실의 한 참모가 전했다. 경제 부처, 정책실, 정책기획위원회 사이에 끼어 있지만 조보좌관에 대한 별다른 마찰음도 들리지 않는다.

초기 비서실의 고위 보좌진 중 노대통령 곁에 남아 있는 세번째 참모는 이정우 정책기획위원장 겸 정책특보다. 이위원장은 초대 정책실장으로 새 정부의 장기 국정과제에 대한 기본틀을 짰다. 그러나 "정책실 업무특성상 관료 출신이 효율적"이라는 내부 논리에 따라 정책기획위원장으로 한발 물러났다.

그럼에도 불구하고 그는 노대통령 주재의 수석·보좌관 회의에서 항상 대통령의 바로 왼쪽에 앉는다. 노대통령의 바로 오른쪽은 김우식 비서실장 자리다. 자리로 보면 그는 참모가운데 서열 2위다. 각종 국정과제 회의를 그가 주로 챙긴다. 추가로 주어진 정책특보도 노대통령이 각종 회의에 참석시키고 그 자리에서 의견을 묻는 등 그를 존중하기 위해 마음먹고 배려한 직책이라는 후문이 있다. 2004. 8. 23

2인의 최장수 그림자 참모

북핵 문제에서 노무현 대통령이 사실상 유일한 해결 창구라고 규정한 '6자 회담'이 오랫동안 열리지 못해 청와대의 마음이 급해졌다. 신년 기자회견, 취임 2주년 국회연설 등 연초에만 해도 경제 살리기와 경제올인 정책이 정부의 최대 과제였으나 2·4분기 들어 노대통령과 청와대의 최대 관심사는 외교·안보 분야로 빠르게 무게 중심이 바뀌었다.

외교·안보 분야에서는 북핵 문제의 평화적 해결이 가장 정점에 있지만 한미동맹 문제, 일본과 관계 등 여러 가지 사안이 한꺼번에 겹쳐 빠르게 진행돼 왔다. 독도 영유권 시비와 역사교과서 왜곡 시비로 비롯된 일본과 갈등은 2003년 현충일날 방일을 고집하는 일본의 요구까지 수용해 가면서 공을 들여온 참여정부의 대일본 관계를 뿌리채 흔들었다. 한미동맹 문제 역시 대등하고 바람직한 관계로 발전시켜야 한다는 당위성과는 별개로 적잖은 국민들이 불안하거나 불편해한 국면이 있었다. 다만 거의 동시에 진행되어 온 한미관계에 대한 시비와 한일 갈등의 논란에 차이점이 있다면 한미 간 문제는 노대통령이 적극 관계 재정립에 나서 현안으로 키운 측면이 있고, 한일 간 문제는 일본측이 일으킨 상황에 맞서 대응해 나갔다는 점이다.

청와대의 한 핵심 참모는 한미동맹 등 미국과의 관계에 대해 "미국과 북한을 바라보는 시각, 보수와 진보, 경제적 자유와 형평, 안보 문제 등 각 부문에서 그 동안 우리 사회가 가져온 평가와 시각이 워낙 한쪽 끝으로 치우친 채 거의 일방의 논리와 가치가 주류를 형성해 왔다"며 "노대통령은 일관되게 극단에 치중된 관점을 균형점 또는 중간점으로 조금이라도 끌어오기 위해 자극적인 발언도 하면서 굳어진 가치체계를 자극하는 것"이라고 설명했다. 그는 "예컨대 미국에 대한 시각도 동맹의 맹주, 주도권자, 한국방위의 주역 등 거의 일방적 시각이 주류를 이루어왔는데, 좀더 대등한 관계, 한국도 당연히 할 수 있는 요구와 의사를 전하는 사이, 상호 발전적으로 미래를 열어갈 동반자로 만들기 위해 다소 '금기시됐던 영역'에 기회 있을 때마다 철학을 밝히는 것 같다"고 덧붙였다. 물론 이 같은 시도로 여러 논란이 빚어지고 노대통령은 비판과 공격도 받는다. "경제 살리기에 올인한다더니 엉뚱한 균형자 이론으로 오해를 불러일으키며 한미관계는 왜 흔드는가"라는 시비도 있었다.

이런 시비와 관련, 정부 내 한 핵심 인사는 "근래 외교·안보 정책의 최고 주역이자, 감독으로 실질적인 주체는 노대통령"이라고 평가했다. 반기문 외교장관도, NSC상임위원장인 정동영 통일장관도 적극적인 주체로 보기 어렵다는 지적이다.

이런 노대통령의 뒤에는 이종석 NSC사무차장이 있다. 6월에 전격적으로 잡힌 조지 부시 대통령과 한미 정상회담을 위한 실무적 조율에도 이차장이 깊이 관여했다. 그는 사전에 예정된 방미라 내세웠지만 지난 4월 말 이 문제를 협의하기 위해 워싱턴을 직접 다녀오기도 했다. 앞서 노대통령이 세로운 독트린으로 내세워온 '동북아 균형자론'이나 독도 문제에 따른 정부의 위기관리 대응 매뉴얼 등이 나오기까지 그는 실무적으로 깊이 관여했고 이론도 만들었다.

대통령직 인수위원으로 현 정부의 외교·안보 정책에 대한 기본 골격을 짜온 그는 정부 출범 때부터 지금까지 외교·안보 문제에 관한 한 노대통령과 가장 가까운 거리를 변함없이 유지하고 있는 사실상 유일한 초창기 참모다. 탄핵 이후에는 수석·보좌관 회의 때 대통령과 같은 테이블에 함께 앉는 멤버가 돼 공식적으로도 가까와졌다.

그에 대한 노대통령의 인식은 지난 2003년 가을 청와대 기자들과 일요일 오찬간담회 때 드러난 적이 있다. 당시 노대통령은 비보도의 비공식 자리에서 "NSC(이차장)는 늘 그때그때 필요한 것을 정리해서 보고해준다"며 크게 칭찬했다.

문재인 민정수석도 참여정부 초기부터 청와대 참모이기는 하지만 2004년 2월부터 약 3개월간 청와대를 떠난 적 있다. 이차장은 외부의 시비 등 몇 차례 개인적으로 어려운 시기를 맞기도 했으나 여전히 자리를 유지하고 있다.

이차장과 더불어 '유이(唯二)하게' 이정우 정책기획위원장이 참여정부 출범 때 참모로서 대통령의 바로 곁에 있다. 다만 이위원장도 대통령직 인수위원에서 비서실 정책실장으로 기용됐으나 2004년 1월부터는 정책기획위원장으로 보직이 바뀌었다. 비서실의 상근 보좌진에서 비서실 바깥의 대통령 자문기구를 총괄하는 자리로 한 발 비켜서 있다. '궐 밖'으로 조금 밀린 셈이지만 이위원장이 주목받는 이유는 그가 지금까지도 수석·보좌관 회의 때 노대통령의 바로 왼쪽에 자리잡고서 각종 국정과제를 대통령과 머리 맞대고 상의하기 때문이다.

이사무차장이 외교·안보 분야의 어느 정도 은밀할 수밖에 없는 사안을 놓고 노대통령을 보좌하는 반면, 이위원장은 주로 장기과제 등을 챙긴다. 이사무차장이 여러 연구보고서와 매 상황에 따른 판단자료를 올리는 것으로 알려진 반면, 이위원장은 근래에 보고서를 많이 내지 않는 것으로 전해진다. **2005. 5. 16**

대학으로 간 이정우

"먼저 1주일은 잠만 좀 자고, 다음 1주일은 여행을 좀 다녀오고, 그 다음 한 주는 강의준비하면 꼭 맞을 것 같다." 공직생활의 처음과 마지막을 공교롭게도 기자들과 함께 한다는 이정우 전 정책기획위원장이 7월 말로 퇴임하면서 기자에게 전한 계획이다. 그는 본인의 강한 바람대로 경북대학교로 되돌아갔다. 7월 마지막 주말 귀향을 앞두고 금요일인 7월 29일 저녁 몇몇 기자와 함께 정부1청사 뒤쪽의 조촐한 한정식집에서 자리했다.

그는 술을 잘 마시지 않는다. 과로를 하거나, 특히 술을 몇 잔 마시면 눈에 실핏줄이 터지는 현상이 생겨 거의 마시지 않는다고 한다.

2002년 말 그는 일본 교토대에 연구 행사차 들렀다가 노무현 대통령의 당선 소식을 지켜봤다. 교토대는 진보적인 학풍 때문에 당시 노무현·이회창 대결 구도에서 노후보 지지 분위기가 훨씬 강했다. 그는 그 자리에서 축하해 주는 일본 교수들과 함께 샴페인을 터뜨리며 기뻐했다. 자신은 이미 부재자 투표를 하고서 출국한 이후였다.

그리고 귀국, 2002년 말 대통령직 인수위원으로 정해졌다는 소식은 기자들의 전화를 받고서야 알았다. 두 군데 신문에서 전화가 와 알게 됐고 그 다음에 계속 더 걸려온 전화는 받지 않았다고 했다. "제발 나는 좀 빼달라”라는 부탁이 먹히지 않아 인수위원이 됐고 2개월 간 서울시청앞 프레지던트 호텔에서 허성관 인수위원 등과 함께 장기 투숙하며 참여정부 경제정책의 골격을 짰다. 인수위 활동이 마감되고 정부 출범 때 그는 자동차 안 라디오뉴스로 자신이 청와대에 신설된 정책실장에 임명된 소식을 들었다. 대구로 되돌아가기 위해 차를 타고 한강을 건너는 순간이었다. 그는 차를 돌렸다.

노무현 대통령과 인연이라 해봐야 선거 전 세 번 만난 것이 전부다. 2002년 8월 ‘이회창 대세론’이 굳어질 무렵, 노후보 진영의 한 지인이 실의에 찬 모습으로 “정책개발 지원 인물이 필요하다”는 고민을 듣고 “질 만한 싸움 붙어보는 게 내겐 더 맞다”며 흔쾌히 정책토론 모임에 나간 것이 첫 만남. 그러나 그때는 학자들의 숫자가 열몇 명으로, 많았다. 얼마 뒤 노후보 캠프에서 다시 연락이 왔다. 첫 모임 때 학자 중 몇 명 소수정예를 다시 모은 자리였다. 교육 · 부동산 등에 대한 심도 있는 토론이 있었다.

단 세 번의 만남으로 인수위 경제1분과 간사를 거쳐 정책실장에 중용됐다. 2003년 정책실장으로서는 일할 만한 여건이 됐다. 그와 함께 청와대 내 경제정책의 트로이카였던 권오규 당시 정책수석은 감각좋은 관료인데다 대학 후배였고, 조윤제 경제보좌관도 마찬가지였다. 그가 서울대 경제학과 대학원에서 조교였을 때 조윤제 보좌관은 학부생이었던 인연이 있다. 조 전 보좌관은 영국대사로 나가 있지만 최근 이위원장 퇴진 소식에 만년필로 한 글자씩 정중히 쓴 안부 겸 위로편지를 보내올 정도의 사이다. 당시 경제팀장이었던 김진표 경제부총리도 인수위 부위원장 출신이어서 의사소통에 문제가 없었다.

이와 같은 배경에서 그는 노사관계에 네델란드식 모델을 제시했고, 10 · 29 부동산대책을 주도했다. 정부가 8월 말을 목표로 준비 중인 부동산 추가 대책도 결국 이 선상에 있다. 당시 거래허가제로까지 갈 수는 없고, 불길은 잡아야 하는 입장이었는데, '거래신고제'가 나왔다고 소개했다. 거래신고제는 이규방 전 건설연구원장의 아이디어였다. 아마바둑으로는 수준급인 이 전 위원장은 신고제에 대해 몇 번이나 묘수라고 설명했다.

자신의 의지와 관계없이 기자들과 인연을 맺으며 공직을 시작했지만 위원장으로서 마지막 일정인 기자들과 저녁 모임은 본인이 직접 정한 것이었다. 가까이에서 봐온 그는 그간 언론보도에 종종 적잖은 실망감과 속상함을 내비쳤다. 보도 방식에 문제점도 제기했다. 그러나 근래에는 '맷집'이 생겨 웬만한 펀치에는 별로 신경 쓰지 않는 모습이다. 마지막 저녁에는 정권 인수위원으로 '첫정'을 함께 나눈 기자들이 몇몇 초대됐다.

"(현장의) 기자들과 달리 국장급이나 위로 가면 상당히 다르더라. 공무원들도 사무관 서기관급까지는 좋은데 국장만 되면 (이리저리 안 되는 논리나 대며) 많이 다르더라" "추석 때 아내와 대구로 갔다가 오면서 음식 보따리를 양손에 들고 서울역에서 택시를 탔는데, 한 기자가 나를 뒤따랐다가 '이위원장 부부가 짐보따리를 양손에 든 채 일반 택시를 타더라'고 인터넷판에 써 났다던데, 나는 평소 시내버스를 즐겨 타는데…."라며 너털웃음을 짓기도 했다.

그는 경북대의 2학기 강좌 2과목을 맡는다. 아울러 책을 쓰겠다고도 한다. 남은 정년까지 2년에 1권씩, 5권 정도 일반인들이 쉽게 볼 수 있도록 풀어서 책을 쓰겠다는 계획이다. 학술지에 실리는 논문에 심혈을 기울이기도 해봤지만 (세상 일 돌아가는 데) 영향과 반영이 적다는 것이다. 그는 대통령 정책특보 명함도 떼고 싶어했으나 청와대에서 떼주지 않았다.

2005. 8. 15

김완기와 이강철, 몸 사린 한 달 반

'참여정부' 2기 청와대의 새로운 핵심으로 부각된 김완기 인사수석과 이강철 시민사회수석이 임명 한 달 반이 됐지만 자기 색깔을 드러내지 않고 있다. 대체로 "참모는 말이 없는 법"이라며 몸을 조심하고 있다. 기자들과 접촉도 꺼리고 비서실 바깥의 행동도 크게 두드러져 보이지 않는다.

시민사회운동을 거쳐 정치권에서 오랫동안 활동해 온 이수석은 '무임소'였던 정치인 시절 이런저런 화제성 발언을 생산해 냈고, 노심(盧心) 논쟁도 심심찮게 불러일으켰지만 청와대 참모로 변신한 뒤에는 많이 달라졌다는 평을 듣기도 한다. 현안과 관련된 시민단체들과 만나는 등 조용히 자기 일만 챙기고 있다.

김수석도 오랜 내무관료 생활에다 공보관 보직 등을 거쳐 지인들이 적잖은 편이지만 조용하다. 각종 인사 문제로 바람 잘 날 없는 곳이 청와대지만 인사와 관련해서는 일부 시민단체들이 유효일 국방차관의 5·18 당시 대대장 전력에 대한 문제제기에 대응해 짧게 설명하는 정도로 그치고 소리없이 움직인다.

김수석은 전임 정찬용 수석의 강력한 천거에 힘입어 기용된 것으로 알려졌지만 두 사람의 스타일은 완전히 다르다. 정 전 수석이 업무를

맡은 초기부터 인사 문제에 대해 이런저런 압력성 제언이나 시비가 나
오면 자기 소관임을 분명히 했었다. 청와대 안에서라도 반공개적으로
"인사에 이런저런 말을 많이 넣으면 나는 이 자리 못하것소!"라며 간섭
을 완전히 차단하려 한 것으로 알려졌다. 그는 당초 현 정부 들어 신설
된 인사보좌관으로, 대통령에 대한 자문·보좌 성격의 참모를 맡았지
만 비서실 내 집행부서인 인사수석실로 직제를 바꿨다. 인사수석실 아
래 비서관도 3명씩 배치해 인사업무를 폭넓게 주도적으로 잡아나갔다.
다만 김우식 비서실장이 주재하는 인사추천회의가 상설화되면서 나중
에는 정 전 수석도 독주할 수 있는 체제가 아니었다.

'인사수석은 호남몫'이라는 여권 핵심부의 여론과 맞물리면서 바통
을 이어받은 김수석은 대조적으로 무척 신중하다. 거침없는 언변과 활
달한 비유 등이 두드러졌던 정 전 수석과 달리 말이 적고 살얼음판을
걷는 듯한 태도다. 이에 따라 임명된 뒤 첫 작품인 복수후보 공개(검찰총
장·국세청장) 방안도 적잖은 문제제기에도 불구하고 첫 시도치고는 비
교적 큰 탈없이 풀어갔다는 평가다. 전체적으로 청와대 내부의 관행과
분위기를 익히고 받아들일 때까지 더 몸을 낮추고 차분히 보자는 태도
가 느껴진다.

이강철 수석도 마치 김수석과 사전에 상의하고 함께 작정한 듯한 자세
다. 2004년 총선이 끝난 뒤 그는 사석에서 "내가 무슨 말만 하면 많은 사
람들이 노심이라고 받아들인다. 나는 (열린우리당이) 나가야 할 당연한 방
향을 이야기한 것인데, 사람들은 그렇게 받아들이더라"고 말했다. 정치
인으로서 때로는 특정 사안을 놓고 노심을 끌여들여 본인 의지에다 은근
히 싣기도 했을 수 있었음을 시사한 셈이다. 만년 원외 정치인으로 한계
를 극복하기 위해서는 어느 정도 말이 앞서야 할 필요성을 느꼈을지도
모른다. 그래서 그가 문재인 민정수석의 뒤를 이어 시민사회수석이 됐을

때 "사실상 정무수석 역할까지 맡는 것 아니냐"는 전망이 많았다.

그러나 이수석의 역할에 대한 노대통령의 생각은 분명했다. 지난 2월 28일 수석·보좌관 회의를 주재하면서 그보다 1년 3개월 전에 폐지한 정무수석 역에 대해 "정무 업무는 어느 한 수석실에서 전담하는 방식이 아니다. 각 부서에서 자기 역할과 관련해 정무적 판단을 하는 게 기본이다. 메시지를 통해서 하는 정무적 판단이나 조언은 홍보수석이 전담해 달라"고 말했다. 노대통령은 이보다 열흘 전인 2월 18일 조기숙 홍보수석에게 임명장을 주면서도 같은 언급을 했다. 그럼에도 불구하고 전체 수석·보좌관들을 상대로 "정무수석은 없고, 굳이 필요한 일은 홍보수석이 하라"고 재차 업무정리를 했고, 김종민 대변인을 통해 이 방침을 대외적으로도 밝혔다.

이수석이 청와대 입성 한 달 반 동안 완전히 자세를 낮추고 정치인에서 '비서'로 크게 변신한 것과 맥락이 닿는 대목이다. 이미 시민사회수석으로 기용이 검토될 때부터 "국회는 물론이고 열린우리당과도 정책적 협의·공조 외에 청와대의 관여나 간섭은 없다. 따라서 전담 정무수석의 역할은 없다"는 노대통령의 묵시적 전제조건이 서로 이해됐다는 얘기가 된다.

그런 점을 감안하더라도 이수석의 자세 낮추기, 말수 줄이기에 대해 의외라는 평가가 많다. 동시에 "몸을 지나치게 사리는 것 아니냐"는 비판적 견해도 없지 않다. 이수석이 정치인 시절에 비해 말수를 많이 줄이는 것만큼이나 김수석은 전임 정수석의 활달한 행보와 달리 외부 인사 면담 등 필요한 인사업무까지도 소극적이라는 지적이 있다. 청와대 참모로서는 성공적으로 자리잡아간다는 평가의 이면에 조신한 자세에 대한 불만도 섞여 있는 것 같다. **2005. 3. 14**

'경복' 시대 가고 '용산' 뜬다

'경복에서 용산으로' 50대 초반의 이해찬 의원이 총리로 전격 기용됐을 때 청와대 비서실 일각에서 나온 말이다. '개혁 대통령에 개혁 총리'라며 개혁으로 강공 드라이브가 걸릴 것이라는 전망과 함께 '실세 총리'라는 분석도 즉각 뒤따랐다. 실제로 이총리는 역대 어느 총리보다 청와대와 가까운 관계를 유지하고 있다. 예상을 뒤엎은 지명에서부터 국회 청문회와 임명식까지 이총리는 노무현 대통령과 여러 차례 만났다. 오찬과 만찬 등으로 노대통령과 머리를 맞대고 국정운영을 미리 조율했다는 후문이다.

이총리는 주로 노동·교육 등의 분야에서 경력을 쌓아와 최근 갖가지 형태로 현안이 꼬리를 물고 있는 외교·안보 부문에서의 실력은 검증되지 않았다는 게 관가의 관측이다. 그러나 이총리는 외교·안보 쪽에서도 소리나지 않게 현안을 챙기려 애쓰고 있다.

이전부터 노대통령과 가까운 이총리의 발탁으로 권진호 국가안보보좌관과 이종석 NSC(국가안전보장회의)사무차장에게 시선이 쏠린다. 장관급으로 비서실 내 '빅3'에 포함되는 권보좌관, 차관급이지만 노대통령의 강한 신임을 받고 있는 이차장 모두 이총리와 같은 용산고 동문이다. 이차장은 특히 NSC를 주도, 외교·안보 라인의 최대 실세로 꼽혀오던 터였다. 지난해 노대통령은 청와대 담당기자들과 비공식 오찬 간담회를 가지면서 몇몇 보좌진을 평가한 적이 있는데, 이차장에 대해 "자기 할 일을 하면서 미리미리 (대통령이) 해야 할 일을 적절하게 알려준다"며 칭찬을 아끼지 않아 당시 일부 기자들 사이에 회자되기도 했다.

육사 19기 출신인 권보좌관이 용산고 10회(59년 졸업)이고 이총리는 22회(71년 졸업), 이차장은 그보다 한참 후배인 28회(77년 졸업)다.

동문의 힘은 17대 국회 첫 임시회의 중이던 지난 7월 12일 은근히 나타났다. 당시 이총리는 통일·외교·안보 분야 대정부 질의에서 "이종석 NSC사무차장의 (사무처장) 승진을 백지화해야 한다"는 한나라당 안상수 의원의 질의에 "NSC가 이라크 김선일씨 피살사건(대응)에 미흡한 점이 있었으나 다른 분야에서는 별 문제가 없다"며 "권보좌관은 외교·안보 분야에서 성실히 대통령을 보좌하고 있고 이종석 사무차장도 뛰어난 대북전문가로 전문성과 자세에서 문제점이 없다"고 적극 옹호했다. 이총리는 한발 더 나아가 "김씨 피살건은 NSC만의 일이 아니다"며 "이차장에까지 인사상 영향이 미칠지는 감사원 조사 결과를 보고 결정해야 한다"고 말했다.

정부 내 외교·안보 라인의 핵심 축인 두 동문에 힘이 실리도록 원거리 지원사격을 하는 또 한 명의 외교·안보통이 있다. 열린우리당 이부영 상임중앙위원이다. 통일·외교 분야에서 의정활동 경력이 많은 이 중앙위원도 용산 12회(61년 졸업)다. 이차장 등이 주도한 이라크 추가 파병을 놓고 논란이 거듭되면서 여당에서조차 70명가량의 의원이 '파병 재검토'에 서명했을 때 이위원은 "한국으로서는 참여의 의미가 있다. 한반도에서 전쟁을 막고 국제정치에서 소외되지 않도록 고뇌에 찬 선택을 해야 된다"며 파병의 당위성을 역설한 바 있다.

김선일씨 피살사건 직후 여야가 '관계자 엄중 문책'을 내세우며 정부를 몰아 세울 때도 이위원은 "6자회담이 잘 진행되고 타결 전망이 나오는 상황에서 외교·안보 업무 전반이 엉망이라고 일괄 비판하는 것은 문제가 있다"며 '방패막이' 역할을 했다. 이위원은 당시 당·청·정 회의에서도 신중론을 제기했고 북핵 문제 해결을 위해 DJ 특사론을 제기하는 등 왕성한 활동으로 권보좌관과 이차장을 도왔다.

청와대 바깥에서는 용산고 20회(69년 졸업) 동기동창인 '청장3인방'의 활동이 돋보였다. 김용덕 관세청장과 하동만 특허청장, 지난 7월 19일 차관인사 때 물러난 유창무 전 중소기업청장이 그들이다.

근래 용산이 뜨고 있지만 지난해 정부 출범 때 청와대에서는 단연 경복이 주목을 받았다. 문희상 전 비서실장(현 의원)과 김희상 전 국방보좌관(현 비상기획위원장)이 나란히 경복고 38회(63년 졸업)로 요직을 선점했고, 경복 41회인 김진표 전 경제부총리(현 의원)는 경제팀장을 맡아 정책적 협력체제를 구축했다. 당시에는 김태유 서울대 교수(44회)가 신설된 정보과학기술보좌관을 맡은데다 내각에서 최종찬 전 건교부장관(43회)까지 포진, '경복 사단'이라는 얘기까지 나돌았다.   2004. 8. 2

국정상황실에서 하는 일

철도공사(옛 철도청) 러시아 유전투자 의혹 사건이 명확한 실체없이 지난 4월 재보궐 선거를 앞두고 여론과 정치권에 오르내리면서 청와대 비서실 내 국정상황실에 세간의 관심이 모아졌다.

국정상황실은 지난 정부에도 있었다. 그러나 인력도 지금처럼 많지 않았고 드러난 국정 현안, 언론에 노출된 과제 등을 다루다보니 이렇다 할 주목을 받지 못한 부서였다. 더구나 노무현 대통령 집권 후 국정상황실장(비서관급)의 면면을 보면 '아 하'라는 말이 나올 만하다.

참여정부 출범 때로 거슬러 가보자. 첫 국정상황실장은 현 열린우리당 이광재 의원이었다. '좌희정, 우광재'라 불릴 정도로 안희정씨와 더불어 그는 노대통령의 청와대 입성에 공헌한 일등공신이다. 노대통령이 방송에서 '동업자'라고 밝힌 측근이다. 정치자금 '선앤문' 사건으로 청와대 입성 1년을 못 채우고 물러났지만 그는 청와대 내의 국정상황실을 막강한 조직으로 키웠다.

현재 25명 안팎의 인력이 근무하지만 한때 행정관과 보조근무자를 합쳐 30명에 달하는 인력이 근무한 조직이 국정상황실이다. 청와대 비서실에서 비서관급 부서로서는 단연 인력이 가장 많다. 재정경제부·기획예산처 등 주요 부처 공무원들은 물론, 중견 간부급 경찰·군 관계자까지 파견받아 각 부처의 진행 업무에 훤한 곳이기도 하다. 이곳 근무자들은 종종 우스갯소리로 "우리 하는 일은 기자와 비슷하다"고 할 정도로 각 부처와 부처별 산하 기관에서 진행되는 다양한 일들에 대한 상황점검과 확인작업이 이뤄진다. 공식적, 공개적인 사안도 있고 러시아 유전개발 건처럼 은밀한 일들도 있다.

이곳에는 정보 관련 기관의 '정보보고'도 정기적으로 전달된다. 철도청의 유전개발 건에 국정상황실이 알아보게 된 것도 이 정보로부터 시작됐다. 청와대 핵심 관계자는 "노대통령이 정보정치, 공작정치에 대해 극도의 결벽증이 있어 재임 초기부터 국정원 정보보고도 통상 국정상황실 등에서 실무적으로 이상이 없는지, 신빙성이 있는 정보인지 확인토록 했다"며 "정보기관의 주관적 판단을 없애고 왜곡된 정보에서 벗어나 오류없는 정책적 결정을 내리기 위한 조치였을 것"이라고 말했다. 노대통령의 이런 정보관과 이 전 실장에 대한 신뢰가 맞아 떨어져 창업 최대 공신 격인 그에게 첫 국정상황실장을 맡긴 것이다. 이런 배경에서 이 전 실장은 국정상황실의 운영 토대를 만들었다. 한때 노대통령의 국내 일정 등 의전행사까지 일부 관여했다는 얘기도 들렸다.

이의원이 2003년 10월 청와대를 떠나자 출범 초부터 함께 일했던 박남춘 행정관(현 인사수석실 인사제도비서관)이 바통을 이어받았다. 행시 24회인 박비서관은 처음 한 달여 직무대행을 하다 그해 11월 비서관으로 승진, 직을 계속 맡았다. 그는 노대통령이 해양수산부장관일 때 최측근의 총무과장을 지낸 인연이 있고 대통령직 인수위에서도 일해 일반 공무원들 중에서는 노대통령과 각별한 사이다. 그러나 그는 관리형에 좀더 가까왔다. 기자는 그 당시 비서실의 한 관계자로부터 "이광재 실장 때는 장·차관 임명 등 주요 인사에서 상황실 사람들이 사전에 감을 잡을 수 있었으나, 박남춘 실장 때는 이런 정무적 정보의 질이 달라지는(떨어지는)

것을 느낄 수 있었다"는 말을 들은 적 있다. 자리의 중요성, 시스템과 별개로 사람이 바뀌니 업무의 정보 수준이 크게 다르더란 얘기다.

2005년 1월 비서실 인사에서 박 전 실장은 인사수석실로 자리를 옮겼다. 후임은 청와대 '386참모' 중에서도 몇 번째 손가락 안에 꼽히는 천호선 전 의전비서관. 일각에서는 "천비서관에 적임을 찾아주기 위해 박실장을 전보했다"는 평가까지 내릴 정도로 그 역시 노대통령과 정치적 인연을 함께 해온 젊은 참모다. 천비서관이 지난 3월 31일 국정상황실내 행정관으로부터 '2004년 11월 조사 및 종결' 사실을 보고받고도 이미 자체 경위 파악에 들어간 민정수석실이나 김우식 비서실장 등에게 19일간 정보공유나 보고를 하지 않았어도 별다른 질책이 없었던 것으로 알려진 데는 이런 배경이 작용했을 수 있다는 분석이 있다.

2대 실장을 지낸 박비서관은 "통상 국정상황실이 하루에 받는 기관정보는 40건가량"이라며 "아침에 40건이 나오면 저는 제목만 쭉 보고 그 중에서 정부 부처들 간 이견이 심하다든지, 내버려뒀다가는 사회적으로 큰 문제가 생길 것들을 체크해서 선임 행정관에게 검토해 보라고 넘긴다"고 업무진행 시스템을 설명했다.

정보기관 정보 외에 언론정보(보도), 부처정보, 민간정보, 대통령지시 등을 합치면 하루에 100여 건까지 되고 이를 10여 명이 관리해 사안별로 자체 종료되거나 다른 수석·보좌관실로 이동된다. 총리실이나 부처로 넘어가는 것도 있고 노대통령에게 보고되는 사안도 있다고 한다.

청와대는 유전개발 건과 관련 "무책임한 의혹제기이고, 정치적인 공세"라 했지만 잠재 폭발력이 있는 사안의 처리에서 하자가 발견되면 그간 잘 처리한 일까지 빛을 잃게 마련이다. 더구나 청와대가 거듭 강조해 온 전자문서 처리, 정보공유의 시스템에도 불구하고 러시아 유전투자 건이 그런 방식으로 처리되지 않았다는 점이 문제다.　　　　**2005. 5. 9**

해외에서의 경험, 나가면 엔돌핀

❖ ❖ ❖

청와대가 해온 일 중 야권이나 비판 여론에서 그나마 비난을 덜 받고 시빗거리에 덜 오른 것이 해외순방인 것 같다. 취임 초기 미국 첫 방문에서 한 말이 화제에 오르기도 했지만, 외국 방문 자체가 비판의 표적이 된 적은 별로 없었던 것 같다. 노대통령 스스로도 해외순방에서는 대체로 의미 있고, 보람 있게 일했다고 생각하는 듯하다. 다만 일본과의 관계에서는 고이즈미 준이치로 총리와 형제처럼 다정하게 지냈다가 '뒤통수'를 맞고 입장이 어려워지기도 했다. 그러나 그것도 일본이 사실상 유일한 케이스다.

한국의 대통령은 역시 중·후진국, 개발도상국에 갈 때 특별한 대접을 받는 것 같다. 국제사회에서 한국의 위상에 맞게, 특히 경제력 크기만큼 대접받는 까닭일 것이다.

신토불이 대통령의 해외 정상외교

대통령 당선 전 노무현 대통령은 '신토불이형 정치인'에 가까왔다. 변호사 경력에 국회의원을 거쳤고 부산시장에도 출마한 정치인이었지만 해외여행 경험은 적은 편이었다. 대통령 당선 전에 방문한 나라는 일본·캐나다·영국이 전부다. 일본은 부산에서 '요트 타고 놀던' 시절인 1982년, 영국은 1995년 단기연수 명목으로 한 차례 다녀왔다. 그러나 대통령이 되면서 크게 달라졌다. 외유나 관광이 아니라 해외를 순방하는 정상외교 업무가 주어졌기 때문이다.

해외여행 경험이 적다보니 뒷이야기도 심심찮게 흘러나왔다. 지난해 5월 생애 첫 미국 방문으로, 뉴욕에 발을 디디면서 월가의 증권거래소에서는 "자본이 이렇게 형성되는구나"라며 놀라움을 감추지 않았고, 첫 중국 방문에서는 상하이 푸둥의 발전상에 놀라 청와대 참모진들 사이에서는 '상하이 쇼크'가 화제로 오르내렸다. 그렇게 노대통령은 지난해 5차례 해외출장에서 일본만 두번째 방문했을 뿐 미국·중국·태국·싱가포르·인도네시아는 처음 방문했다.

그러던 노대통령이 올들어 지금까지 해외 정상외교를 한 번도 못했다. 4강 외교에서 유일하게 빠졌던 러시아를 상반기 중에 방문키로 했으나 탄핵으로 연기됐고 다른 일정은 아예 잡지도 못하는 형편이었다. 이 때문에 9월 중순부터 연말까지 노대통령은 5차례 해외순방에 나선다.

9월 20일엔 그 동안 미뤄온 러시아를 방문한다. 1주일이 안 되는 방러길에는 구소련 지역 내 이웃국 한 곳도 방문하는 것으로 예정돼 있다. 러시아 방문에는 약간의 곡절이 있었다. 무엇보다 한반도 주변의 4강 중 지난해 미·일·중만 방문, 러시아가 뒤로 밀려 올해로 일정이 넘어온데다 그나마도 탄핵으로 또 늦춰지면서 러시아측이 내심 불쾌하게 여긴다는 점이다. 이런 문제는 바로 의전으로 이어진다. 우리 외교부에서 국빈방문을 바랐지만 그보다 격이 낮은 공식방문으로 가닥잡혔다. 푸틴 대통령의 고향으로, 주요 국빈들이 빠짐없이 들르는 상트페테르부르크 방문도 추진단계에서 불발됐다. 또 주요 외빈이 러시아를 찾을 때 행해지는 푸틴 대통령의 '다차(러시아식 별장)' 초청 식사와 환담도 없어 정중하고 격식 있는 대접이 아니라는 분석도 있다.

한 외교관은 "미국 방문에서 부시 대통령의 개인 별장인 텍사스의 크로포드 목장에 초대받지 못한 것과 같은 상황이 됐다"고 말했다. 지난해 첫 방미 때 다른 일부 국가 원수들처럼 크로포드 목장에서 노타이 차림으로 하는 식사도 없었고 공식적으로도 국빈방문 대접을 받지 못했다. 그러나 외교참모들은 당시 '지방(뉴욕)을 거쳐 수도(워싱턴)으로 들어가는' 형식을 밟는 등 실제로는 국빈방문에 준하는 대접을 받았다고 항변했다.

노대통령은 그러나 오는 12월 초 영국을 국빈방문한다. 미국이나 영국 같은 곳은 대개 1년간 받아들일 국빈방문 국가를 몇 개 국으로 수년 전부터 한정하는데, 노대통령의 영국 국빈방문은 전임 김대중 대통령 때 확정됐다. 당시 영국여왕이 한국을 국빈방문하면서 상호주의 차원에서 이루어진 것이다. 1992년 대선패배 직후 포한을 안고 영국으로 건너갔던 김 전 대통령의 간절한 희망이 영국 국빈방문이었는데, 정작 노대통령이 그 '혜택'을 입은 것이다.

국빈방문을 하면 영국여왕이 기거하는 버킹검 궁에 머물고 최대한 격식을 갖춘 만찬이 열리는 등 의전 자체가 달라진다. 노대통령은 현충일로 잡았던 지난해 6월 방일 때 국빈방문을 해 일본의 영빈관인 아카사카 펠리스에 체류하면서 융숭한 환대를 받았다. 영국 방문 때는 'ASEAN+3' 국제회의가 열리는 라오스와 서유럽 3개 국까지 방문한다.

10월에는 ASEM이 열리는 베트남으로 간다. 이때 ASEM회의 후 인도까지 방문한다는 계획이다. 노대통령 인도 방문에는 다른 사연이 있다. 노대통령은 지난해부터 유일하게 인도를 지목하면서 "개인적으로 꼭 방문하고 싶다"고 희망해 지난해 10월 태국 방콕의 APEC 참석 때 인도 방문이 추진됐다. 그러나 APEC회의 전후나 같은 달 인도네시아 발리에서 열린 ASEAN+3 회의 때도 총선 등 인도 내 사정으로 방문이 성사되지 못했다. 대통령은 보안이나 기회비용 때문에 통상 국제회의 참석으로 기왕 움직일 때 관련국이나 인접국을 함께 방문, 정상외교를 펼친다. 지난해 APEC회의에 이어진 싱가포르 방문은 인도 대신 선정된 것이었다.

11월에는 2004 APEC이 열리는 칠레로 간다. 이때 인근 남미국가 2개 국도 들를 예정이다. 남미 출장은 먼 거리인 만큼 순방 기간도 길어질 수밖에 없다. 이 밖에 올 연말까지 일본의 한 휴양지를 정해 고이즈미 총리와 편한 회동도 할 것으로 보인다. 고이즈미의 제주도 방문에 대한 답방 차원이다. 9월 이후 연말까지 노대통령이 해외에 체류하는 기간은 약 한 달, 방문국은 12개 국에 이를 전망이다. **2004. 9. 20**

동포간담회와 공포간담회

100년 전 1905년 4월 4일, 한인 1,033명은 영국 화물선 일포드에 몸을 싣고 지구 건너편 멕시코로 향한다. 이들은 그해 5월 12일 멕시코 땅을 밟고 노예보다 더 열악한 조건에서 에네켄처럼 뿌리를 내린다. 척박하고 낯선 땅에 그들의 후손이 한 치씩 뿌리내렸고, 여기에 최근 이주자들까지 가세해 멕시코의 한인은 현재 3만 명에 달한다. 한인 이주 100주년 해에 맞춰 노무현 대통령이 멕시코를 국빈방문했다. 노대통령은 세계 경제 11위인 한국의 위상만큼 정중한 대접을 받았고, 코스타리카를 거쳐 지난 9월 14일(한국시각 15일) UN총회에서 연설도 했다.

연일 빈틈없는 일정이지만 해외순방에서 노대통령에게 동포간담회는 각별한 의미를 갖는다. 동포들이 겪어온 생활상은 눈물없이 들을 수 없어 감정이 여린 노대통령은 종종 동포들과 만나 눈시울을 붉히곤 한다. 다만 한국이 경제발전과 민주화를 함께 이뤄 여유를 갖고 동포들을 만날 수 있게 됐다.

이렇게 좋아진 여건에서 노대통령은 지난 9월 9일 멕시코 동포들과 만났다. 올해 100세인 후손 대표 고흥룡 옹도 그들 중 한 명이다. 고옹은 1905년 모친의 뱃속에서 태평양을 건넜고 이주자들이 메리다 시에 도착한 뒤 태어났다. 그 세대 중 유일한 생존자다. 고옹은 노대통령에게 귀한 선물을 전했다. 100년 전 이민자의 한 사람으로서 일포드로 유카탄 반도에 들어간 이주자의 여권 원본이었다. 고용과 더불어 동포간담회장 헤드테이블에 노대통령과 나란히 앉은 인사들 중에는 노라 유 멕시코 연방 하원의원처럼 성공한 이들도 있다

이런 동포간담회가 대통령과 동행하는 기자들에게는 많은 부담이 되는 행사다. 기삿거리(말)가 쏟아지기 때문이다. 기자들은 동포간담회를 '공포간담회'라고 하는데, 이렇게 부르는 이유를 노대통령도 잘 알고 있다. 그래서 멕시코로 출발할 때 특별기 안에서 생일을 맞아 기자들과 잠시 환담을 나누면서도 "(이번 순방에서는) 가급적 큰 뉴스 만들지 않겠다"며 "동포간담회를 조심하겠다 여기서만 '사고' 안 나면 되니…"라고 농담하기도 했다.

의례적인 행사로 볼수도 있는 동포간담회가 왜 기자들의 최대 관심 일정이 됐나. 정을 그대로 표시하는 노대통령 특유의 성격 때문이기도 하지만 이 행사를 통해 국내에 보낼 메시지를 녹이면서 그렇게 된 듯하다.

멕시코시티 동포간담회에서 노대통령은 이 대목과 관련해 이렇게 말했다. "방문국 정할 때 여러 가지 고려하지만 우리 동포가 많은 나라는 방문의 우선순위가 높아진다. 보통 30분짜리 다과회도 있는데, 앉지도 않고 서서 30분 대화하는 자리여서 얼굴 한 번 보고 대통령 말 한 마디 듣고 헤어진다. 그러기 위해 수백km 비행기 타고 날아오는 동포들도 계신다. 제가 그러고만 헤어지기 아쉬우니까 말을 많이 듣기도 하고 말씀 좀 하시라 해서… 많이 들었으니 할 말도 많다. 말 많이 해서 1시간씩 넘어가는 경우가 있다. 그래서 이 사람(권양숙 여사)이 말 좀 줄이라고 노인들 다리, 허리 아프다고 타박을 주고 그런다."

멕시코의 동포들과 간담회에서도 길게 말했다. 에네켄 한인이민 100주년, 한 맺힌 그 후손의 환영사를 듣고 어찌 건조한 인사 한 마디로 지

나갈 것인가. 다만 당초 공언대로 '기삿거리'는 내지 않았다. 연정, 정치개혁, 북핵 문제 등 국내 문제만 언급 않으면 뉴스거리는 사실상 없다. 뉴스거리는 내지 않았지만 억새풀같이 버텨온 멕시코 동포들과 만나며 다시 대통령이란 존재가 어떤 것인지 절감했을 만하다.

이틀 뒤 코스타리카에서는 간담회로 대신했다. 영주권 가진 교민 360명 등 현지 동포들이 총 480명밖에 안 되어 동포대표 12명과 체류 호텔에서 간단한 간담회만 연 것이다. 또 이틀 뒤 미국으로 이동해 2년 만에, 뉴욕 동포들과 두번째 간담회를 가지고 "대통령 할 만하다"고 말했다.

실제로 대통령의 동포간담회에 대한 600만 해외 한인들의 관심은 높다. '친노, 반노'의 차원이 아니다. 카자흐스탄에서는 2004년 행정수도인 아스타나에서 동포간담회가 열렸는데, 수백km 떨어진 알미타에서 온 동포들이 다수였고, 브라질에서도 그러했다. 아르헨티나에서는 동포들이 대사관측의 만류에도 불구하고 공항연도에서 북과 꽹과리를 동원해 사물놀이로 환영했다.

노대통령은 지구촌 곳곳에서 동포들과 만나 감정을 드러내곤 했다. 그리고 말(뉴스)이 쏟아져나왔다.

"우리 경제를 성장시켜 온 것은 우리 기업의 애국심(2004년 11월, 상파울로 동포간담회)" "포철·국민은행·KT와 같은 심리적 국민기업으로 애정을 가진 이런 자본은 우리가 갖고 있는 게 좋겠다"(2004년 11월 부에노스아이레스 동포간담회) 이런 발언들은 그 자체가 화젯거리였고, 때로는 의미 있는 후속 정책이 뒤따르는 뉴스거리였다. 북핵, 남북관계 등과 관련된 강한 발언과 국내 정치에 대한 언급도 있었다. 2005. 10. 3

의외성 많은 다자간 국제회의

지난 10월 8~9일 베트남 하노이에서 열린 ASEM회의는 노무현 대통령이 세번째 참석한 다자간 국제회의였다.

ASEM을 하루 앞둔 지난 7일 회의 의제를 살펴보고 한국의 입장 발표 점검을 위해 모처럼 하루 느슨한 일정을 맞고 있던 노대통령은 갑자기 중국측 제안을 받았다. 오후 4시쯤 중국 대표인 원자바오 중국 총리가 "인사라도 해야 하지 않겠나"라며 회동을 전격 제의한 것이다. 사전에 계획되지 않은 일이어서 노대통령과 수행단은 뜻밖이었다.

중국측은 때마침 노대통령과 원총리가 한국에서 지은 대우호텔에 나란히 묶는데다, 층수까지 같아 인사라도 하자는 것이었고, 한국의 외교 참모들은 다음날부터는 도저히 시간이 나지 않으니 7일 밤 9시 30분(현지시각)에 만나자고 했다. 때마침 일본의 고이즈미 총리가 중국과 정상회동을 추진했는데, 중국은 이를 고사하고 노대통령과 만자자고 해 다소 미묘한 상황이 연출됐다.

굳이 UN총회가 아니더라도 ASEM, APEC, ASEAN+3회의 등 노대통령이 참석하는 국제회의는 겉으로 보기에는 우아하고 잘 짜여진 각본대로 움직이는 듯 보여도 이처럼 예기치 못한 일이 종종 발생한다.

이래서 다자간 국제회의는 월드컵이나 올림픽과 같은 국제경기와 비숫한 성격을 갖는다. 때로는 아시안게임 같고, 때로는 지역 단위의 국제 축구대회와 비슷한 측면도 있다. 물론 '주전'은 대통령이고 보조선수, 코치와 감독, 물주전자를 나르는 경기보조자들은 대통령의 참모들이다.

하노이의 ASEM에서도 각국 대표로 나선 정상들이 연설할 수 있는 시간은 통상 3분에 불과했다. 38개 국과 유럽연합집행위원장 등 39명 대표가 참석하다보니 3분씩만 연설해도 한 차례 회의는 두 시간을 훌쩍 넘게 된다. 3분을 최대한 활용해 대한민국이 국제사회에 던지고 싶은 메시지를 최대한 농축해야 한다. 노대통령은 실제 1차 정치 관련 회의에서는 10분쯤 연설했고, 대신 2차 경제 관련 회의에서는 아예 발언하지 않았다.

경우에 따라서는 시간이 더 촉박할 수도 있다. 8일 본회의를 앞두고 소회의격인 7일의 아시아지역 정상회의는 13개 국 정상이 모였지만 30분 만에 끝났다. 당초 1시간으로 예정됐지만 악수하고 난 후 기껏 1분 정도 인사 나누며 모임은 서둘러 정리됐다. 이런 상황에서 심도 있거나 구체적인 대화는 기대하기 어렵다.

8~9일 본회의에서는 '한국대표'인 노대통령의 역할이 좀더 중요한 때였다. 본회의장에는 각국 정상만 들어갈 뿐 참모들은 일체 들어가지 못한다. 각국 외교장관들과 고위실무관료들이 각각 별도의 방에서 TV 모니터를 통해 회의장 안을 들여다볼 뿐이다. 외교장관 방에서는 반기문 외교장관과 정우성 청와대 외교보좌관이 촉각을 곤두세우고 있고, 옆방의 고위급 실무관료 방에는 이선진 외교정책실장이 이어폰에 의존한 채 회의장 안 대화에 귀를 기울였다.

이런 회의는 대개 대화록도 없다. 최근 우리 정부가 매우 중요하다고 판단한 APEC회의에서는 "한국말은 통역이 어려워 보조가 필요하다"고

우겨 공식통역원 외에 외교부 과장급을 회의장에 보내 각국 대표의 발언을 어렵게 메모한 적도 있다.

노대통령뿐 아니라 실무자들이 어려운 점은 공동선언·성명, 의장국 성명 등 공식문건이 최종 단계에서 확정된다는 점이다. 한국은 최근 들어 북핵 문제와 한반도 안정에 대한 국제적인 지원을 이끌어내기 위해 외교력을 모으는 데 마지막까지 장담하기 힘든 부분도 있어 실무자들이 어려울 때가 많다.

대언론 관계도 당국자들이 신경 쓰는 부분이다. 7일 아시아지역 정상회의에 앞서 청와대측은 "노대통령이 북핵 문제의 평화적 해결을 위해 아시아 국가들의 협조를 당부할 것"이라고 신문들의 마감시간을 의식한 사전 설명자료까지 냈으나, 실제로 노대통령은 이런 발언을 하지 않았다. 1분간 인사말 수준에서 꺼낼 의제가 되지 못했던 것이다. 경제 관련 2차 정상회의에서도 마감시간을 의식, '발언자료'를 미리 기자들에게 돌렸으나 발언이 없어 일시적으로 이 부분에 관한 한 오보를 만들어낸 적도 있다.

회의 자체로 보면 알맹이가 별로 없지만 이런 국제회의는 큰 흐름이 매우 중요하다고 한다. 지역 간 협력원칙, 장기추진 프로그램, 공통 관심사에 대해 외교·재무·통상·문화 등 다방면의 실무관료들이 협력사업을 논의하고 국가의 이미지와 장기적인 이해에 미치는 영향도 크기 때문이다.

한편 참모들은 미세한 부분까지 신경 쓴다. 당초 하노이회의 본회장에서 구석진 곳에 노대통령의 자리가 주어지자 김종민 대변인과 천호선 의전비서관은 '포토 세션'에서 사진기자들을 향해 적극적으로 포즈를 잡으라고 조언했다. 2004. 10. 25

APEC 정상회의 손익계산서

정부가 발표한 공식 비용은 1,600억 원, 그러나 치밀한 손익계산은 어렵다. 직접적 이득도 있지만 우회적으로 또는 시차를 두고 뒤따를 이익도 적잖을 것이기 때문이다. 그러나 적어도 노무현 대통령은 부산 APEC 정상회의에서 비교적 '남는 장사'를 한 것 같다. 국제적으로 큰 외교무대에서 무난하게 관계 증진을 도모했다는 평이다. 곳곳의 시위 등에도 불구하고 큰 사고나 하자는 없었다. 다만 일본과 양자회담에서는 아무 성과도 내지 못한 채 역사인식 문제로 입씨름만 한 것으로 정리된 점이 아쉬움을 넘어 큰 숙제로 남게 됐다. 또 고이즈미에 대고 한 '도전'이란 말은 회담 직후 그런 말을 했으니 안 했느니 하면서 논란을 일으켰다.

노대통령은, 실제적으로 한국 정부는, 부산 APEC 의장국의 입장과 지위를 한껏 활용했다. 주요국 정상들과 한국이 원하는 대로 회담을 가졌고 일시적이나마 외교의 중심에 섰다. 특히 UN을 제외하고는 미ㆍ중ㆍ일ㆍ러 등 4강이 유일하게 모두 회원국인 국제기구가 바로 APEC이다보니 4강의 정상들은 빠짐없이 내한했고 노대통령은 회의 기간 전부터 이들과 하루에 한 명씩 만나며 회담을 가졌다.

정상회담에서는 철저하게 한국과의 관계가 중시됐다. 또 상대방의 국력 크기에 따라 대우해 힘의 논리가 작용하는 국제사회 룰이 그대로 적용됐다. 가장 돋보이는 '귀빈'은 부시 미국 대통령과 후진타오 중국 국가주석이었다.

특히 부시의 경우 천년의 고도 경주로 초대해 특별 대우를 해줬다. 경주에서 정상회담-기자회견-오찬-불국사 동행 안내까지 4시간을 할애해 노대통령은 부시를 환대했다. 청와대 관계자는 "부시 대통령이 개인 목장인 텍사스의 크로포드로 귀빈을 초청한 것과 같은 개념"이라고 말했다. 30여 분 남짓 머무른 불국사에서도 국보급 유산이 가득한 한국의 전통 사찰을 안내했고 전통불교 문화를 소개였다.

숙소도 정상회의가 열린 벡스코나 누리마루와 가까운 해운대 조선호텔을 통째로 미국 대표단에 배정했다. 게다가 인근 국군 부대에서 자전거 타기 코스가 제공되기도 했다. 정상회담 날짜도 정상회의 바로 전날인 11월 17일로 잡아 일본을 거쳐 한국-중국-몽골을 차례로 방문하는 부시 대통령을 배려했다. 최고의 대접이었다. 부시와 러시아의 푸틴 대통령은 다른 국제회의 때처럼 이번 행사 때도 주최국의 차량 배정을 거부한 채 자국에서 공수한 자체 승용차로 이동할 수 있었다.

중국도 그에 못지않게 배려됐다. 후진타오는 국빈으로 환대했다. 16일 오후 국내로 들어온 그는 청와대에서 영접받으며 회담을 가졌고 이날 밤 국빈만찬 대접을 받았다. 중국에 대해서는 우리 정부가 '시장경제지위' 인정이라는 선물도 줬다. 물론 이 조치가 앞으로 양국 간 경제통상 분야에서 어떤 결과를 초래할지 예측하긴 이르지만….

일본 고이즈미 준이치로 총리와 만남이 청와대로서는 이전부터 가장 고민거리였다. 고이즈미가 재집권 후 야스쿠니 신사를 참배하며 논란을 다시 일으켰을 때 청와대는 심각한 상황으로 의식, 연말로 예정된 노대통령의 일본 방문은 물론 APEC 때도 만나지 않을 것처럼 발표했다. 그러나 시간이 흐르면서 입장은 조금씩 변하는 것이 감지됐다. 그러다가 막상 APEC이 다가오자 "행사 벌여놓고 찾아오는 손님을 어떻게 만나지 않느냐"며 만나는 것이 당연하다는 쪽으로 태도가 바뀌었다.

결국 만남은 기정사실이 됐고 형식을 놓고 고민하는 모습이었다. "정식회담은 아니다" "회동 수준이 되지 않겠느냐" "4강 외 다른 정상들과 회동처럼 20분쯤 만나게 될 것"이라는 설명들이 들렸다. 고이즈미와는 정상회의 도중인 18일 30여 분간 회담했다. 다른 나라들 정상과의 20분보다는 조금 더 길게 만난 셈이다. 푸틴은 정상회의가 끝난 뒤인 19일 저녁, 별도의 회담에서 만찬을 나누며 4강 대국으로 대우해 줬다.

4강 외에 브루나이 · 베트남 · 호주 대표들과 각각 20여 분씩 만났다. 20분간 회동하고 10분씩 쉬고 또 다른 대통령 만나는 식의 회동이었다. 이 가운데 볼키아 브루나이 왕은 이전부터 한국에 우호적이라 오래전부터 제일 앞서 노대통령을 만나자고 외교적 경로를 통해 요청해와 일찌감치 이를 받아들였다고 한다.

18일 오전에 역시 20분씩 만난 인도네시아 · 캐나다 · 칠레 대표와의 회담도 마찬가지다. 말이 정상회담이지 20분 동안 인사하고 그나마도 통역을 거치면 내실 있는 대화가 사실상 어렵다.

회의 의장국이니 그나마 짧은 회동이라도 주도적으로 할 수 있었다. 지난 5월 노대통령이 러시아의 전승 60주년 기념행사에 초청받아 모스크바를 방문했을 때는 푸틴과 잠시 회동도 여의치 않아 막바지까지 시간이 유동적인 상황이 빚어졌고 실제 만남은 불과 15분에 그쳤던 적도 있다. 푸틴 주최의 오찬 직전 오찬장에 붙은 방에서 15분간 회동이었지만 국내 언론에서는 한 · 러 정상회담이란 제목 하에 북핵에 대한 공조 등의 정책협의라는 큰 기사가 나갔다. 2005. 12. 5

눈길 끄는 연쇄 마라톤 정상회담

임기 한가운데에 들어서는 5, 6월에 노무현 대통령은 '외교 총력전'이라 할 정도로 외교와 안보 문제에 온힘을 기울이고 있다. 숙제의 핵심은 북핵 해결 및 한반도 주변의 긴장완화이고, 그 옆에 한미동맹 등 한미관계, 또 그 옆에 일본과 갈등 문제, 중국과 관계 증진 등이 있다.

이 두 달간 노대통령은 한반도 주변의 4강 지도자 및 코피 아난 UN 사무총장과 차례로 만났다. 짧은 기간 내 이렇게 세계 정치무대의 '거두'들을 모두 만나는 것은 이례적인 일이다. 그만큼 한국의 사정이 다급하고 동북아의 국제상황이 긴장 국면에 처했다는 의미다.

노대통령은 2005년 초부터 러시아 방문을 예고했다. 러시아가 성대하게 준비해 온 2차대전 전승 60주년 행사 초청을 2004년 연말에 보내왔는데, 일찌감치 이 초청을 받아들인 것이다. 모스크바 붉은광장에서 열린 전승행사에는 53개 국 원수급이 초청에 응해 참석했고, 노대통령도 그 연단에 앉아 있었다. 당초 노대통령은 이 행사에 참석자로만 방문하는 것으로 알려졌으나, 푸틴 대통령은 이날 오전 전체 행사 뒤 오찬 직전에 노대통령과 별도의 단독회동 시간을 할애했다.

환담시간은 처음 20분 예상에서 실제로는 10여 분에 그쳤지만 그처럼 많은 국가의 원수(급)들이 참석한 가운데 당일 푸틴이 노대통령에게 따로 시간을 할애한 것은 한국에 대한 배려, 북핵 문제를 보는 러시아의 관심도가 종합적으로 반영된 것으로 보인다. 미국 등 6개 국을 제외한 다른 국가 대표들은 푸틴과 별도의 회담이나 환담시간을 갖는 대신 크렘린 대극장 6층에서 열린 단체 리셉션과 오찬에 참석하는 것에 그쳤다.

길지는 않았지만 푸틴 대통령과 회동은 사전에 언론에 알려지지 않은 행사였다. 서울을 떠나기 며칠 전에 있었던 정우성 외교보좌관의 브리핑에서도 가능성이 언급되지 않은 것이다. 기자들도 대부분 모스크바로 출발 직전에야 푸틴과의 회동 일정을 알았다. 북핵 문제의 심각성과 한반도 주변 정세가 감안되면서 노대통령의 순방 출발에 임박해서야 확정됐다는 얘기가 된다. 한, 러 어느 쪽에서 먼저 회동을 제의했을까. 정보좌관은 이런 질문에는 늘 "함께 논의하고 동시에 추진했다"며 대답을 피해왔다. 아무튼 짧은 시간이라도 별도 회동은 의미가 있었다.

이날 저녁 노대통령은 코피 아난 UN사무총장과도 30여 분간 만났다. 이 역시 사전에 알려지지 않은 일정으로, 푸틴과 만남이 알려질 무렵에 함께 밝혀진 내용이었다.

이 행사를 위해 노대통령은 지난 5월 8일 출국했는데, 바로 그날 모스크바에 도착하자마자 후진타오 중국 국가주석과 회담을 가졌다. 2004년 칠레 산티아고에서 열린 APEC 때 별도의 회동을 한 데 이어 네 번째 만남이었다.

한·중 회담은 한·러 정상회동과 달리 미리 예고된 일이었다. 당초 일본이 모스크바에서 노대통령과 고이즈미 총리 간 회동에 적극적이었던 것으로 일본발 외신이 들어왔지만 노대통령은 고이즈미 대신 후진타오 쪽으로 만날 대상을 정했다. 북핵 문제가 큰 사안이지만 독도 영유권 시비와 역사교과서 왜곡 등에서 드러난 일본의 태도에 일정한 메시지를 일관되게 던져줄 필요성도 느낀 듯하다.

한·중 회담은 당초 30분 예정에서 50분으로 늘어났다. 노대통령과 후진타오 주석이 때마침 메트로폴 호텔에 나란히 투숙해 의전 문제도 수월하게 진행됐다는 후문이다.

노대통령은 6월 중 미국을 방문, 부시 미국 대통령과 회담을 가질 예정이다. 부시 대통령과는 오는 11월 부산 APEC 때 만날 예정이고 그에 앞서 9월 UN총회 때 노대통령의 방미도 계획돼 있지만 다급한 북핵 문제를 놓고 두세 달이라도 그냥 시간을 보낼 처지가 아니라 서두른 회담이다.

부시 대통령과 회담에서는 일반적 관심사와 노대통령의 생각이 상당히 다른 부분이 있다. 노대통령 특유의 실용주의 노선이 드러난 대목이기도 하다. 일각에서는 부시와 만날 때 부시가의 개인 별장인 텍사스 크로포드 목장으로 가느냐 않느냐, 즉 사유 별장에 초청받느냐 여부를 놓고 적지 않은 시비를 벌여왔다. 이 문제에 대해 정우성 보좌관은 "애초부터 (장소와 관련해) 크로포드 목장 얘기는 나오지도 않았다. 우리가 끄집어낸 적도 없다"며 "노대통령 성격을 잘 알지 않는가"라고 반문했다. 회담의 내용이나 실질적인 논의가 중요하지, 형식에는 얽매이지 않는다는 얘기다. 외부 시각에 구애받지도 않겠다는 태도지만 논란이 빚어졌다.

노대통령은 6월 말경 고이즈미 일본 총리와 만난다. 고이즈미의 방한은 매년 한 차례씩 번갈아가며 서로 방문, 두 번씩은 만나자는 '셔틀 외교'의 일환이다. 2004년 7월 고이즈미 총리가 먼저 제주도로 왔고 노대통령은 12월에 가고시마로 갔다. 그 연장이다. 다만 한일 간 갈등으로 이 회동이 무산되거나 연기되는 것 아니냐는 전망이 나왔으나 한일 양측이 "그럴 필요가 없다. 예정된 만남을 왜 않는가"라며 유연한 입장을 보여 일정대로 진행됐다. 2005. 5. 23

전용비행기로 비춰본 국력 차

지난 11월 21일 오후 기자는 칠레 산티아고의 베니테즈 국제공항 계류장에 있었다. 대한항공 보잉747-400, KE1001편은 귀국길에 앞서 중간 경유지인 하와이로 14시간 20분 비행을 위해 막 이륙하려던 참이었다. 특별기는 바로 옆에 정류 중인 '日本國 JAPAN'이라는 붉은 국적표시 글씨와 꼬리 부분의 일본항공자위대 표시가 선명한 2대의 일본 특별기를 뒤로한 채 계류장에서 활주로로 이동했다. 쌍둥이 같은 두 대의 일본 보잉747기는 고이즈미 준이치로 일본 총리가 12차 APEC 총회 참석을 위해 타고온 것이었다.

활주로 옆 칠레 공군 전투기들이 비상발진 대기 중인 옆을 지나 KE1001이 이륙 위치로 이동하는 사이 기자의 눈에 또 다른 쌍둥이 비행기가 들어왔다. 'The United States of America'라는 영어가 항공기 옆면을 가득 채운 그 비행기 역시 외형은 대한항공 특별기와 같은 보잉747 모델이었다. 부시 미국 대통령의 전용기였다.

아리헨티나와 브라질을 거쳐 칠레로 간 대한항공 특별기의 맨 앞쪽 공간에는 노무현 대통령도 타고 있었다. 한국의 APEC 참가단 일행을 태운 이 비행기에는 정부의 공식대표단과 비공식 수행 공무원들, 취재 기자단, 승무원 등 180여 명이 타고 있었다. 미국의 참가 인원은 이보다

많은 250명가량이었고, 일본 방문팀은 우리와 큰 차이가 없는 것으로
알려졌다.

미국과 일본이 두 대의 전용기를 동시에 이용하는 것은 안전 때문이
라고 한다. 부시나 고이즈미가 타고 온 항공기에 이상이 생기면 예비용
인 다른 한 대를 이용, 차질없이 귀국하기 위한 대비인 것이다.

부시 대통령의 전용기 바로 옆엔 낯익은 또 다른 비행기 두 대가 칠
레 땅에 서 있었다. 비행기 지붕 위에 커다란 둥근 접시가 한눈에 들어
오는, 'US Air Forces(미공군)'라는 글자가 뚜렷한 그 비행기는 공중경
계관제비행기(AWACS)였다. 전쟁과 전투, 군사력과 관련된 모든 기본
정보를 수집하는 움직이는 레이더기지, 한반도에 긴장이 고조될 때면
날아와 한반도 일대를 손금 들여다보듯 감시하는 첨단설비를 갖춘 비
행기다.

워싱턴에서 칠레 산티아고까지의 거리도 한국에서 미국 정도나 되지
만 자국 대통령의 해외순방을 맞아 만에 하나 안전을 위해 출격한 것이
다. 국제간 다자 정상회의가 열리면 해당국은 경찰력은 물론 군에까지
비상근무에 돌입케 하면서 통상 최고 수준의 경계를 한다. 기자는 지난
해 10월 발리에서 ASEAN＋3 정상회의가 열릴 때 그 휴양지 바닷가 주
변을 오가며 경계 대기 중인 인도네시아 군함을 본 기억이 떠올랐다.

정상회의 참석자들은 각국의 대표(국가원수)이지만 국력만큼이나 이
렇게 '행차'에도 차이가 난다. 미국과 러시아는 거의 유이하게 국제회
의장에서도 주최국의 배려를 배제한 채 자국에서 공수한 전용승용차를
이용하겠다고 고집해 빈축을 사기도 한다. 그러나 대부분 국가들이 이
를 용인하는 것이 현실이다. 노대통령은 산티아고 공항 이륙선에서 무
슨 생각을 하고 있었을까.

앞서 노대통령은 부시 대통령과 북핵 문제 해결 등을 위한 회담을 갖

기 위해 그가 머무르고 있는 산티아고 하얏트 호텔로 찾아갔다. 후진타오 중국 국가주석을 만나기 위해서는 그가 묶는 매리어트 호텔로 찾아갔다. 청와대 관계자들은 "국제회의 때 빈번히 이뤄지는 정상회담은 해당 회의 기준으로 양국이 서로 교환방문하는 게 원칙"이라고 설명한다. 그러면서 "(아쉬운 상황이어서) 먼저 만나자고 하는 쪽이 찾아가는 경우가 많다"며 "노대통령이 부시나 후진타오를 찾아간 것 자체에 별다른 문제는 없다"고 말한다. 같은 때 열린 한·캐나다, 한·호주 정상회담에서는 상대방들이 노대통령의 숙소인 세라톤 호텔로 찾아왔다는 점도 함께 강조했다.

그럼에도 불구하고 다자간 국제회담에서의 진행 과정을 보면 대통령이나 왕이라 해도 국제무대에서는 똑같은 국가원수가 아닌 것 같다. 엄연히 힘이 세어 '자기 뜻대로'인 나라도 있고 아쉬운 입장일 수밖에 없는 국가가 명확이 존재하는 것은 부인할 수 없는 현실이다. 이런 상황을 합리화하기 위해 '자국에서 전용차량을 가져온 경우 이를 허용한다'는 관행이 생겨났지만 현지에서 한국의 에쿠스 차량을 동원해 노대통령을 태우려는 우리 외교팀의 노력은 성사되기 어려웠다.

전용기 문제는 이전 정부때 부터 이따금씩 구입 문제가 거론됐다. 그러나 우리 국력 수준으로 보나 근래 어려워진 경제난을 감안할 때 2,000억 원씩 들여 전용비행기부터 사자는 주장에 대해 아직 시기상조라는 지적이 많다. 현 청와대 참모들도 이에 동의하는 분위기다. 국제관계에서 중요한 것은 내용일 것이고, 국가의 힘 크기가 그대로 명확하게 드러나는 게 외교무대의 현실이다. 국제회의에 참석 횟수가 쌓일수록 노대통령뿐 아니라 참모들도 이런 현실을 조금씩 실감하는 것 같다.

2004. 12. 13

자이툰부대 방문 막전막후

"파리에서 서울로 돌아오려면 그곳 상공을 지나야 할 텐데, 대통령으로서 차마 그냥 올 수 없다고 생각했다" 노무현 대통령이 이라크 아르빌의 자이툰부대를 전격 방문하고 돌아온 바로 다음날인 12월 10일, 신임 장기호 이라크 대사에게 신임장을 주면서 한 말이다. 장대사가 "대통령의 자이툰부대 방문은 엄청난 일이었고, 커다란 격려가 됐다"며 인사말을 건네자 노대통령은 이렇게 대답했다. 노대통령은 "우리 군장병들은 능력 있고 우수하기 때문에 아르빌에서 우호적인 관계를 만들 것이라고 믿는다"며 "이라크에 아직도 위험 요소가 있으니 안전에 각별히 유의해서 최선을 다해달라"고 부탁했다.

자이툰부대 방문 의사를 노대통령이 참모진에게 처음 밝힌 것은 11월 25일 오전이었다. 11월 23일 밤 9시, 9박 12일(2박은 비행기 내 이동 시간)의 남미 방문을 마치고 노대통령은 다른 순방의 귀국 때보다 늦게 성남 서울공항에 도착했다. 도착이 밤이었는데다 남미순방 중 한미 정상회담, APEC회의 등으로 지친 몸을 추스르느라 다음날인 24일은 공식일정을 잡지 않은 채 비서실 측근 몇 명만 만났다. 로스엔젤레스에서 북핵과 북한체제 문제에 대한 발언으로 미묘한 충격파를 던진 이후 방문도시마다 1박이나 2박씩의 강행군으로 쉴틈없이 진행된 남미 방문 결과를 되돌아보면서 이날 아르빌 방문 결심을 굳힌 것으로 보인다. 25일 오전 김우식 비서실장, NSC의 권진호 국가안보보좌관과 이종석 사무차장 세 사람이 노대통령에게 불려갔다.

"유럽순방 후 귀국길에 아르빌을 방문, 자이툰부대 장병을 격려하겠다"는 특급비밀 행사, 코드명 '동방계획'은 이렇게 시작됐다.

이후 실무는 NSC사무처, 경호실, 합참 작전본부, 외교부 정책실의 고위 관계자들로 구성된 준비팀이 극비리에 작전에 들어갔고, 자이툰부대 방문은 큰 탈 없이 끝났다.

일요일인 11월 28일 오전 라오스의 ASEAN+3 정상회의와 영국·폴란드·프랑스 방문을 위해 노대통령이 다시 서울공항을 통해 출국한 사이 '동방계획' 실무팀은 착착 준비를 했다. 택일과 보안, 분 단위별 진행 프로그램이 수차례 점검됐다. 쿠웨이트에서는 단순히 '중요한 국제행사'라고 위장된 행사로, 실무자들은 내막도 모른 채 방송의 위성송출 시간까지 예약됐다. 기자들의 기사 송고를 위한 50개가량의 가설된 인터넷선과 전화선을 갖춘, 실제로는 1시간 남짓 사용된 임시기자실도 쿠웨이트 시 외곽의 한 호텔 지하층에 미리 마련됐다. 대통령의 특명에 따라 '사전준비-경유 방문-2시간 동안 잘 짜여진 자이툰부대 내 이벤트-안전지대로 귀환-대국민 홍보의 극대화'로 이어지는 각 단계별 과정은 비밀리에 치밀하게 준비되어 갔다. 위성송출은 노대통령의 깜짝 행사를 앞두고 방송사들이 위성망으로 영상 뉴스를 즉각 전송토록 준비된 것이었다.

노대통령이 쿠웨이트로 귀환한 뒤에야 기자들이 기사 작성에 나설 수 있어 임시기자실로 이동하고 급히 기사 작성을 해 송고하는 약 2시간가량을 노대통령은 기내에서 기다렸다.

아르빌 자이툰부대의 방문에서 노대통령은 고무된 감정을 감추지 않았다. 노대통령은 장병들에게 '수고와 감사'의 말을 거듭 반복했다. 신세대 장병들과 만나 함께 아침식사를 나누고 내무반과 병원을 살펴보는 등 2시간 만에 100만 평의 부대를 둘러보던 노대통령은 부대 내 이동 중 지프차에서 눈물까지 보였고 이 장면은 사진기자들에 포착됐다. 군복 상의로 갈아입고 두터운 방탄조끼에 헬멧을 쓴 채 굉음을 내는 군 수송기로 자이툰부대까지 함께 이동한 기자도 쿠웨이트에서 아르빌까지 차량 400대가 1,000km 거리의 전장터를 가로지르는 3박 4일간의 이동작전과 주둔 이후 민사활동을 담은 영상물을 보면서 뭉클해지는 가슴을 느낄 수 있었다.

노대통령의 고무된 감정은 아르빌에 대기 중이던 귀환 공군기를 탄 뒤에도 계속됐다. 노대통령은 이륙 20분 만인 오전 10시쯤(현지 시각) 수송기의 조종석을 찾았다. 키르쿠크 상공 2만 1,000피트 고도였다. "현재 이라크 상공을 비행 중이며, 30분 후에는 바그다드 상공을, 1시간 20분 후에는 이라크 남부 국경을 벗어나며, 이라크 저항세력의 지대공 위협에서 벗어난 고도"라는 조종사 이해원 중령의 설명을 들은 노대통령은 "정말 든든합니다"라며 '세계의 하늘을 누비는 58항공수송단의 안녕과 발전을 기원합니다' 는 서명을 기내에서 남기기도 했다.

노대통령은 자이툰부대에 격려금을 전달하고 장병 전원에게 나눠주도록 남성용 반(半)지갑 3,800개도 전했다. 오톨도톨한 표면의 검은 가죽지갑은 안쪽에 '대한민국 대통령 노무현 권양숙'이라는 글자가 금박으로 인쇄된 것이었다. 앞서 노대통령은 자이툰부대원들이 환영식도 없이 조용히 출국할 때 현지시각과 한국시각을 동시에 볼 수 있는 손목시계를 장병들에게 선물했었다. 2004. 12. 27

공식 행사 속 비공식 일정

독일을 국빈방문하면서 노무현 대통령은 베를린의 브란덴부르크 문을
둘러봤다. 국빈방문의 사실상 첫날 행사로 호르스트 쾰러 독일 대통령
과 회담 직후의 일정이었다.

불과 10여 분간 둘러본 일정이지만 브란덴부르크 문 관람은 공식일
정에 포함된 것이었다. 청와대 표현대로 하자면 '시찰'이었고 부인 권
양숙 여사도 함께 동행했다. 노대통령은 독일 방문 준비단계에서부터
브란덴부르크 문 방문에 관심을 나타낸 것으로 알려졌다. 독일 분단의
상징물, 동·서독 분단과 동·서베를린 양분 등 분열과 통일·통합에
이르기까지 20세기 현대 독일사의 상징물이 바로 브란덴부르크 문이기
때문일 것이다. 분단과 화해, 나아가 통일이라는 남북한 과제에다 일제
의 침략과 식민역사에 대한 몇 차례 형식적인 사과, 그뒤에 이은 역사
교과서 왜곡 등 한·일 관계를 감안하면 노대통령이 역사적인 명소에
서 뭔가 영감을 받고 싶었는지도 모른다.

노대통령은 말을 아꼈다. 평소 스타일 대로라면 브란덴부르크 문 앞
에서 수행한 측근들에게라도 할 말이 적지 않았을 것이지만 속으로 많
이 삭인 듯하다.

국빈방문이든, 공식방문이나 실무방문이든 간에 대통령의 해외순방

일정은 매우 빡빡하다. 상대방 나라 정상과 만나 회담을 하고 여야 정치권 지도자를 접견하고 경제계 인사들을 초청, 간담회를 갖는 것이 대부분이다. 사람 만나기가 주 업무인 셈이다. 물론 이런 일정에서 협상과 협의를 하고 정담을 나누거나 밀도 있는 회담도 한다. 자리에 따라서는 연설을 하고 질의응답 시간도 있다.

노대통령은 2005년 독일 국빈방문과 터키 공식방문까지 11차례 해외순방에 나섰는데, 이처럼 역사적 의미가 있는 곳을 따로 방문한 곳은 손꼽을 정도다. 노대통령 스스로도 "관광을 하고 해외문화를 맛보는 식으로 여가를 즐기려면 퇴임 후에나 가능할 것 같다"며 측근들에게 정상외교의 딱딱함과 공식성에 아쉬움을 표시한 바 있다고 한다.

공식일정 외에 노대통령이 순수하게 관광한 것은 2004년 12월 프랑스를 방문했을 때 루부르 박물관을 둘러본 것이 손에 꼽힐 정도다. 당시 노대통령은 프랑스의 정계 지도자와 회담이나 면담, 경제인 초청 간담 등을 끝내고 마지막날 루부르 박물관을 관람했다. 루부르가 일반 관람객을 받아들이지 않는 정례 휴관일이 있어 맞춘 일정이었다.

'순수한 관광'은 아니었지만 구경거리를 찾아 나선 일정은 또 있다. 지난 2003년 6월 첫 중국 국빈방문 때 노대통령은 베이징에서 이틀간 정치 일정을 끝내고 상해로 이동했는데, 이때 동방명주 탑에 올라 상해의 푸동지구 발전상을 봤고, 밤에는 외이탄에서 야경도 관람했다. 이때 노대통령은 말로만, 보고로만 전해 들은 중국의 발전상에 상당히 놀랐다고 한다. 기자도 당시 노대통령을 따라간 참모진의 설명을 들어 '상하이 쇼크'란 제목의 기사를 쓴 적이 있다.

또 유사한 사례는 2004년 9월 카자흐스탄 방문 때였다. 카자흐스탄의 새 행정수도 아스타나를 방문한 노대통령은 아스타나에서 손꼽히는 명소로 시가지를 한눈에 살펴볼 수 있는 전망탑에 올랐다. 나자르바예프 대통령의 권유 때문에 잡은 일정이라는 얘기도 들렸다.

일각에서는 노대통령의 해외 일정이 정상회담과 공식 오·만찬, 회견, 각종 간담회, 대학 등지의 연설에 치중되는 점을 지적하면서 일정 자체를 근본적으로 다시 짜야 한다고 주장하기도 한다. 힘들게 해외로 나간 만큼 현지 서민들이나 교포들이 사는 집도 방문하고 역사적 관광지나 명승지도 둘러보면서 두루 견문을 넓혀나가라는 주문이다. 현지에 진출한 한국기업뿐 아니라 상대국의 주요 산업시설과 경제 중심지를 적극 둘러보라는 충고이기도 하다. 물론 실무자들은 빡빡한 일정과 경호상의 문제를 내세워 필요성에는 공감하면서도 늘 실현은 뒤로 미룬다.

한편 노대통령의 독일·터키 방문에는 이전처럼 적잖은 국내 주요 기업의 CEO들이 함께 동행했는데, 터키 쪽에 동행기업인들이 훨씬 많았던 점이 주목된다. 독일에 동행한 재계인사가 20명이었던 것에 반해 터키 동행자는 30명이었다. 한국의 경제력이 성장하면서 중·후진국으로 '투자하고 돈 벌러' 가는 기업인들이 많아지는 것으로 해석되는 대목이다. 박용성 상의회장, 강신호 전경련회장, 김재철 무역협회장, 김용구 기협중앙회장 등 경제4단체장, 최한영 현대기아차사장, 조양호 대한항공회장, 이준용 대림산업회장, 이윤우 삼성전자부회장, 박찬법 아시아나사장, 신박제 필립스전자사장, 이장한 종근당회장, 허영섭 녹십자회장, 신동규 수출입은행장, 김송웅 수출보험공사사장 등이다. 이수영 경총회장, 김종은 LG전자사장, 이용경 KT사장, 김균섭 에너지관리공단이사장, 김흥경 중소기업진흥공단이사장, 신동렬 성문전자회장 등은 독일 방문만, 정몽구 현대기아차회장과 최재국 현대기아차사장, 최태원 SK회장과 김신배 SK텔레콤사장, 이종희 대한항공사장, 이태용 대우인터내셔날사장 등은 터키에만 동행했다. **2005. 4. 25**

외국에서 미리 가 본 신행정수도

2005년 첫 순방으로 노무현 대통령이 독일과 터키를 묶어 다녀왔다. 독일 베를린에서는 3박 4일로 꽤 오래 머물렀다. 독일 분단의 상징, 브란덴부르크 문도 다녀왔고 대통령궁, 총리 청사, 시청 등을 두루 방문했다. 유명한 제국의회(하원)도 갔다.

독일인들에게 베를린은 특별한 곳이다. 세계대전에서 패전, 무차별 폭격으로 전면 폐허와 복구, 분단과 통일 등 이 모든 상징물을 껴안은 도시다. 임시 행정수도였던 본은 이제 통합유럽의 새 역사에서는 수도의 자리를 베를린에게 되돌려주고 있다. 독일인이 결코 포기하지 않았던 '수도 베를린'에 대한 기본 정서를 노대통령은 현장에서 실감나게 들었을 수 있다. 베를린에서 통일과 남북관계가 주로 이야기됐다. 방독 이전에는 일본과 과거사 문제를 이야기할 것이라는 전망이 우세했으나 이 전망대로 움직이지 않고 통일 문제에 관심을 보였다.

노대통령이 '수도란 무엇이며, 어떠해야 하는가'라는 문제에 몰두했다면 바로 다음 방문지였던 터키의 앙카라는 또 다른 의미를 줬을 것이다. 앙카라는 베를린과 완전히 다른 수도다. 임시로 만든 흔적이 역력했다. 4월 14일 밤(한국시간 15일 새벽) 노대통령과 기자가 탄 특별기가 앙카라 공항에 도착, 시내의 호텔로 이동하면서 본 앙카라 시내는 대체로 어두웠다. 덕분에 공항에서 시내까지 마구잡이로 끝없이 늘어선 달동네들은 어둠에 감춰지기도 했다.

앙카라는 터키 땅 한가운데 있는 신설 행정수도다. 터키로서는 의미 있겠지만 유럽지도를 놓고 보면 완전히 외곽이다. 최근 터키가 꿈 속에서도 소망이 EU회원국이 되는 것이라는 점을 감안하면 왠지 왜소해 보이고 빈(貧)티나는, 별로 내세울 것 없는 도시다. 역사와 문화, 경제가 있고, 외형도 화려한 이스탄불과 비교하면 더욱 그렇다.

앙카라에서 정상회담 등 공식일정을 마친 뒤 노대통령은 바로 최대 인구 1,500만 명의 도시 이스탄불로 이동했다. 터키 총리의 배려로 잠시 보스포루스 해협에서 크루즈 관광도 했다. 이스탄불의 크루즈 여행에서 노대통령은 “안 했으면 참 억울할 뻔했다. 대통령되고 제일 좋은 구경했다”며 “잠시 스쳐가는 생각이지만 돈만 있으면 돌아가지 말고 여기서 살면 좋겠다”고 농담을 던질 정도로 고도 이스탄불에 대한 경찬과 만족감을 감추지 않았다. 터키의 실질적인 중심지이자, 역사와 문화의 수도 격인 이스탄불에서 문화를 맛보고 경제가 움직이는 모습을 본 셈이다.

노대통령은 취임 후 여러 나라의 수도를 방문했다. 이 중 몇 군데는 신행정수도였다. 2004년 카자흐스탄의 신행정수도 아스타나를 찾았고, 브라질의 계획된 수도 브라질리아도 갔었다. 카자흐스탄 방문 때는 원래의 수도이자 이 나라 경제의 중심지 알마타는 방문하지 못했다.

카자흐스탄의 아스타나만 해도 곳곳이 공사 현장이었다. 문화적 자산이나 방문객을 위한 볼거리는 거의 없다. 불과 1박을 하는 일정이었는데도 노대통령과 동행취재한 기자는 ‘지루하다’는 느낌이 들 정도였다. 카자흐스탄이 지난 1997년 수도를 옮긴 것은 기존 수도인 알마타가 이 나라의 남동쪽에 치우쳐 있는데다 지리적 여건이 열악한 톈산(天山)

산맥 주변에 위치해 국토의 균형발전을 꾀하기 어렵다는 판단 때문이었다고 한다.

브라질 방문에서도 노대통령은 룰라 대통령과의 회담 등 공식일정 때문에 반듯한 계획도시 브라질리아를 찾아갔지만 하룻밤만 머물렀다. 브라질 최고의 경제 중심지이자 한국인 교민들이 몰려사는 상파울로도 방문해야 했기 때문이다. 인도에서도 뉴델리로 갔지만 오랜 고도인 델리와 맞붙어 있어 신도시라는 느낌을 갖지는 못했을 것 같다.

행정수도든, 행정복합도시든 이 문제는 노대통령으로서는 결코 떨치기 어려운 '이상'이다. 국토의 균형발전이라는 정치적 목표를 실현하기 위한 수단이기도 할 것이고, 대선 때 "재미 좀 봤다"는 말처럼 전략적 측면도 없지 않을 것 같다.

이미 노대통령은 통일된 베트남의 옛 남북 수도 호치민 시와 하노이도 방문했다. 또 파리와 런던, 바르샤바처럼 도전받지 않는 각국의 '유일 수도'도 방문해 이제는 수도에 관한 한 경험이 적다고 보기 어려울 정도의 안목이 갖춰졌을 것이다. 물론 대통령의 일정이나 방문지가 제한돼 있고 협상 현안도 많아 각국의 수도와 큰 도시의 장점과 문제점을 두루 파악하지 못했을 수도 있다. 그렇다 해도 일반인들보다는 더 많은 정보를 접하고 수도 문제에 대해 안목 있는 전문가들의 설명을 들을 수 있는 위치에 있다.

2005년 첫 순방에서 베를린과 앙카라를 둘러본 노대통령은 수도, 행정도시의 건설 문제와 관련해서 무엇을 보고 어떤 점을 느끼고 돌아왔을까. 남북통일과 수도 결정, 행정중심 도시로 신도시 건설과 역사적인 고도 서울의 발전, 동북아 허브도시 육성과 지방화 · 분권화 등등… 무엇이 국가를 위하는 길인지, 수도와 관련된 문제에서 노대통령이 치밀하고 냉정하게 따져봐야 할 것이 한두 가지가 아니다.　　　　　**2005. 5. 2**

해외로 나가면 엔돌핀이

노무현 대통령은 2003년 취임 후 매년 5차례씩 해외순방을 했다. 통상 말하는 정상외교다. 청와대가 해온 일 중 야권이나 비판 여론에서 그나마 비난을 덜받고 시빗거리에 덜 오른 것이 해외순방인 것 같다. 첫 미국 방문에서 한 말이 화제에 오르기도 했지만, 외국 방문 자체가 비판의 표적이 된 적은 별로 없었던 것 같다.

노대통령 스스로도 해외순방에서는 대체로 의미 있고, 보람 있게 보냈다고 받아들이는 듯하다. 다만 일본과의 관계에서는 고이즈미 준이치로 총리와 형제처럼 다정하게 지냈다가 '뒷통수'를 맞고 입장이 어려워진 바 있다. 그러나 그것도 일본이 사실상 유일한 케이스다.

한국의 대통령은 역시 중·후진국, 개발국을 방문할 때 특별한 대접을 받는 것 같다. 국제사회에서 한국의 위상에 맞게, 특히 경제력 크기만큼 대접받는 까닭일 것이다.

2005년도 해외출장 중 마지막 일정인 ASEAN+3 정상회의 및 말레이시아와 필리핀 국빈방문 때도 그랬다. 노대통령이 압둘라 말레이시아 총리와 정상회담을 가질 때였다. 압둘라 총리는 양국 간 경제협력을 강조하면서 "한국 관광객이 말레이시아로 많이 왔으면 좋겠다. 특히 쿠알라룸푸르는 호텔값이 싸다"며 관광객 유치를 했다. 그는 또 "한국이

주5일근무를 한다는데, 여기는 골프 치기에도 좋다. 대통령께서 먼저 놀러오면 판촉이 잘 될 것 같다"며 세일즈 외교에 나섰다. 노대통령도 "내가 말레이시아에 간다니 여러 곳에서 많은 리스트를 주면서 팔아달라고 하더라. 방위산업품, 철도차량 건설 등 말레이시아에 필요한 품목들이 많다. 우리 업체가 어떤 기술을 가지고 있는지 꼼꼼하게 봐달라"며 한국산 선전을 했다. 아쉬운 얘기를 먼저 꺼낸 것은 말레이시아측이었고, 압둘라 총리가 말레이시아의 명물인 쿠알라룸푸르의 88층 쌍둥이 빌딩(삼성)과 페낭교(현대)를 한국기업이 건설한 것에 거듭 칭찬해 다시 한번 우쭐할 수 있었다.

그보다 앞서 지난 9월 코스타리카 방문 때의 일이다. 당시 노대통령은 SICA(중미통합체제) 소속 8개 소국 정상을 한꺼번에 상대하면서 집단 정상회의를 주도했다. 1대 8로 회의를 하고 노대통령이 한가운데 앉아 공동기자회견을 갖는 등의 행사를 할 수 있었던 것도 한국의 경제력 덕분이었다. 당시 정부는 코스타리카 · 니카라과 · 온두라스 · 과테말라 · 엘살바도르 · 파나마 · 벨리즈 · 도미니카공화국 등 중미 8개 국의 5개 사업에 9,400만 달러 규모의 차관 공여를 긍정적으로 검토하고 있다며 양측의 통상 · 투자를 확대키로 했다고 발표했다.

물론 이들 국가는 워낙 작은 나라여서 한국과 상대가 되지 않는다. 노대통령이 코스타리카를 방문한 것도 원래는 다른 이웃국이 방문 목표였지만 747여객기의 이착륙이 안 돼 인접한 코스타리카로 바꿨다는 얘기가 들릴 정도였다.

인구 수백만 미만 수준의 작은 나라들이어서인지, 대통령이라 해도 평범한 모습들이었다. 당시 노대통령과 중미 8개 국 정상이 공동기자회견을 가질 때였다. 노대통령의 옆에 앉은 모 국의 대통령이 회견시작 직전 어디서 걸려온 전화를 받았다. 평소 흔한 모습이 아니어서 기자는 그가 어떻하는지 주목했다. 그는 자신의 윗 양복 속 주머니에서 꺼낸 휴대전화로 누군가와 한참을 이야기하더니 중앙에 있는 노대통령을 지나 몇 자리 건너편에 있는 다른 이웃국 정상에게 수화기를 건네주었다. 전화를 건네받은 그도 한참 중얼중얼 이야기하더니 원래 전화 주인에게 돌려주는 것이었다. 근엄과 권위 이런 것과는 한참 거리가 있는 풍경이었다.

2004년 ASEM이 열린 라오스 방문 때 컴퓨터를 지원키로 한 것이나 그전에 라오스의 외교장관이 서울로 와서 아셈 행사용 의전차량으로 그랜저 승용차를 지원받아 갈 때도 노대통령이 으쓱할 수 있었다.

대통령의 방문으로 가시적인 성과를 낼 때도 있었다. 2004년 가을 카자흐스탄 방문시 SK가 카스피 해 유전개발에 나설 수 있었던 것이나, 그보다 한 달 뒤 인도 방문 때 국내기업 컨소시엄이 벵골 만 유전개스 개발에 나설 수 있었던 것도 정상외교 덕이었다고 한다. 대체로 권위주의적 전통이 강하거나 저개발국가들이 그런 경우다. 2005년 5월 우즈베키스탄 방문 때 카리모프 대통령은 노대통령의 동행 기업인 중 몇몇을 대통령 사무실로 초청, 상당한 환대를 하면서 투자확대를 요청했다.

해외에서 노대통령이 편한 또 한 가지 이점 중 하나는 국내에서와 달리 시선을 덜 받으며 국내 경제인들과 편하게 만날 수 있다는 점인 것 같다. 노대통령은 국내 경제단체장 등 동행 경제인들을 초청해 식사를 하는 등 공식적으로나 비공식으로나 만나 편하게 이야기할 때도 있다. 동행 경제인이라 해도 방문국가로 개별적으로 모이는 형식이지만 쿠알라룸푸르나 마닐라처럼 해외에서 만나면 서로간에 마음의 여유가 생겨 덕담이 오가고 종종 농담도 나눈다고 한다.　　　　　　　　　**2005. 12. 6**

황당했던 아프리카 순방

이해찬 총리의 3·1절 골프 스캔들은 한국 대통령으로서는 24년 만에 아프리카 순방길에 나선 노무현 대통령의 마음을 무겁게 억누른 숙제였다. 오가는 날까지 9일 동안 노대통령의 머릿속은 온통 이 문제로 가득 차 있었을 것이다. 노대통령이 이집트와 나이지리아를 거쳐 알제리를 방문하기까지 이총리 문제를 아예 꺼내지 않은 것과 달리, 핵심 참모들은 국내의 뉴스와 여론에 신경을 곤두세우며 현지를 동행하고 있는 기자들에게 여론을 묻기도 했다. 한 측근은 순방 초기 "이총리 문제를 어떻게 할 것 같으냐"는 기자의 물음에 "어떻게 보느냐. 결국 드러난 게 뭐냐. 사실 관계가 뭐냐"라고 되물으면서 동향을 점친 적도 있지만 '내기골프, 황제골프'를 했다는 사실이 드러난 이후부터는 분위기가 달라졌다.

이총리 거취에 국민적 관심의 초점이 맞춰진 가운데 지구 건너편으로 날아간 노대통령과 수행참모들도 신경은 여기에 집중됐지만 돌아보면 의미 있는 대목도 있고 흥미로운 얘깃거리도 있다.

아프리카 방문 3국은 모두 저개발국, 독재 성향의 권위주의적 정권이 권력을 잡고 장기집권을 꾀하는 나라, 경제적 격차가 심하면서도 양극화 문제는 아직 사회적 아젠다에 포함되지도 않는다는 점이 공통점이다. 그러면서 한결같이 한국의 자본이 자국 경제에 적극적으로 참여해 주길 바라고 투자확대와 기술지원을 바란다는 점도 같다. 노대통령은 이처럼 비슷한 상황에 처한 나라들을 차례로 방문했지만 이들 국가의 대접은 제각각이었다.

한국 대통령으로서는 처음 방문한 이집트에서는 수행원들이 애를 먹기도 했다. 정상회담은 카이로에 있는 무바라크 궁에서 열렸는데, 수행원 전원은 현지에서 임대한 휴대전화를 압수당하는 수모를 겪었다. 수행한 공무원들은 신분증을 보이며 항의했으나 "우리는 (경호의) 프로페셔널들"이라는 대답만 들었다고 한다.

노대통령이 카이로에서 나이지리아로 향하던 9일 오전 공항으로 가는 도로와 공항 안팎에는 삼엄한 경비병력이 깔렸다. 노대통령의 무사환송을 위한 것이라고 본 기자는 막상 활주로에서 다소간의 실망감을 감출 수 없었다. 노대통령의 이륙에 앞서 해외출장을 나가기 위한 무바라크의 비행기가 버티고 있었던 것이다. 그는 노대통령이 이집트 땅을 떠나기 1시간 전에 먼저 공항을 벗어났다.

그나마 이집트는 나은 형편이었다. 나이지리아는 말이 아프리카의 대국일뿐 1억 3,000만 명이 된다는 인구와 석유 외에는 내세울 게 없는 나라다. 석유 매장량이 많다지만 그 역시 서방의 주요 석유메이저들이 개발권을 차지하고 있어 정작 나이지리아 국민들은 곤궁한 티가 절로 나왔다.

노대통령과 방문단 일행을 놀라게 한 것은 나이지리아 입국 직전에 정상회담 일정을 바꾼 것이었다. 원래 3월 10일에 공식환영식을 갖고 한·나이지리아 정상회담과 협정서명식, 국빈만찬 등 국빈행사가 준비돼 있었다. 국빈방문은 국가 간 외교행사에서 가장 격이 높은 교류인데, 먼곳의 국빈을 초청해 놓고 이집트를 방문 중인 노대통령에게 일정을 하루 앞당긴다고 사실상 일방통보를 해왔다. 노대통령은 2008년까지 한국의 아프리카 지원 규모를 3배 확대해 연간 1억 달러를 지원하고 그 외에도 인적 자원과 각 분야에 걸쳐 기술지원을 하겠다는 '코리아이니셔티브' 발표를 선물로 준비해 가는 중이었다. 일정이 바뀐 이유를 명확히 밝히지 않는 것까지 결례였다. 때마침 이나라 대통령 오바산조는 3선개헌을 통한 재집권을 준비 중이었고 노대통령과 정상회담 때 부족 또는 정파의 대표들과 모종의 회동이 있지 않았겠느냐는 설만 뒷얘기로 들렸다.

대통령이 이러니 그 아래 관리들도 같은 행태를 보였다. 노대통령은 신행정수도 격인 아부자에서 한·나이지리아 경제인 오찬간담회를 갖도록 하고 숙소 호텔에서 준비를 했다. 그런에 이번에는 이 행사에 참석키로 한 나이지리아의 투자진흥처청장이 불과 행사 1시간 전에 불참한다고 알려왔다. 노대통령은 부랴부랴 미리 준비한 이 행사의 연설문에서 청장의 이름을 빼고 대신 참석한 투자진흥처의 사무국장 이름을 넣으면서 혀를 차야 했다.

이들 국가에 비해 알제리에서는 상당히 융숭한 대접을 받았다. 알제 공항에서 트랩에 내리자마자 부테플리카 대통령의 영접을 받았고 도심 곳곳에는 태극기가 휘날렸다. 부테플리카보다 얼굴이 적은 게 눈에 거슬리긴 했지만 노대통령의 사진도 알제 시내 여러 군데에 내걸렸다. 대통령부터 한국에 대한 칭송이 계속 이어지고 접대 방식도 앞서 두 나라와는 다분히 달랐다. 이에 노대통령은 정상회담 때 "한국이 손님 접대를 잘 한다고 생각했었는데 여기서 대접을 받아보니 이제 그런 말을 못할 것 같다"고도 했고 "여러 나라의 영빈관을 가봤지만 알제리 영빈관이 가장 아름다운 곳"이라고도 말했다.

알제리에서야 겨우 국빈방문에 맞는 극진한 환대가 이어졌지만 이총

리 거취에 대한 여론의 압박이 갈수록 거세어지면서 노대통령은 지중
해의 아름다운 풍광도 제대로 즐길 수 없을 정도로 속마음은 계속 다급
해져만 갔다. 그러나 방문 기간 동안 이총리 문제뿐 아니라 국내 문제
에 대해서는 철저히 언급을 피했다. 앞서의 순방 때와 비교해 보면 상
당히 이례적인 일이었다.   2006. 3. 27

'폼' 잡을 일 많은 저개발국 방문

노무현 대통령은 해외에 나가면 대접을 받는다. 개발도상국이나 후진국에 가면 더욱 그렇다. 독학으로 변호사가 됐다거나 인권 문제에 투신한 민주화 경력을 중시해서 그런 것 같지는 않은 듯하다. 세계 10위권 안팎의 경제대국으로 급성장한 한국, 해외에 투자를 하고 때로는 원조도 할 수 있는 힘을 갖춘 한국의 대표이기 때문에 국제사회에서 그만한 대우를 받는 것이다.

일부 저개발국에서는 한국의 발전과정을 자국의 모델로 삼아 배우겠다며 한 수 가르쳐달라고 공개적으로 요청하고 있다. 자본이나 기술보다 한국식 경제개발 방식을 본뜨겠다는 요청이다.

몽골이 '한국을 배우겠다'는 대표적인 저개발국이고 아제르바이잔도 같은 입장이다. 이들은 대개 권위주의적 정권이 통치하는 나라다. 강력한 힘을 바탕으로 경제발전에 나서겠다는 것이며, 공무원들과 기타 개발 프로그램 전문가를 한국에 보내 배우겠다는 자세다.

이런 때 노대통령은 '폼' 한번 잡는다. 5월 7일부터 15일까지 몽골, 아제르바이잔, 아랍에미리트 방문에서 노대통령은 비슷한 체험을 했다. 한국식 개발, 특히 단기간의 경제적 발전에 누구의 기여가 컸는지 따져볼 만도 한 일이지만 아무튼 노대통령으로서는 기분 좋은 방문이었다.

몽골은 2021년까지로 잡은 국가개발계획에 한국의 도움을 요청했다. 엥흐바야르 몽골 대통령은 정상회담 후 기자회견장에서 "우리는 전문인력이 필요해 국가개발계획 수립에서 한국과 협력관계를 구축하기로 의논했다. 국가개발계획을 실행할 수 있는 사람들을 한국에서 교육받을 수 있도록 요청했다. 한국은 우리가 개발하려는 길을 이미 지나온 나라이므로 우리가 배울 점이 많다"고 말했다. 이 자리에서 노대통령은 한국으로 합법, 불법으로 취업들어온 몽골인들에 대한 단속 문제를 스스로 꺼내면서 "인권 침해가 없도록 하고 생활에 불편이 없도록 최선을 다해 살피겠다. 또 가급적 교육기회가 단절되지 않도록 최대한 배려하겠다. 우리 제도도 관대하게 만들도록 하겠다"고 말했다. "우리 국민들 좀 잘 봐달라"고 아쉬운 말, 우는 소리를 하는 것이 아니라 "(먹고 살기 위해 악착같이 한국으로 들어온 상대방 국민들을) 잘 봐주겠다"며 관용을 베풀며 으쓱 한 셈이다. 몽골에서는 국회의장도, 총리도 모두 한국식 모델을 배우겠다며 협조를 구했다.

아제르바이잔도 상황은 비슷했다. 노대통령이 방문한 나라 중 우즈베키스탄, 카자흐스탄, 알제리 등도 같은 유다.

이들 국가가 한국식 발전 모델을 배우겠다는 것이 현 정부의 업적, 노대통령 스스로 공과 때문이라고 볼 수 없음을 노대통령도 잘 알고 있는 것 같다. 노대통령은 2005년 11월 부산에서 열린 APEC에서 주최국으로 각국 정상들을 초청해 연설을 하고 연속해 회의를 주재하면서 성대하게 행사를 치른 뒤 "정치인이라면 누구라도 부러워할 폼 나는 업무를 했다. 이게 모두 앞서 대통령이 뿌려놓은 씨를 내가 거둔 것이고, 그 노력에 대한 영광을 내가 누리는 것이다"라는 요지로 보람을 이야기한 적 있다. 김대중 전 대통령 때 회의를 유치했기에 자기가 결실을 누렸다는 솔직한 얘기다. 2004년 12월 영국을 국빈방문한 뒤에도 비슷한 이야기를 했다. 영국은 수많은 외국 정상을 초청하지만 최고의 예우를 하는 '국빈방문'은 1년에 몇 차례로 제한하는 것이 전통으로 알려져 있다. 국력의 크기, 외교관계, 국가별 순서 등을 종합적으로 고려해 그렇게 한다는 것이다. 이 때문에 김대중 전 대통령은 영국국빈 방문을 무척이나 원했으나 그의 재직시 한국에 그런 계기가 주어지지 않았다. 한국 순서의 국빈방문은 노대통령 때 비로소 성사됐다.

서울 용산에 새로 이전 건립된 국립중앙박물관 준공식 때도 노대통령은 "10년 전에 내려진 훌륭한 결정"이라며 영광을 누리는 것에 대한 감사와 미안함을 표시했다. 다만 이때 용산의 미군기지 가운데서 터를 확보하고 이전 계획을 결정한 김영삼 전 대통령은 새 박물관 준공에 초청하지 않은 것에 서운한 감정을 숨기지 않았다고 한다.

아무튼 노대통령이 다수 개발도상국과 후진국에서 환영받고 대우받는 것은 대한민국이 출범한 후 압축성장을 이룬 결실을 누리는 것으로 볼 수 있다. 몽골 등지로 노대통령을 따라간 이백만 홍보수석은 "국가개발 컨설팅은 우리나라 최고의 전략상품"이라며 "개발의욕이 강한 자원부국에 경제한류가 확산될 것"이라고 귀국 후 홈페이지에다 썼다.

정치 또는 사회발전 논리에 따르면 제3세계 국가는 대개 20세기 전후에 서구 열강의 식민지지배 하에 있다가 독립 과정을 거치며 이 과정에서 경제적으로 피폐해진다. 이후 독립투쟁 세력과 군(軍)부의 갈등, 군부 집권, 군부의 내부 갈등과 표출, 내부의 분란이나 권력투쟁, 군부 집권에서 국가의 효율화를 위한 권위적 관료주의 제도 육성과 그 반작용으로 노동조합주의나 민주화 투쟁의 심화, 그 외중에 경제발전 시도 등으로 전형화된 모델이 나온다. 이런 과정을 거치면서 한국은 성공했고 다수 국가는 실패했다. 2006. 5. 29

CHAPTER
6
·····················

대통령이란 자리

◆ ◆ ◆

누군가 가르쳐 주지 않아도, 설사 누가 막아도 때가 되면 어떤 식으로든 나오는 보도 중의 하나가 대통령의 퇴임과 관련된 것일지 모른다. 5·31 지방선거 후에도 그런 현상이 엿보인다. 그 전에도 대통령 본인의 입에서 나온 적은 있지만 크게 주목을 끌지 못했던 것이 새삼 빅뉴스로 부각되기도 하고, 대통령의 발언마다 관심이 다시 집중되는 시점이기도 하다. 노무현 대통령이 퇴임 후 고향 김해의 봉하마을로 돌아가기로 하고 집 짓는 문제까지 모색한다는 기사는 전자에 해당된다. 반면 화합과 용납, 관용을 호소하는 대통령의 언급에 기자의 관심이 쏠리는 것은 후자의 현상이다.

퇴임 후 준비하나

누군가 가르쳐 주지 않아도, 설사 누가 막아도 때가 되면 어떤 식으로든 나오는 보도 중의 하나가 대통령의 퇴임과 관련된 것일지 모른다. 5·31 지방선거 후에도 그런 현상이 엿보인다. 그전에도 대통령 본인의 입에서 나온 적이 있으나 주목을 크게 끌지 못했던 것이 새삼 큰 뉴스로 부각되기도 하고, 대통령의 발언마다 관심이 다시 집중되는 시점이기도 하다. 노무현 대통령이 퇴임 후 고향 김해의 봉하마을로 돌아가기로 하고 집 짓는 문제까지 모색한다는 기사는 전자에 해당된다. 반면 화합과 용납, 관용을 호소하는 대통령의 언급에 기자의 관심이 쏠리는 것은 후자의 현상이다.

임기 1년 반을 남겨둔 시점에서 나온 몇몇 대목의 말을 살펴보자.

"가장 위험한 것은 우리의 내부적인 분열이다. 여러분이 할 일이 있다. 민족의 분열을 극복하고 통합을 이루는 바람을 불어넣어 달라. 국내에서도 내가 정치하는 동안 분열을 극복하기 위해 노력할 것이다"(6월 7일 세계한인회장단과의 청와대 다과회)

"우리 정치에 있어서 아직도 선악의 개념으로 모든 것을 구분하는 그런 문화가 남아 있다. 그래서 상대가 이기는 것을 절대 용납하지 않는 그런 문화가 있다. 이제 그런 단계는 넘어가야 될 시기이고 타협과 화

합의 정치가 필요한 시기다"(6월 9일 '6·10항쟁' 관계자와 가진 청와대 만찬)

"이제 분열을 끝내고 국민의 힘을 하나로 모아야 한다. 그러자면 상대와 상대의 권리를 존중하고 의견과 이해관계의 다름을 인정해야 한다. 대화로 설득하고 양보로 타협할 줄 알아야 한다. 끝내 합의를 이룰 수 없는 경우라도 상대를 배제하거나 타도하려고 해서는 안 된다. 독선과 아집, 배제와 타도는 민주주의의 적이고 역사발전의 장애물이다. 우리 정치도 적과 동지의 문화가 아니라 대화와 타협, 경쟁의 문화로 바꾸어 가자"(6월 6일 현충일 추념사)

"대화라는 것이 갈등을 풀기도 하고 새로운 진보의 계기를 만든다"(6월 13일 대학총장 초청 청와대 오찬)

5월 지방선거 후 기자가 접한 노대통령의 일부 발언이다. 물론 적지 않은 양의 발언 속에서 주목되는 부분만 뽑아본 것이다. 그렇다 해도 내용과 '용어'들이 상당히 달라지고 있다. 화합, 타협, 단결이란 말이 잇달아 나오는 점이 주목된다.

이 같은 표현과 화법이 왜 나왔을까. 어떤 의미로 볼 것인가. 이에 대해 여권 내 일각에서는 "노대통령이 국정운영의 큰 그림에서 임기 마무리 작업에 들어선 것"이라는 평가를 내리고 있다. 청와대의 한 관계자도 "대통령 역시 정치인의 한 사람으로서 퇴임 후 활동과 평가를 의식하지 않을 수 없지 않겠느냐"며 "통합과 화합의 정치를 지향하고 내세우며 그간 벌여온 것이 최대한 성과가 나도록 마무리하는 데 주력할 것"이라고 진단했다.

이런 분석대로라면 노대통령은 퇴로를 의식하고 퇴임 후까지를 염두에 두면서 화합을 모색하는 것으로 여겨질 만하다. 그러지 않아도 취임 직후부터 최근 지방선거에 이르기까지 노대통령은 '분열의 정치' '갈등의 정치' '편 가르기 화법'이란 비판을 적잖게 들어온 터라 관심거리가 되는 것이다. 이런 비판적인 여론이 최근까지도 이어진 점을 청와대도 잘 알고 있다. 그렇다보니 임기 마지막까지 이런 비판에 매몰될 수 없다는 자성론도 일부 있는 것으로 보인다. 골라 쓴 용어, 의도된 내용이라면 이런 상황인식에서 나왔을 것이다.

청와대가 근래 비서실의 조직을 조금이라도 줄이고 비서진용도 가급적 외부인사 기용 대신 내부의 기존 참모들로 채우는 것도 퇴로를 의식한 현상으로 보인다. 근래 수석들을 40대의 내부 측근 중에서 대거 승진 기용한 데 이어 그 아래 비서관과 행정관에 이르기까지 후속인사도 기존의 선거캠프 출신이나 관료들 중에서 주로 쓰고 있다. 2006년 이후 외부전문가라고 할 만한 역량 있는 인사가 청와대 참모로 기용된 경우는 별로 없는 것 같다.

외부인력의 수혈 없이 늘 '아는 사람' 중에서 골라 쓰는 것도 하나의 이유가 될까. 노대통령의 잇단 화합·통합론, 관용론 제시에도 불구하고 이를 바라보는 여론에는 의구심이 적잖게 깔려 있다. "(권력의) 하산 길을 앞두고 진정으로 화합을 모색하나"라는 기대 섞인 시각이 없지 않지만, "본인부터 잘 하면 모두 잘 될 것"이라는 다소 냉소적, 회의적 시각이 공존하는 것이다.

이처럼 화합과 단결의 메시지를 잇달아 던지는데도 의심의 눈길이 나오게 하는 것 역시 노대통령 자신이라는 비판도 나온다. 받아들이는 쪽에서 볼 때 일관돼 보이지 않는 대목이 더러 나오기 때문이다. 6월 13일 국무회의 때 발언도 그런 예에 들 수 있다. 이날 청와대에서 국무회의를 주재하던 노대통령은 늘 하던 대로 마무리발언을 하면서 미리 준비해 온 쪽지를 꺼냈다(작심하고 이야기할 때 메모지를 꺼내곤 한다). 장관들에게 "변화는 개혁을 통해 이뤄지며, 저항없는 개혁은 없다"고 한 말이다. '개혁피로증'을 거론한 뒤의 발언이어서 '개혁저항론'에 경고를 던

진 것처럼 들렸는데, 이런 말은 화합이나 통합 관용과는 반대쪽 정서에
서 나온 말이다. 국민들이 대통령의 말에 미심쩍어하는 것은 이런 양갈
래 말이 동시에 나오기 때문일지 모른다.   **2006. 6. 26**

역사와의 대화

2006년 신년 기자회견 때였다. 이때 어느 기자가 이색적인 질의를 했다. "최근에 대통령이 너무 '역사와의 독대'에 빠져있는 것 아니냐는 말도 나온다. 이러한 지적에 얼마나 공감하나. 대통령이 생각하는 바람직한 정치 스타일은 무엇인지, 혹시 이 같은 스타일을 바꾸실 의향은 없는가" 표현은 에둘러했지만 "대통령이 최근 역사와 대화를 한다고 알려지고 있는데, 역사와 대화를 좀 미뤄놓고 현재, 다수 국민들과 (현실적인 여러 문제를 놓고) 먼저 대화하고, 현안부터 함께 고민하자"고 촉구한 것이었다.

이 질의에 대해 노대통령은 "자극적인 질문이 나올 것이라고 들었는데…."라며 자신을 공격하는 질문공세로 받아들였음을 내비쳤다. 그러면서도 즉답은 피한 채 모호하게 답했다."역사와의 독대…. 그렇게까지 제 스스로를 거창하게 생각하고 있지는 않지만 항상 한 시대의 조류와 그 조류에 역행하는 파도 사이에서 언제든지 어떤 선택의 큰 고민을 하고 있는 게 사실이다. 하나 극단적인 예를 들면 1990년 1월 3당 합당이 이루어질 때에도 그것을 저는 거부했는데, 큰 흐름을 거역하는 것이었다. 그것을 굳이 역사와의 독대라고 얘기하면 할 수도 있겠다"면서 "그것은 정치하는 사람에게 언제나 끊임없이 고민하지 않을 수 없는 문제"

라고 대답했다.

역사에 파고드는 스타일에 대해 신년 회견에서까지 "왜 그런가"라는 질의가 나왔던 것은 그 전에 몇 차례나 노대통령이 공개적인 자리에서 역사 이야기를 했기 때문이다. "세종대왕은 개혁적이었고 그로 인해 세상이 변했지만 그의 사후 (다시 조선은 원래 모습대로) 사대부 집권체제로 돌아갔다" "조선을 실질적으로 지배하고 개혁한 것은 정도전뿐이었다" "영·정조 때도 한계가 있었다" 등등에서부터 조선조 토지개혁 사례인 전분육등법, 연분구등법 등 각론에 대한 설명과 언급도 나왔다.

해외에서도 역사 얘기가 나올 때가 많았다. 가령 프랑스를 국빈방문했을 때는 "역사적으로 프랑스 혁명이 (보편적 인권을 확립했다는 의미에서) 인류 역사에서 가장 큰 발명품이다"라는 취지의 역사관을 보였다. 전반적으로 2005년도에 역사에 대한 언급이 특히 많았다. 청와대 담당기자들과 연말의 송년만찬장에까지 역사에 대한 이런저런 인식과 고민이 특강처럼 꽤 길게 설명됐었다.

노대통령의 역사와 대화, 역사에 대한 관심은 2006년 들어 다소 수그러들었다. 언급 자체가 없어졌다기보다는 그러한 인식, 역사에 대한 발언에 대한 언론의 관심이 줄어들었을 수도 있다. 다만 한일 간에 독도 문제가 최대 이슈로 불거지자 "독도 영유권 문제의 본질은 20세기 초 일본이 제국주의 시절 러시아와 치른 침략 전쟁인 러일전쟁으로 거슬러 올라간다"며 역사적 인식을 바탕으로 독도 영유권 시비에 대응하기도 했지만, 기자들의 속성은 아무래도 한 번했던 이야기, 언급된 내용에 대해서는 아무래도 덜 주목하게 마련이다.

노대통령은 그러나 임기 내내 역사와 대화, 역사에 대한 인식으로 씨름을 할 것으로 보인다. 지난 6월 16일 충남 계룡대에서 있었던 국군 주요 지휘관들과 대화는 이런 노대통령의 의식을 다시 한번 극명히 보여

준 행사였다. 당시 노대통령은 육해공군의 장성급 지휘관 160여 명과
청와대 참모들을 모아놓고 '대화'의 시간을 가졌는데, 말이 대화이지
근 100분에 달하는 특강이었다. 청와대가 제공한 당시의 녹취록 전문
을 보면 질의응답도 없이 현하지변과 같은 노대통령 혼자만의 강의였
다. 여기에서도 전반부 절반가량이 역사 이야기였다. 인권과 민주주의
가 발전해 온 역사적 과정, 고구려와 중국세력의 싸움에서부터 구한말
개화기 때 국내 정세와 일본의 움직임, 다시 세종대왕 때의 일시적 성
과와 이후 단절 등등이 다시 거론됐다.

독도 영유권 시비가 불거졌을 때 노대통령이 청와대로 국제법 학자
와 민족주의적 사관을 가진 일부 역사학자들을 초청해 강의를 들었던
것으로 알려졌다.

이런저런 과정과 적지 않은 역사 서적 독파를 거치면서 축적된 역사
적 지식과 나름대로의 관점이 나타난 것이다. 이번에는 듣는 대상이 국
군 상층부였다. 상대가 군이다보니 고구려시대의 연대기까지 일일이
들어가며 외세와 대응한 역사를 설파한 노대통령은 자주국방의 필요성
과 군의 역할에 대한 소신으로 주제를 돌렸다. 한국의 육해공군을 이끌
고 있는 별들에게 이날 하고 싶었던 마음속 이야기는 "자주국방이 왜
필요한가"였다.

"왜 미국과 갈라서고 틈을 보이면서까지 불안하게, 돈도 엄청 드는데
자주국방 얘기를 자꾸 꺼내는가"라는 비판에 좀더 자세히 설명하고 싶
었던 것이다.

이런 심정에서 "자주국방 하니까 '반미하자는 것 아니냐?'고 대부분
그렇게 나가는데 이건 잘못됐다"며 "자주는 자주고 반미는 반미다. 우
리는 친미의 자주도 얼마든지 할 수 있고 개방적 자주, 우호적 자주, 협
력적 자주도 가져갈 것"이라고 이중적 개념도 제시했다.

이날 강연에 앞서 노대통령은 참석 군 장성들에게 배기찬 동북아시
대위원회 비서관이 쓴 《코리아 다시 생존의 기로에 서다》라는 책을 읽
어보도록 사전에 나눠줬다. 근래 이 책에 대한 언급이 부쩍 많았다.

2006. 7. 3

대통령의 주말 보내기

청와대에서는 늘 대통령을 중심으로 공식·비공식행사가 빈틈없이 진
행된다. 참모들은 항상 바쁘고 외국의 국빈에서부터 국내 각계의 인사
들 방문까지 외부인들의 방문도 끊이지 않는다. 그러나 해가 지면 청와
대는 적막하다. 휴일도 그렇다. 일과 후 시간이나 주말, 대통령 부부는
'관저'에 머무른다. 대통령의 사무실이 각종 회의실이 있는 '본관'과 달
리 관저는 규모가 작고 조용하다. 서울 도심 광화문 일대가 훤히 내려
다보이지만 심정적 거리는 멀기만 하고 뒤로는 북악산 숲이 외부를 차
단한다. 관저 생활에 대해 청와대 관계자는 "적막하다 못해 절간 같다"
고 말한다. 그렇다고 아무나 불러들이기도 여러 모로 부담이다.

　일정이 없는 주말이면 대통령 부부는 '철창없는 감옥' 신세가 된다
는 얘기가 이래서 들린다. 지난 7월 부터 공무원들이 주5일근무에 들어
가면서 노무현 대통령도 주말에는 특별한 경우가 아니면 공식일정이
없다. '젊은 대통령'이어서 관저에만 있기에는 더욱 갑갑할 것이다. 간
혹 잠을 설치는 밤, 국민들에게 보내는 e메일 편지를 썼다가 이 일로 또
다른 비판거리가 되기도 했다.

　주5일근무에 처음 들어갈 무렵 청와대 담당 기자들과 홍보수석실은
잠시 논쟁 아닌 논쟁을 벌였다. "주5일제의 원만한 정착을 위해 주말에

는 제발 뉴스거리를 만들지 말라" 상당수 기자들은 일요일에 대통령이 종종 불쑥 춘추관을 방문하기도 한 이전의 선례를 거론하면서 "대통령이든, 다른 참모들이든 일요일엔 움직이지 말고 기자들도 휴일은 좀 편한 심정으로 지내보자"고 했고, "주5일근무제를 정착시키자면 주말에 청와대 같은 곳에서 바쁘거나 뉴스의 중심에 있어서도 안 된다"는 논리도 폈다. 적어도 후자의 주장에 청와대 참모들은 공감을 표했다.

그래서 토·일 연휴가 된 초기에 한동안 청와대에서 별다른 뉴스가 나오지 않았다. 우회적으로, 또 시간이 지난 뒤에 "주말에 누구누구가 관저를 방문했다더라"는 소문이 나오기도 했지만 대체로 이전에 비해 조용히 넘어갔다.

그러나 유사 이래 처음으로 이틀씩 쉬게 된 주말 휴일, 핵심 측근참모들은 "어떻게 하면 주말을 의미 있게, 그러면서 재충전이 되도록 프로그램을 짜볼까"로 고심한다. 이런저런 사유로 청와대를 찾아오겠다는 사람들은 적절히 차단하는 한편, 비공식적으로 만나는 게 좋은 경우는 오히려 면담을 준비하지만 기본적으로는 가족들과 보내는 시간이 많다고 한다.

10월 마지막 일요일인 30일 청와대 담당기자들과 산행도 이런 흐름에서 기획됐다. 올들어 지난 3월 말에 이어 두번째, 노대통령 집권 후로는 세번째다. 김세옥 경호실장의 설명을 들으면 노대통령은 기자들과 산행으로 이번 가을 청와대 뒤 북악산을 두번째 올랐고 올 한해를 통틀어 여덟 번 올랐다. 기자들과 두 차례 등산에서는 모두 빠졌지만 노대통령은 권양숙 여사와 늘 함께 등반에 나선다고 했다.

기자들과 등반 바로 전주 주말에는 각군 사령부가 있는 충남 계룡대로 가 각군 사령관 등 군 수뇌부와 골프도 쳤다. 금요일인 10월 21일 계룡대로 내려가 하룻밤을 보냈고 다음날 토요일 골프와 오찬을 나눴다.

청남대 별장을 일반에 내놓으면서 노대통령이 경호 문제나 일반 대중에 불편을 주지 않고 갈 수 있는 곳은 계룡대와 진해의 군시설 내 휴가지(청해대) 정도 뿐이다. 계룡대에는 골프장이 있고 대통령을 위한 숙박시설도 있다. 유사시까지 대비한 시설이라고 한다. 노대통령은 기자간담회 때 "청와대 뒷 등산 코스나 계룡대만 해도 사람들을 안 만나고 걸을 수 있어 좋은 것 같다. 어느 정도 격리만 되면 거기 시설에서 밥도 먹고 덜 번거롭게 할 수 있다. 이미 (군에 의해) 경계는 돼 있고, 특수 지역이라서 민폐를 끼치지 않아도 된다. 청남대만 하더라도 내가 간다고 하면 경호도 새로 해야 하는데, 계룡대는 그럴 필요가 없다. 또 서울에서 가깝다. 제일 좋은 곳이 진해 해군공관과 계룡대다"라고 설명했다.

실제로 그 앞주인 10월 15~16일에는 진해에서 머무르기도 했다. 14일 울산에서 전국체전 개막식에 참석했다가 바로 내려갔는데, 진해의 대통령 휴식공간(청해대)에서 이틀 머무른 뒤 일요일 상경 때는 진해의 선영도 참배했다. 공식일정이 없는 주말의 관저 생활이 단조로웠는지 "주말에는 행사 아니면 지방에 가서 쉴라고 한다"고도 했다.

그나마 작은 행복은 손녀딸과 함께 하는 시간이라고 한다. 이제 아장아장 걸으니 일과 후나 주말에 손녀딸과 보내는 시간이 잠시 시름을 잊는 때일 것이다. "길게는 아니어도 자주 논다. 아이를 보면서 세상의 이치, 과제를 많이 생각하는 편이다. 손주와 같이 있다는 환경이 한국의 미래를 생각하는 기폭제가 되고 손주와 놀면서 생각하면 미래가 구체적으로 다가온다. 미래에 대한 걱정도 구체적으로 다가온다. 하지만 손주를 예외자로 만드는 순간 모든 것은 깨진다"며 "(아들과 손주를 비교할 때) 손주가 훨씬 이쁘다"고 할아버지로서의 보편적 정서도 드러냈다.

주5일근무 시대, 주말 일정을 어떻게 꾸릴지를 놓고 참모들은 늘 고민이다.

2005. 11. 14

90대 후반 노대통령의 골프정치

지난 6월 18일 오후 노무현 대통령이 군 수뇌부와 골프를 쳤다가 구설에 올랐다. 토요일 오후의 골프여서 '그런가보다' 하고 넘어갈 만도 했는데, 바로 다음날 전방 GP에서 총기난사라는 초대형 사고가 문제였다. 북한병사 한 명이 철책선을 뚫고 내려온 바로 그날이기도 해 청와대 입장이 머쓱해졌다. 군 수뇌부와의 골프에 대해 청와대측은 "6월, 호국의 달을 맞아 군·안보 관련 고위인사들의 노고를 격려하기 위해 서울 인근의 한 골프장에서 운동하고 만찬도 함께 했다"고 설명했는데, 취지가 무색해졌기 때문이다. 군 수뇌부와 함께 라운딩한 곳은 충남 계룡대의 군 골프장으로 알려졌다.

노대통령은 세 팀을 짜서 운동했다. 참석자는 바로 전날 저녁 평양에서 돌아온 정동영 통일부장관과 윤광웅 국방부장관, 군에서 3군 참모총장, 한미연합사 부사령관, 기무사령관 등 6명, 청와대에서는 김우식 비서실장, 권진호 국가안보보좌관, 김세옥 경호실장 등이었다. 정동영 장관은 NSC 상임위원장 자격이었는데, 노대통령과 같은 팀에 석였다.

이날 라운딩은 노대통령이 직접 제안했다. 지난 2003년 6월에도 노대통령은 당시 합참의장과 안보관계 참모와 골프를 함께 한 적 있다. 당시는 비가 내려 우중 골프였고, 권여사도 함께 했던 것으로 알려졌다.

골프에 관한 노대통령의 일화가 많지는 않은데, 아직까지는 골프장을 찾는 자체가 뉴스다. '90대 후반 수준'이라는 게 청와대가 전해주는 '공식 핸디캡'이지만 어쩌다 나가는 탓인지 그보다 더 많이 칠 때가 많다고 한다. 골프를 배운 것이 정치인으로 입문한 뒤여서 비기너에 가깝다. 그러나 처음 골프를 배울 때는 특유의 분석력으로 대형 거울 앞에서서 어드레스 자세를 가다듬고 스윙 때 쓰이는 근육구조까지 연구하는 등 '과학적으로' 연구했다고 한다. 암자에서 고시공부할 때 독서대를 발명한 연구자세가 골프 입문 때도 나타난 셈이다.

노대통령은 5월 29일에는 김원기 국회의장, 최종영 대법원장, 이해찬 국무총리 등 3부 요인을 초청, 라운딩했다. 청와대는 당시 코스에 대해 '경기도의 한 민간 골프장'이라고만 설명했는데, 뒤에 알아보니 뉴코리아 골프장이었다. 코스는 청와대에서 이동거리가 감안된 것 같다. 이때는 김의장이 80대로 가장 잘 쳤다고 전해졌다. 최대법원장도 싱글 수준으로 알려졌으나 이날은 여의치 않았고, 평소 내기를 피하지 않으며 골프 '열성 팬'으로 알려진 이총리도 총리가 된 뒤에는 스코어가 썩 좋지 않은 편이라고 측근들이 전했다. 이때는 먼저 오찬을 함께 한 뒤 운동을 시작했다. 청와대 관계자는 "식사 때는 사법개혁 추진 방안이 주요 화제였다"고 전했다.

당시 골프회동에 대해서는 노대통령이 '허리 이상무'를 보여주기 위한 행사였다는 해석도 있었다. 그 전에 노대통령은 "허리가 편치 않아 오래 앉아 있거나 골프 스윙을 하면 뒤에 통증이 있다"고 언급한 것처럼 이총리가 전했고, 청와대는 즉각 이를 부인한 적 있었는데, 정치권에서는 "대통령의 건강을 총리가 경솔하게 이야기한다"며 비판했었다.

이보다 앞서 노대통령이 골프장을 찾는 일이 바깥으로 알려진 것은 지난 2월 초다. 설을 앞두고 제주도로 가족휴가를 갔을 때였다. 당시 서귀포 신라호텔에 머물던 노대통령은 중문 골프장을 찾았다. 팀 구성이 흥미롭다. 노대통령 부부와 아들, 사위가 한 팀을 이뤘고, 경호실장 양방·한방 주치의들이 또 한 팀을 이뤘다고 한다. 경호실장 팀이 앞서 나간 것으로 전해진다.

지난해 탄핵 후에는 이총리, 전윤철 감사원장, 김우식 비서실장과 한 팀을 이뤄 친 적도 있다. 이때는 이총리와 전원장이 쟁쟁하게 한판 겨루는 분위기였다. 김우식 실장은 썩 잘 하는 편이 아니며, 내기도 끝까지 않는 스타일이다.

청와대 참모들도 대체로 골프와 무관한 이들이 많다. 전반적으로 잘 안 가는 분위기고, 드러내놓고 화제로 올릴만큼 한가한 상황도 아니다. 다만 미국 교환교수 때 입문한 김병준 정책실장이 장타인 편이고 정문수 보좌관도 대단한 장타에다 시원스런 골퍼로 알려져 있다. 7월부터 주5일근무에 들어가 참모들의 골프 분위기는 달라질 것 같다.

언론에 드러난 것 외에 노대통령이 이따금씩 군 관련 시설인 태릉골프장을 찾는 것으로 알려졌다. 태릉에는 대통령의 이용 편의를 위한 몇 가지 시설이 있다. 그래봤자 별도의 목욕탕, 코스 가운데 '그늘집' 한쪽에 따로 쉴 수 있는 작은 별도 공간 정도다. 한 참모는 "태릉에서 라운딩하는데 건너편 홀에서 '그쪽에 어떻습니까. 잘 맞습니까'라고 낮익은 음성이 들려 쳐다보니 대통령이더라"고 들려준다. 참모들도 모르게 출타한 케이스다.

노대통령은 기자들과 접대 골프문화에 대해 이야기하면서 "골프 초청받아 그늘집에서 음료수 하나라도 마실 때 괜히 겸연쩍고 그런 상황도 있지 않느냐"며 "공무원들은 내돈 내고 하는 게 좋다"고 말한 적 있다. 골프장에 초대받은 사람들이 한 번씩은 느꼈을 만한 묘한 인간적 감정을 꼭 꼬집은 말이다. **2005. 7. 4**

구멍 뚫린 내부자료 관리

최근 청와대 비서실에서 비상이 걸렸다. 비서실 내 행정관급 이상이 볼 수 있는 내부 문건이 유출됐기 때문이다. '2005. 7. 4, 月, 수석·보좌관 회의時 대통령님 말씀 주요 내용'이라는 제목의 A4용지 두 장으로 정리된 문건이었는데, 언론에 대문짝만하게 보도됐다. 문제의 문건은 매주 월요일마다 노무현 대통령 주재로 열리는 정례 수석·보좌관 회의에서 지시사항 성격의 대통령 말을 정리한 것으로, 국정상황실에서 작성했다. 몇몇 지시사항 중 (2006년 지방선거를 앞두고) 정책공약은 당(열린우리당)이 주도하고 전략적으로 쟁점화하도록 하는 점이 눈에 띄었다. 유출 시점은 정확하게 알려지지 않았으나 보도된 것은 작성일보다 16일 뒤인 7월 20일이었다.

비서실 내부적으로 문제점이라고 본 또 다른 측면은 그간 친노 성향으로 알려진 인터넷 매체 〈오마이뉴스〉가 첫 보도를 했다는 점이었다. 문건을 바탕으로 '노대통령이 당정 분리 원칙을 깨고 지방선거에 개입하고 있다'라는 비판적 기사가 다른 언론매체로 이어졌다. 김만수 청와대 대변인은 즉각 "대통령의 말을 정리하다보니 다소 비약된 부분이 있다. 실제 언급은 문건과 다르다"며 강하게 해명했으나 기자들의 접근을 막기에는 역부족이었다. 일부 기자들은 "그렇다면 대통령이 원래 한 말의 원문 녹취록을 내놓으라"라고 요청했으나 김대변인은 "비공개회의의 성격과 맞지 않다"며 녹취록을 공개하지 않았다.

청와대는 이 자료 때문에 당정 분리, 행정부와 입법부의 자기자리 찾기라는 큰 원칙이 훼손되는 것처럼 해석되자 해명하랴, 누출자 찾으랴 바빠졌다.

수석·보좌관 회의는 매주 빠짐없이 노대통령이 주재하지만 회의 내용은 늘 함구된다. 김종민 전 대변인 때부터 "일상적인 업무점검, 특히 대통령의 일정에 관한 보고와 논의가 이뤄진다"는 정도로만 설명해 왔다. 매주 월요일 오전 9시 30분부터, 때로는 오후 3시부터 거의 2시간 이상씩 진행되곤 하지만 발표되는 내용은 극히 제한적이다. 청와대가 스스로 보도될 필요성을 느끼는 특정 사안 한두 가지만 대변인이 발표하는데, 그나마 없을 때가 더 많다. 2003년에만 해도 수석·보좌관 회의 전에 2~3명의 기자가 풀취재도 들어가 회의시작 전 분위기는 볼 수 있었지만 이것마저 차단해 버려 기자들의 접근이 원천봉쇄됐다. 그런데 이 회의의 안건 중 민감한 사안이 문건 채로 나돌았고 청와대 의도와 달리 해석됐으니 당국자들의 놀라움과 당황함은 짐작이 간다.

특히 〈오마이뉴스〉는 노대통령이 취임하기 전 당선자 시절에 이미 단독 인터뷰를 할 정도로 관심을 보인 매체다. '인터넷 혁명'으로 대통령에 당선됐고, 그 중 한 축을 〈오마이뉴스〉가 맡았다는 게 초기의 시각이었다. 그러나 참여정부 출범 후 홍보 관련 일부 실무참모들은 이 매체를 편치 않은 시각으로 바라보기도 했다. 취임 초기 노대통령이 국가정보원을 방문해 보고를 받은 적 있는데, 국정원의 간부들과 기념촬영한 사진을 큼지막하게 올린 곳도 〈오마이뉴스〉였다. 법규에 어긋나게 국정원의 간부들 얼굴이 대거 공개되면서 관련된 비서실 직원들은 해임, 감봉 등의 징계를 받았고, 출입기자가 춘추관 출입이 한동안 정

지된 일도 있었다. 아무튼 참모들 가운데서는 우호매체라며 '같은 편'
이라고 여겼던 곳에서 충격파가 큰 비판적 보도를 하자 속으로 편치 않
아 했다.

이 사건 직전에 청와대는 이미 보안강화를 이유로 비서실 모든 직원
에게 개인 전화번호를 부여했다. 이전에는 비서관실 별로 한두 대의 공
유전화번호를 줘서 함께 쓰는 방식이었으나 개인별 번호를 주고 전화
기도 신형으로 교체했다. 물론 통화기록을 모두 남기겠다는 의도다. 그
런데도 문서유출 사고가 났다.

요즘은 대개 프린터와 컴퓨터의 연결이 인터넷으로 이어져 청와대에
서도 기본적으로 문서를 출력한 곳은 모두 찾아낼 수 있다. 다만 출력
을 여러 곳에서 했을 경우 유출자는 별도로 가려내야 하는데, 아직 조
사 결과는 들리지 않는다. 이처럼 문제가 될 수 있는 문서가 유출된 것
은 역설적으로 청와대의 내부 인트라넷(e지원)이 아주 잘 구축된 데도
원인이 있다는 지적이다. 웬만한 문서는 모두 여기에 올라가고 관련된
각종 회의 결과, 대통령에 이르기까지 관계자의 입장이 모두 올라가는
시스템이다보니 제한적으로 서류만 오갈 때보다 보안이 취약할 수도
있다는 얘기다.

청와대 내부의 은밀한 업무가 밖으로 새어 나가는 일이 심심찮게 빚
어진다. 연정에 대한 언급도 유사점이 있는 경우다. 노대통령은 지난 6
월 24일과 7월 22일 저녁 여권의 핵심 실세들이 모이는 12인회(당초 8인
회에서 11인회로 늘었다가 천정배 법무장관의 입각으로 12인회)에 예고없이 참
석해 연정이니 구 안기부의 불법도청 테이프 문제 등에 대해 언급한 것
으로 알려졌는데, 특히 연정과 같은 사안은 고스란히 외부로 전해졌다.
민주화가 진행되면서 피할 수 없는 대세인 듯하다.   **2005. 8. 8**

눈꺼풀 수술로 본 대통령 일정

일요일인 지난 2월 13일, 오전 10시가 안 된 휴일 아침에 윤태영 청와대 제1부속실장이 기자실이 있는 춘추관에 슬쩍 나타났다. 일찍 나와 신문을 뒤적이던 몇 명의 기자와 맞부딪힌 윤실장은 "이른 휴일 아침에 웬일이냐"는 물음에 조금 망설이다가 "김종민 대변인과 좀 만나볼 일이 있어서…"라며 말끝을 흐렸다. "차나 한 잔 하자"는 권유에도 그는 "좀 있다가…"라며 홍보수석실 직원들이 근무하는 2층 행정실로 올라갔다.

'노무현 대통령이 설 명절도 지냈다며 점심이라도 함께 하자고 할까' '핵보유, 6자회담 불참을 밝힌 북한의 폭탄선언에 대한 언급이라도 하려는 것일까' 기자의 머리는 순간 빨리 움직였다. 2004년엔 거의 뜸했지만, 일요일이면 예고없이 불쑥 춘추관에 모습을 드러내곤 했던 노대통령의 2003년도 습관을 떠올릴 수 있는 상황이었다. 더구나 노대통령은 그보다 3일전인 10일, 설 연휴 마지막날부터 겨울휴가로 제주도에 갔다가 예정된 13일까지의 휴가 일정을 하루 앞당겨 12일 귀경한 상황이었다.

경호와 보안 문제로 노대통령이 청와대로 되돌아오기까지 '엠바고(보도금지 요청)' 조건으로 청와대 출입기자들은 10일 노대통령의 제주휴가에 대한 설명을 들었다. 그보다 전인 7일, 신문기자들이 대부분 휴일인 상황에서 방송기자들은 3일 더 앞서 노대통령의 겨울휴가 계획에 대한 사전 설명을 들을 수 있었다.

2박 3일간 휴가에 윤실장도 수행했다. 부인 권양숙 여사, 아들 건호 씨와 딸 정연씨 내외 등 노대통령의 직계 가족들만 오붓이 가는 겨울휴가에 윤실장만 소수의 부속실 직원들을 데리고 함께 다녀왔다.

청와대는 제주도 휴가를 얘기하면서도 장소는 일체 말하지 않았다. 측근 참모들은 노대통령이 당선자 시절인 2002년 12월 말 서귀포의 한 콘도형 민박집(펜션)에서 가족과 함께 하룻밤을 묵고 온 점을 언급하면서 "비슷한 곳에서 쉬다 오지 않겠느냐"는 정도로만 대답했다. 실제로는 보안과 시설이 좋은 편인 신라호텔에 머무르면서 저녁 무렵 해변가 산책을 했다고 한다.

윤실장이 춘추관으로 온 이유는 잠시 후 바로 드러났다. 김종민 대변인이 기자들에게 "노대통령이 눈꺼풀 처짐(상안검 이완증) 치료시술을 받았다"며 그간의 경과를 설명한 것이다. 반(半)공식 브리핑 성격이었다. 윤실장은 이무렵 노대통령의 공식일정이 적게 잡힌 것, 겨울휴가를 간 것, 눈 치료받은 것을 종합 파악할 수 있도록 눈치료 사실을 알려 '불필요한 오해'를 막기로 마음 먹었고, 어떤 방식으로 어느 정도까지 알려줘야 할지 등을 김대변인과 상의하러 춘추관에 들른 것이었다.

청와대는 매주 일요일 오전 11시쯤 대통령의 1주일간 공식일정을 출입기자들에게 알려준다. 기사를 준비하거나 지면제작에 미리 참고하라는 것인데, 이 일정은 보안을 이유로 사전에 보도하지 않는 엠바고가 관행으로 자리잡았다. 대통령의 청와대 외부 일정은 보안 경호상 문제가 있을 수 있어 비보도 요청이 나름대로 일리가 있는 편인데, 청와대 내부의 공식행사까지도 특별한 경우가 아닌 한 일요일에 알려주는 주간 일정 안내를 근거로는 기사를 쓰지 않는 관행이 자리잡았다.

윤실장과 김대변인 등은 13일에 알려줄 14일~19일까지 주간 공식일정에서 14~16일까지 3일간 일정이 없다는 점 때문에 상의를 한 것이다. 3일 중 14일 오전의 주례 수석·보좌관 회의 외에 공식일정이 전혀 잡히지 않아 기자들은 "왜 일정이 없는가"라고 따져 물을 것이 예상되다보니 노대통령의 눈꺼풀 수술 사실을 밝히지 않을 수 없게 됐다. 청와대 관계자는 "눈꺼풀 치료로 부기가 남아 있는데, 기자들도 보는 자리에 나서면 과도한 관심을 보일 것 아니냐"고 배경을 설명했다.

비서실 참모들은 노대통령의 불편 호소를 듣고 처음 치료 일정을 짜면서 고심한 뒤에 2월 4일로 잡았다. 이날은 금요일이어서 주말로 이어지고 바로 다음주에도 설 연휴가 주중에 포함돼 있어 '외부 노출'을 최대한 자연스럽게 줄일 수 있기 때문이었다. 설 연휴 뒤에는 겨울휴가까지 붙여 다시 주말을 넘기고 14일부터도 3일간 내부회의·내부보고 일정 정도만 잡으면서 눈이 부은 모습은 2주일 동안 외부에 아예 비치지 않도록 계산한 것이었다. 물론 서울대병원 의료팀도 청와대 내 의무실에서 시술했다. 윤실장이 중심이 되고 권찬호 의전비서관, 김대변인 등이 의견을 모아 대통령의 일정조정, 이미지 관리에 신경을 곤두세운 셈이다.

보안은 잘 유지됐지만 사전 징후가 없었던 것도 아니다. 설 연휴 전에 노대통령의 '설명절 귀향 메시지'를 언론에 배포할 때도 음성녹음 파일만 나눠줬다. 핵심 참모들도 농담처럼 "설을 전후해서는 공식일정이 없으니 기자들도 겨울휴가나 다녀오시라"고 가볍게 던졌는데, 그 이면에 이런 사정이 있었다. 2004년 말 이라크 아르빌의 자이툰부대 방문 때도 참모들은 감쪽같이 일정을 숨겼는데, 눈꺼풀 치료에서 또 한번 일정을 감춘 뒤 치료가 끝날 무렵에야 알려준 것이다.　　　　2005. 2. 28

경찰 출신 첫 경호실장과 변해가는 경호실

박정희 대통령 때 일화다. 모 부처 업무보고를 받는 박대통령은 뭐가 마음에 들지 않았는지, 현안이 골치아팠는지 담배를 만지작거리며 편치않은 표정을 지었다. 이를 본 장관이 다가가 라이터로 불을 붙였다. '과공(過恭)'이었을까. 갑자기 누른 가스라이터 불꽃은 강하게 올랐고 담뱃불을 붙이려던 박대통령은 움찔하며 놀라 고개를 뒤로 피했다. 문제는 그 다음에 발생했다. 예정된 보고회가 끝나자 회의실에 있던 차지철 경호실장이 해당 장관을 옆방으로 따로 부르더니 대뜸 뺨을 한 대 갈긴 것이다. '조심성없이 감히 각하를 놀라게 하다니…' 그런 태도였다.

이장관은 분노를 삭이지 못했지만 하소연할 곳도 없었다. 시간이 흐른 뒤 그는 박대통령과 독대 기회를 가졌다. 작정하고 '라이터 봉변' 건을 꺼냈다. 물끄럼히 듣던 박대통령은 "임자 나한테 맞은 셈 치고 잊어버리시오"라고 했다고 한다.

권위주의 시절 이런 에피소드는 한둘이 아니다. 그 무렵 차실장은 경복궁 뒷편을 점거하고 매주 국기에 대한 예식을 한다며 걸핏하면 장관, 국회의원 등 정치인, 군장성들까지 불러모았다. 그러나 누구도 이런 '횡포'를 입에 올리기 주저했다. 경호를 내세워 대통령의 외부 일정을 좌우하고 대통령의 내부 면담까지 개입하니 경호실장이 권력 그 자체인 시절이었다.

그러나 군 출신 시대가 끝나고 직업정치인 두 사람을 거쳐 법률가 대통령 시대로 들어서면서 경호실도 크게 변했다. 청와대 주변을 아예 차단, 일반인의 통행 자체가 금지됐던 긴 시기를 지나 김영삼 정부 들어 일반인들의 통행이 허용됐고, 김대중 정부 이후 차량까지 통행에 지장 없다. 현 정부 들어서는 청와대로 차를 몰고와 돌진하고 비서실 출입문 바로 앞에서 분신하는 일까지 빚어졌다.

시대가 변하면서 대통령 경호의 개념도 변하고 위상도 달라졌다. 현 김세옥 실장은 1963년 경호실법이 만들어진 이래 첫 경찰 출신 경호실장이다. 차관급으로 직급도 낮은 편인데다 나서지 않는 스타일이어서 별다른 잡음도 들리지 않는다. 노대통령은 취임 후 첫 개각 때 신인사 제도라며 시스템에 의한 인재발굴 방식을 역점적으로 내놓았다. 그러나 지난해 3월 첫 차관급 인사 때 유일하게 김실장에 대해서만은 "내 신변을 지키는 사람이니 내가 직접 정한다"며 직접 인선했다. 이후 경호실 차장도 경호실 공채 출신으로 내부에서 승진됐다.

노대통령과 김실장 사이의 알려지지 않은 인연이 흥미롭다. 노대통령이 1998년 지역구 출마로 종로정치인이 됐는데, 이후 '지역 내 유지'인 김실장과 평창동 모 호텔의 사우나를 함께 쓰곤 한 '사우나 교제그룹' 이었다. 완전히 벗고 사귄 지인끼리 대통령과 경호책임자로 변한 것이다. 노대통령은 취임 초반기 잇단 구설수로 심적 어려움이 적지 않았는데, 김실장 휘하의 경호실이 선보인 각종 경호기법과 고난도 무술시범을 본 뒤 "대통령 된 보람이 있다"고 말하기도 했다.

민주화된 사회에 맞게 문민 경호가 필요하다보니 경호실 고민도 크다. 지난해 10월의 일요일, 노대통령은 청와대 담당 기자들과 종로 한 일관에서 오찬간담회를 가진 적 있다. 이날 비서진들은 '대통령이 휴일

고궁 나들이객과 편하게 담소를 나눈다'는 주제로 대국민 홍보기획을 했다. 여야 정치권과 정쟁, 대통령 측근들의 검찰수사, 언론과 과도한 긴장관계 등에서 벗어나 여유를 갖는 대통령의 모습이 휴일저녁 TV 뉴스의 화면을 타게 하자는 취지였다.

그러나 비서실의 의욕으로 경호실에는 비상이 걸렸다. 광화문에서부터 근정전, 향원정을 거치는 코스였는데, 중간중간 마주친 시민들과 여학생들이 대통령에게 사인공세와 함께 사진 찍기까지 요청했다. 사진기·휴대전화기와 같은 전자제품에 신경을 곤두세우는 경호팀은 노대통령이 관람객에 둘러쌓인 채 사진이 연거푸 찍히자 돌발 사태라도 빚어질까봐 식은 땀을 흘렸다는 후문이다.

경호가 상대적으로 뒤로 밀리자 경호실과 사진·카메라 기자들과 승강이도 이따금씩 벌어지곤 했다. 카메라 기자들은 좋은 장면을 위해 위치 선정에 적극적인데, 경호실의 전략 포인트와 서로 부딪힐 때도 있다. 이 때문에 근래 춘추관장이 경호실과 관계 개선에 나서며 이런 대립을 중재한 적도 있다. 경호실은 평소 신문에 난 사진이나 TV화면을 기술적으로 분석하면서 위험 요인이 없는지 수시로 점검한다.

반면에 비서실은 대전 야구장에서 심판으로 위장한 경호요원, 대통령이 지나는 시장통에 노점상인으로 변장한 경호원 등 구체적인 경호 기법까지 시시콜콜하게 소개해 '경솔하다'는 비판도 받았다.

노대통령은 취임 초기 자동차로 이동시 서울 시내의 교통신호를 일부러 조작하지 않도록 했다. 그러나 근래에는 경찰이 신호를 돕는다. 정지 때가 더 위험하다는 경호 전문가들의 고언 때문이다.　　2004. 8. 16

상춘포럼

지난 8월 18일 정오 청와대 비서실 지하 강당. 연예인이면서 최근에는 〈난타〉로 성과를 올려 공연제작자로 더 열심인 송승환 PMC프로덕션 대표가 청와대 비서진을 상대로 특강에 나섰다.

"문화상품을 해외에 팔아보자고 마음 먹었지만 장애물이 많았다. 런던에서 만난 한 프로모터는 한국의 연극과 영화를 모르는 게 아니라, 한국 자체를 모르더라. 한국과 관련해서는 '사우스 코리아' '노스 코리아' '판문점'이라는 단어 딱 세 가지를 알고 있더라. '코리아' 하면 떠오르는 시각 이미지가 없다. 안타깝게도 우리는 이미지 마케팅에서 실패했다" 송대표는 "〈난타〉 공연을 위해 20개 국 150개 도시를 돌아다녔는데, 깨달은 것은 결국 국가브랜드, 국가이미지가 얼마나 중요한가 하는 점"이라며 "우리는 그 작업에 소홀했다"고 생생한 체험담을 소개했다. 수석·보좌관급에서부터 비서관, 행정관에 이르기까지 참석자들은 고개를 끄덕이며 메모까지 하는 등 자못 진지한 분위기에서 〈난타〉 기획에서 세계까지'라는 제목의 '문화산업 중심론' 강연에 귀를 기울였다.

그보다 4주전 수요일인 7월 21일, 같은 자리에 제프리 존스 전 주한 미상의 회장이 섰다. 대표적인 지한파인 존스 전 회장은 "한국인들은 배고픈 것은 참아도 배아픈 것은 못 참는다는 인식에 머물러 있을 것이 아니라 생산한만큼 대가를 받는다는 개념을 갖도록 (인식을) 바꿔야 한다"며 "한국이 부자 나라가 되고 싶다면 우선 돈 버는 것에 대한 기본적 정서가 같이 올라가야 한다"고 거침없는 연설을 했다. '외국인의 시각에서 본 한국경제'라는 주제의 연설에서 존스 전 회장은 "한국을 금융 허브나 연구개발 허브 국가로 만들기 위해 무엇보다 필요한 것은 세계화"라며 청와대 관계자들이 함께 듣기에는 다소 민망한 내용까지 주저없이 설파했다.

송대표나 존스 전 회장의 청와대에서 한 시간 동안 특강한 것은 '상춘포럼'의 연사로 초청됐기 때문이다. 청와대 비서실 직원들의 내부 학습모임으로 조용히 시작한 '상춘포럼'이 최근 10회를 돌파했다.

10회 송대표, 9회 존스 전 회장에 앞서 8회 포럼(7월 7일)에는 지휘자인 금난새 경희대 교수가 마이크를 잡았다. 강연내용은 '예술경영의 벤처정신'. 그는 예술경영을 강조하면서 최근 청와대가 내세우고 있는 혁신론에 대해 "사람들 곁으로 먼저 가깝게 다가서는 게 혁신"이라며 "판에 박힌 결제 시스템을 고집하지 말라"고 충고했다.

당초 청와대 내부의 고위급 참모진 위주로 시작된 '상춘포럼'은 회를 거듭할수록 연사들이 다양해졌다. 그만큼 비서실의 관심도 높아지고 있다. 6월(7회)에는 충무공 이순신 장군 연구로 유명한 지용희 서강대 교수가 초청돼 '이순신 리더십과 우리과제'로, 5월(6회)에는 이재웅 다음커뮤니케이션 대표가 'IT코리아 현황과 전망'이란 주제로 강연했다. 지교수는 노무현 대통령이 탄핵 기간 중 "충무공을 다시 생각한다"며 그가 쓴 《경제전쟁 시대 이순신을 만나다》를 읽은 것으로 알려져 주목되는 인사다. 탄핵 기간 중 노대통령이 관저에서 칩거하면서 몇 권의 책을 손에 잡았다며 그 중 《칼의 노래》를 서가에서 다시 빼들었다고 청와대측이 소개한 바 있지만 실제로는 이정우 정책기획위원장이 권한

지 교수의 이 책을 읽었다.

초창기 상춘포럼은 주요 국정의 방향과 관계된 것이 많았다. 지난 1월 14일 첫번째 포럼이 라종일 전 국가안보보좌관의 '한반도 정세와 국가안보'로 시작됐고, 김우식 비서실장은 취임 한 달쯤이었던 3월 말 세번째로 나서 '독창성과 경쟁력'을 주제로 공무원들의 근무 자세에 대한 강의를 했다. 이어 4월에는 이종석 국가안전보장회의 이종석 사무차장과 이원덕 한국노동연구원장(현 사회정책수석)이 각각 '참여정부의 안보정책'과 '일자리 창출과 노사관계'를 주제로 특강했다. 이 사이 최정화 한국외국어대 교수의 '커뮤니케이션 능력이 경쟁력이다'라는 특강을 제외하면 내부 간부의 브리핑형 특강이 주를 이뤘다.

그러나 최근 문화·웰빙 등으로 주제가 다양해지는 모습이다. 또 초기 매월 1~2회씩 다소 부정기적이었던 것에서 '월 2회, 수요일'로 정착되고 있다.

상춘포럼은 11시 45분 김밥이나 도시락으로 참석자와 연사가 식사를 함께 한 뒤 12시부터 60분 동안 초청연사가 자유롭게 강연하는 '브라운 백 미팅'이다. 강연이 끝나면 질의응답식 토론도 있고 '싸인회'도 따른다. 참석 여부는 직원들의 자율이지만 보통 100여 명씩 모인다. 포럼 일정은 내부 전자통신망으로 사전에 안내되고, 강연 후에는 내용도 게재 돼 참석 못한 직원들이 나중에 볼 수도 있다.   2004. 9. 6

춘추관의 취재방식

사례 1. 지난 10월 31일 오후 청와대 춘추관 게시판에 한 장의 방(榜)이 붙었다. "창작도 자유다. 자문자답(自問自答)도 자유다…" 모 신문의 2면 기사에 대한 부인 자료였다. 이병완 홍보수석 명의다. 비서실 조직개편 추진' 이라는 기사에 대해 청와대의 최고 홍보책임자가 낸 해명치고 과하다는 생각이 들만 했다. 안내문을 본 기자들은 고개를 갸우뚱거리기도 했고, '과잉반응'으로 기사를 쓸지 여부를 데스크와 상의하는 모습도 보였다.

경제 부처를 중심으로 근 10년가량 정부 부처와 산하 기관을 출입한 필자가 보아온 해명자료나 부인공시는 통상 그렇지 않았다. 보통 '00일보의 0면 0000기사는 사실과 다르니 보도에 착오없으시기 바랍니다' 수준이다. 순수하게 내부적으로 검토되기라도 했거나, 실무자가 아이디어 차원에서 낸 것이거나, 아직 내부 방침이 확정되지 않은 정책이라면 '현재로서는 정해진 게 없다' 정도다.

설사 명확한 오보여서 중재 신청을 하거나 법적 대응을 한다 해도, 언론을 큰 범주의 국정 파트너로 여긴다면 공공기관의 부인에는 약간의 격이 필요하지 않을까. 그것이 '공공영역'이 가지는 겸손이요, 언론을 존중해 주는 자세라고 한다면 무리한 것을 바라는 것일까?

사례 2. 바로 다음날인 11월 1일 춘추관측은 출입기자(춘추관 안에만 묶여 있다보니 담당기자란 말이 정확하겠다)들에게 비공식적으로 통계치 하나를 보였다. 11월부터 청와대 출입기자가 309명, 언론사는 173개로 늘었다는 내용이었다. 2003년 6월 '개방형 등록제'로 청와대 기자실이 완전개방 모델로 바뀔 때 161개 사, 267명에서 다시 12개 사, 42명의 기자가 늘어났다. 신규 출입기자는 특정 분야의 전문 매체도 있었지만 지방신문이 좀더 많았다. 춘추관이 이 자료를 내놓은 것은 기자들이 늘어났다는 사실을 알려주는 것 외에 다른 사유가 있었다. 앞서 개방제에 따라 6월부터 제한없이 출입하게 된 기자들이 경과시한 5개월 지났다며 '풀기자'에 넣어달라는 것이고, 춘추관은 이를 수용키로 했다며 관련 자료를 제시한 것이다.

풀기자는 춘추관에 나오는 기자들가운데 1사 1인을 기본으로 대통령의 모든 '공식일정'에 대해 몇 명씩 순서를 정해 대표 취재를 하고, 취재내용은 모든 기자가 공유하는 시스템이다. 청와대 기자실이 개방된 후에도 취재에서는 이전 정부 때의 이 관행이 그대로 이어진다. 풀기자는 지근거리에서 대통령의 말을 직접 듣고 표정을 볼 수 있다. 각 행사에 배석하는 관련 업무의 청와대 참모들과도 잠시나마 접촉할 수 있어 직접 취재로는 사실상 유일한 기회다. 물론 그나마도 대부분이 '오프닝(시작 부문)'만 언론에 공개돼 기자들은 늘 정보욕에 목이 마르다.

사례 3. 다시 나흘 뒤인 11월 5일 춘추관 기자실에는 또 한 장의 안내문이 붙었다. 이번에는 청와대의 징계조치였다. '노무현 대통령, 김대중 전 대통령과 내달 3일 김대중 도서관 개관 때 만난다'는 기사를 쓴 〈문화일보〉에 대해 3개월 출입정지 조치를 내린다는 것이었다. 일종의 행정조치인 셈. 이번에는 춘추관장(홍보수석 아래 보도지원비서관) 명의였다.

노무현 대통령의 7일 광주 방문을 사전에 기사화한 〈광주일보〉 역시 3개월 출입정치 처분을 받았다.

세번째 사례에 대해서는 부연설명이 필요할 것 같다. 그 동안 청와대는 공식일정에 한해 1주일치 정도를 '취재와 지면 계획에 협조' 차원에서 알려줘왔다. 이전 정부에서도 그렇게 했고 대부분 정부 부처에서도 장관 등 기관장의 공식일정을 매주 사전에 언론에 안내해 온 것과 같은 맥락이다. 이 일정 안내는 '대통령 일정은 경호상의 문제를 고려해야 한다'는 이유로 '오프(비보도)' 요청이 있었고, 예외없이 잘 지켜졌다. 그러나 〈문화일보〉가 보도한 기사는 청와대에서 사전에 포괄적인 범위로라도 전혀 언급하지 않은 내용이었다. 즉 〈문화일보〉의 특종인 셈이다. 그런데 대통령 일정이라는 이유로 출입정지 조치를 내렸다. '보도의 자유'를 내세우며 근거를 따지는 기자들에게 청와대측은 '춘추관 내규'에 '보도약속의 위반, 악의적인 보도, 출입기자로서 품위를 현저히 떨어뜨릴 때 출입정지를 할수 있다'고 돼 있다고 항변했다.

과연 그 기사가 보도약속(엠바고나 오프) 위반 사항인가. 청와대는 발설자를 찾아내지도 못했다. 물론 대통령 일정이 새나간 데 대한 어떤 조치도 못한 것으로 알려졌다. 청와대측은 당시의 징계 안내문에서 한 발 더 나갔다. 앞으로 '추종보도(다른 매체에서 이미 보도한 내용을 물 먹은 타사 기자들이 뒤따라 기사화하는 것을 지칭하는 것이리라)' 하는 기자에게도 같은 조치를 내리겠다고 으름장을 놨다.

청와대 논리대로라면 예컨대 '노대통령이 북한의 김정일과 언제 만난다'와 같은 한 시대의 특종이 청와대 외부에서 취재되어도 쓰지 말라는 얘기인가.

곧바로 기자들의 회의가 열렸다. 상당수 기자들이 격앙한 것은 앞서 〈문화일보〉의 이 기사가 보도됐을 때 춘추관이 "'엠바고 파기' 요건이 아니냐. 징계를 논의해 달라"고 요청했고, 기자들은 간이회의를 열어 '징계 대상이 아니다'라는 절대 다수의 뜻이 전해졌음에도 불구하고 3개월 출입정지라고 발표한 것 때문으로 보였다. 이후 〈문화일보〉와 청와대가 3개월 출입정지를 1주일로 줄이느니, 마느니 하면서 서로 한 발씩 물러섰다. 바로 뒤이어, 공식적·대외적으로는 변동사항이 없었지만, 청와대가 실질적으로 출입정지를 강제하지 않으며 징계조치를 철회, 이 일은 그렇게 넘어갔다.

브리핑제도가 대통령직 인수위 때부터 본격적으로 선을 보였으니 '건전한 긴장관계'를 내걸고 국정의 최고 책임자인 대통령이 새로운 대언론 관계를 제시한 지 1년이 되어간다. 과연 새로운 취재문화가 정착되었고 건전한 긴장관계가 구축되었는가. 이 과정에서 기자의 취재영역은 넓어졌는가, 줄었는가. 독자와 시청자의 알 권리는 과연 얼마나 늘었는가. 앞의 세 가지 사례는 청와대가 넓게는 언론을, 좁게는 출입기자를 어떻게 바라보고 대응해 나가는지 짐작케 해주는 실례가 될 듯하다.

브리핑제도만 해도 현장기자 처지에서는 무척이나 아쉬움이 많다. 청와대는 당초 현안이 있으면 해당 수석이나 보좌관이 기자들 앞에 나와 최대한 적극적으로 브리핑하겠다고 약속했다. 심지어 현안이 없어도 일정한 기간에 단위업무의 책임자가 나와 기자들의 궁금증에 대해 언제든 답해 주겠다고 말해 왔다. 출입기자들의 비서실 출입을 원천적으로 막아 취재원과 접촉 차단된 새로운 취재문화, 언론과 공무원의 새로운 관계 설정에서 취약점을 그렇게 보완할 것이라고 강조했다.

그러나 현실은 어떤가. 대변인만 매일 기자들 앞에 나선다. 브리핑제도는 이름만 남아 있을뿐 사실상 사문화되어 가는 지경이다. 10월 초

ASEAN+3회의와 10월 중순 APEC회의를 앞두고 외교보좌관과 정책수석이 일요일에 한두 번 춘추관을 찾은 정도다. 그 밖에 원로경제인회의 결과를 설명하기 위해 조윤제 보좌관이 한 차례, 4당 원내총무와 정책위의장과 회동결과를 정무와 정책수석이 춘추관에서 브리핑한 것이 거의 전부로 기억날 정도다. 한 달간 수석이나 보좌관의 브리핑 회수가 한 손에 꼽힐 정도다. 모 수석은 양길승 전 부속실장 사건 이후 기자실에서 모습을 본 적이 없고, 일부 수석은 정부 출범 초기인 3, 4월 이후 아예 기자실에서 본 기억이 없다.

그렇다고 전화취재가 잘 되는 것도 아니다. 수석이나 보좌관 실장 등에게 전화를 하라지만 사무실은 하루 중 대부분이 '회의 중'이고 휴대전화 통화도 어렵긴 마찬가지다. 기자들가운데 일부는 반 우스갯소리로 "대신 대통령이 수시로 기자실로 나오지 않느냐"고 볼멘소리를 한다. 9월 이후 일요일에 두 번, 한 번은 개천절, 또 한 번은 토요일에 예고없이 대통령이 기자실을 찾았으니 이 말이 맞기도 하다.

실제로 대통령의 기자간담회와 인터뷰는 과거 어느 때보다 눈에 띄게 많아졌다. 다만 한 번씩은 "축구할 때 축구하고 야구할 땐 야구하자"며 노대통령 스스로 하고 싶은 분야만 얘기한다는 점이 현장기자에겐 아쉬움이다. 대통령은 "오늘은 대선자금과 특검 얘기만 하자"는 식으로 미리 작정한 특정 사안에 못을 박지만 그 밖에도 기자가 관심가는 현안은 더 많다.

이런 와중에 노무현 대통령은 방송사 보도국장과, 뒤어어 신문사 편집국장들과 관저에서 웃도리를 벗고 저녁에 만났다. 동동주, 포도주와 함께. 일부 국장들이 초청을 거절해 뒷말도 무성했지만, 이를 두고 언론관과 언론정책에 변화의 조짐이 있다고도 말한다. 노대통령은 취임 초기 "기자들에게 밥 사고, 기사 빼달라고 하지 마라"고 비서진과 각료들에게 강도 높은 지시를 했다. 최근 일련의 만찬회동에서는 "정부와 언론이 협조해야 한다"고 강조했다. 이전의 방침이 변하고 있는가.

2003. 11. 관훈클럽 기고

대통령으로 산다는 것

지은이 | 허원순
펴낸이 | 김경태
펴낸곳 | 한국경제신문 한경BP

제1판 1쇄 발행 | 2006년 8월 5일
제1판 2쇄 발행 | 2006년 8월 10일

주소 | 서울특별시 중구 중림동 441
기획출판팀 | 3604-553~6
영업마케팅팀 | 3604-561~2, 595 FAX | 3604-599
홈페이지 | http://bp.hankyung.com
전자우편 | bp@hankyung.com
등록 | 제 2-315(1967. 5. 15)

ISBN 89-475-2574-X
값 12,000원

파본이나 잘못된 책은 바꿔 드립니다.